国際人的資源管理

関口倫紀／竹内規彦／井口知栄 [編著]

ベーシック＋プラス
Basic Plus

中央経済社

はじめに

　世界経済のグローバル化の進展に伴い，日本企業にとっても，グローバルに事業を展開し，多国籍の人材を活用してビジネスを推進していく必要性，すなわち国際人的資源管理の重要性はますます高まっています。
　働く人々の立場からみても，国際人的資源管理について理解することが自分自身のキャリアを考える際にも役立つはずです。

　ところが，国際的なビジネス環境においていかなるかたちで企業が人的資源管理を行っているのか，あるいは行っていくべきかについて理解するための標準的な日本語のテキストがこれまでありませんでした。
　国際人的資源管理について書かれた書籍の多くは，学術的な研究成果をベースにした学術書か，実務家を読者ターゲットとして念頭に置いた実務的なもののどちらかであり，例えば大学の授業などで，国際人的資源管理を行っていく際のベーシックなコンセプトや理論的枠組みについて平易なかたちで解説するテキストがなかったのです。

　そこで本書は，第1に，大学などで国際人的資源管理の基礎を身につけたい学生をターゲットとして，入門テキストとしての位置づけになることを狙って書かれています。
　第2に，企業などで国際人的資源管理に取り組む実務家が，さまざまな実務の背後にある基本的な考え方や枠組みを押さえておくうえで役立つようなテキストになることも狙いとしています。
　構成としては，大学などで国際人的資源管理を教えようとする教員が講義やゼミでのテキストとして使いやすいことを心がけて書かれています。
　入門書ではありますが，国際人的資源管理を考えるうえで押さえておきたい基本知識や理論的枠組みを網羅的にカバーしています。

▶本書の構成

　本書は，国際人的資源管理に特化したわが国で初めての日本語テキストです。大学での授業を念頭に置き，3部16章から成り立っています。

　第Ⅰ部の「基本フレームワーク」では，国際人的資源管理を全体的に俯瞰し，多国籍企業による国際人的資源管理のあり方についての重要な知識やフレームワークを概観します。

　具体的には，国際経営の知識，人的資源管理一般に関する知識の獲得を踏まえ，国際人的資源管理特有の理論的枠組みを学習します。さらに，世界の各地域での人的資源管理がどのような特徴を持っているのかの国際比較について概観します。

　第Ⅱ部の「国際人的資源管理のサブシステム」では，第Ⅰ部における国際人的資源管理の全体的な俯瞰を踏まえたうえで，国際人的資源管理を構成する各サブシステムについて詳しくみていきます。

　国際的な人材配置，人材育成，報酬，人事評価，労使関係のあり方について学び，最後に，国境を越えて移動する海外派遣者のマネジメントに絞ったテーマを学習します。

　第Ⅲ部の「スペシャル・トピックス」では，国際人的資源管理を経営戦略の視点から捉える理論的枠組みを紹介した後，近年の国際人的資源管理に特徴的なトピックスについて扱います。

　具体的には，多国籍企業における使用言語・コミュニケーションの問題，国際的M&Aにおける人的資源管理，新興国発多国籍企業による人的資源管理の特徴です。そして最後に，日本企業の国際人的資源管理の状況について説明します。

▶謝辞

　本書の作成にあたっては，多くの方からのご支援をいただきました。キッコーマン株式会社の茂木修氏には，企業事例に関する貴重な情報をご提供いただきました。また，大阪大学大学院経済学研究科博士後期課程のKasih Priska Safitri Setiawanさん，神戸大学大学院経営学研究科博士後期課程の中原翔さんには，原稿作成や推敲のプロセスでご協力をいただきました。株式会社ケン・マネジメントの佐藤けんいち氏には，本書全体の推敲プロセスにおいて助言をいただくなど多大なご協力をいただきました。最後に，本書の企画から執筆のプロセスにおいて，株式会社中央経済社の納見伸之氏と酒井隆氏には大変お世話になりました。ここに記して感謝の意を表します。また，本書には，科学研究費補助金　基盤（B）研究課題番号：26285085（グローバル・イノベーション創出型の国際人的資源管理に関する研究）による成果の一部が反映されています。

2016年5月

執筆者一同

▶▶▶目次

はじめに……001

第 I 部 基本フレームワーク

第 1 章 国際人的資源管理とは何か……012

1 国際化する企業の人的資源管理……012
2 人的資源管理と国際人的資源管理の違い……016
3 国際人的資源管理のサブシステム……019
4 さまざまな経営課題と国際人的資源管理……021

第 2 章 グローバル化と多国籍企業……025

1 国際化の論理と方法……025
2 国際化をめぐる戦略……033
3 国際戦略に適合した組織マネジメント……036

第 3 章 人的資源管理のフレームワーク……043

1 人的資源管理とは何か……043
2 人的資源管理成立の背景……046
3 採用，人材配置，人材育成―人的資源管理の実践Ⅰ―……049
4 人事評価，報酬，労使関係のマネジメント
　　―人的資源管理の実践Ⅱ―……054

第4章 国際人的資源管理のフレームワーク ……… 061

1. 世界の国々・地域の人的資源管理の動向 ……… 061
2. 多国籍企業の国際人的資源管理フレームワーク ……… 065
3. 海外子会社の人的資源管理システムの構築 ……… 069
4. 国際人的資源管理における人事部門の役割 ……… 071

第5章 人的資源管理の地域別特徴 ……… 075

1. 国・地域間でみられる人的資源管理の差異 ……… 075
2. 日本的人的資源管理 ……… 076
3. 北米の人的資源管理 ……… 082
4. 欧州の人的資源管理 ……… 084
5. アジアの人的資源管理 ……… 086

第II部 国際人的資源管理のサブシステム

第6章 国際人材配置 ……… 092

1. 多国籍企業内の人材配置の特徴 ……… 092
2. 多国籍企業による国際人材配置方針 ……… 096
3. 多国籍企業の国際戦略と国際人材配置との関係 ……… 099
4. 海外子会社における募集および採用選考 ……… 100

第7章 国際人材育成 ……… 104

1. 国際人材育成とは ……… 104

- **2** 国際人材育成に関わる異文化の諸問題 108
- **3** 国際人材開発に向けた取り組み 111
- **4** 国際人材育成プログラム 114

第8章 国際報酬 121

- **1** 国際報酬マネジメントとは 121
- **2** 国際報酬マネジメントと文化 126
- **3** 国際報酬マネジメントとグローバル・タレント・マネジメント 131

第9章 国際人事評価 137

- **1** 国際的な人事評価指標の必要性 137
- **2** 人事評価の方法と実践に関する国際比較 138
- **3** 多国籍企業に必要な人事評価システム 144
- **4** 国際人材としての能力開発を目指した人事評価 148

第10章 国際労使関係 152

- **1** グローバル化と労働市場・労使関係の特徴 152
- **2** 各国の労使関係の構造と特徴 156
- **3** 日本の労使関係 163
- **4** 多国籍企業と国際機関 166

第11章 海外派遣者のマネジメント 169

- **1** 海外派遣者マネジメントの重要性 169
- **2** 海外派遣者マネジメントの困難性 172
- **3** 海外派遣のプロセス 173
- **4** 海外派遣終了後のキャリア 178

第 III 部　スペシャル・トピックス

第 12 章　戦略的国際人的資源管理　184

1. 戦略的国際人的資源管理という視点　184
2. 複数の理論的パースペクティブ　190
3. 戦略的国際人的資源管理のモデル　195
4. 戦略的国際人的資源管理の実践ステップ　197

第 13 章　社内言語・コミュニケーション　201

1. 多国籍企業における言語使用の現状　201
2. 多国籍企業における言語環境の整備　203
3. 企業間の文化の橋渡しとしてのビジネスコミュニケーション　207
4. ブリッジ人材　211
5. 国際人的資源管理と言語・コミュニケーション　214

第 14 章　国際的 M&A と人的資源管理　216

1. M&A と人的資源管理　216
2. M&A における企業統合　219
3. M&A と文化の関係　223
4. M&A と人的資本の監査　225

第 15 章　新興国発多国籍企業の人的資源管理　230

1. 新興国発多国籍企業の特徴　230
2. 新興国発多国籍企業の国際化プロセス　234

3 新興国発多国籍企業の人的資源管理 ……………………………………… 236

第16章 日本企業の国際人的資源管理 …………………………………… 244

1 日本企業の国際人的資源管理の課題 ……………………………………… 244
2 日本企業による近年の取り組み …………………………………………… 245
3 日本企業の今後の課題 ……………………………………………………… 252

索　引 …………………………………………………………………………………… 254

第 I 部

基本フレームワーク

第1章
国際人的資源管理とは何か

第2章
グローバル化と多国籍企業

第3章
人的資源管理のフレームワーク

第4章
国際人的資源管理のフレームワーク

第5章
人的資源管理の地域別特徴

第Ⅰ部● 基本フレームワーク

第1章 国際人的資源管理とは何か

Learning Points

- ▶経済のグローバル化が進展し，企業の人的資源管理が国際化している現状を認識する。
- ▶国内における人的資源管理と国際人的資源管理の違いを理解する。
- ▶国際人的資源管理を構成するサブシステムについての概要を把握する。
- ▶企業経営が国際化していくなかで起こりうる人的資源管理上の問題や，国際人的資源管理における近年のトレンドについて理解する。

Key Words

グローバル化　国際化　多国籍企業　オフショアリング
グローバル人材獲得競争　本国籍人材　現地国籍人材　第三国籍人材
海外派遣者　受け入れ出向者

1 国際化する企業の人的資源管理

1.1 グローバル化する世界

　私たちは，**グローバル化**が進展しつつある世界で暮らしています。日本の街を歩けば，ZARA（スペイン），H&M（スウェーデン），ユニクロ（日本）などのファッション店舗や，スターバックス（アメリカ），マクドナルド（アメリカ）などのカフェ，レストランをよく見かけます。外食産業で働いている店員は日本人のみならず外国人も多くいます。スーパーマーケットに行けば，ネスレ（スイス）のインスタントコーヒーや，ユニリーバ（オランダ・イギリス）が展開する石鹸やシャンプーを見かけます。また，売られている食材の多くは外国産です。

　私たちが日ごろ手にしているスマートフォンにしても，製品自体はアメリ

カで設計したものかもしれませんが、実は設計したのはそこで働いているインド人やロシア人の技術者かもしれません。また、実際は台湾で製造された半導体チップを主要な部品として、中国で組み立てられたものかもしれません。中国は「世界の工場」と呼ばれているだけあって、私たちが身に着けている衣服や家電製品、その他、多くの日用生活品が中国製だったりします。

このように、私たちが暮らしている世界では、さまざまな国籍の企業による製品やサービスが比較的容易に手に入り、それらの原材料も異なる国のものであり、かつ、製造、物流、販売については、さまざまな国の人によって手がけられていることがわかります。現在では、世界各地の人々やモノやサービスなどが移動しやすくなり、お互いに混ざり合い、そして世界全体が一体化しつつあるように思えます。グローバル化とは、地球規模において国々や地域が相互依存的となり、世界全体が統合されていく動きを指します。

1.2 多国籍企業の増加と国際人的資源管理

国際化とは、国内から海外へと活動舞台が拡大・進出することを指します。グローバル化する世界においては、多くの企業が、活動領域を国内のみならず海外へと拡大し、複数の国や地域をまたいで事業活動を行う企業の数も増えていきます。これらの企業は**多国籍企業**と呼ばれ、海外に子会社やジョイント・ベンチャー（合弁企業）を設立し、2カ国以上の複数の国で事業活動を行う企業であると定義されます。

企業の国際化の方法は、単独や合弁による**海外子会社**の設立のほか、現地企業の**合併・買収**などを通じたものがあります。また近年では、設立当初から世界の市場を念頭に置いて活動する**ボーングローバル**（born-global）**企業**も出現しています。

UNCTAD（国連貿易開発会議）によれば、2009年時点における多国籍企業の数は約82,000社であり、海外子会社の数は81万社にのぼるとされます。また、経済産業省によると、2013年の時点において海外子会社を有する日本の企業は、約6,400社（金融・保険・不動産を除く）、それらの海外子会

図表1-1 ▶▶▶ 日本企業の海外子会社数の推移

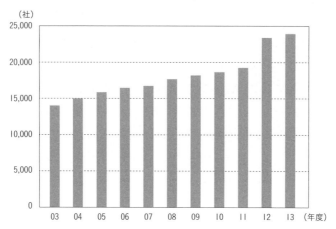

注：縦軸は海外子会社数。
出所：経済産業省が公開しているデータをもとに筆者作成。

社の数は約2万4,000社にのぼるとされています。**図表1-1**で示されるとおり，日本企業の海外子会社数は年々増加傾向にあります。

　企業がその活動範囲を国際化させれば，企業で働く人々の管理を意味する**人的資源管理**も国際化することになります。このように，本書では，多国籍企業が，国や地域をまたいだかたちで人的資源の管理を行うという意味での**国際人的資源管理**についての理解を深めることをねらいとしています。

　経済のグローバル化がこれからもますます進展し，国際化が進んだ多国籍企業で働く場合，今後，どのような状況が想定されるでしょうか。まず，そのような会社のオフィスで仕事をする場合，自分の席の隣に座っている人は，自分とは同じ国籍や文化的背景を持った人ではないかもしれません。日々の業務で一緒に働く人々の国籍や文化的背景が多様化してくることが予想されるのです。同じ職場ではなくても，仕事でテレビ会議などを通じて海外の拠点で働く人々と一緒に仕事をする機会も増えると思われます。

　このように，多国籍企業全体で考えれば，そこで働く人々は国籍，人種，宗教，文化的背景などがお互いに異なる人同士ということが頻繁に起こりえます。

　また，日本で生まれ育った典型的な日本人が，国内のみで仕事をしていきたいと思っていたとしても，企業経営が多国籍にまたがっていれば，いず

れ，海外赴任を命ぜられることがあるかもしれません。あるいは，主に国内のみで事業を行う日本企業に勤めていたと思っていたら，突然，外資系の多国籍企業に買収され，職場が一気に国際的な雰囲気になることも起こりうるでしょう。

さらには，就職先候補として，今以上に外資系の多国籍企業が多くなるケース，日本ではなく，自ら海外に移住して，その地で日本の多国籍企業の現地社員として採用されるケースなど，働く環境や選択肢もグローバル化に影響されることが多くなると思われます。

働く個人の立場からいえば，国際化の進んだ多国籍企業で働く場合，海外派遣を命じられた場合の現地での生活の問題や同伴する家族の問題，社内外において異なる国や地域の人と仕事上のコミュニケーションをとる場合の言葉の問題など，さまざまな問題に対処する必要が出てきます。

一方，企業側としては，生産性が高まると同時に人件費も安くなるような機会があるならば，積極的にその機会を追い求めるのが自然です。したがって，グローバル化の進展で企業が国境を越えて活動をするようになると，各企業が世界中で安くて能力の高い人材を探し出して獲得しようとするため，**グローバルな人材獲得競争**が激化していきます。人事業務の一部をまるごと人件費の安い海外に委託し，業務の効率化やコスト削減を図る**アウトソーシングやオフショアリング**（海外への業務委託や業務移転）という方法も出てきます。

日本企業も，以前から輸出企業を筆頭に経営の国際化を進めてきました。しかし，主に製造業を中心とした日本企業の初期の国際化は，生産拠点の海外移転が中心でした。これは，いってみれば**オペレーションの国際化**であり，国際人的資源管理の視点からみた場合，進出した海外拠点において主に必要としたのは，工場労働者などの安価な労働力でした。それにより，企業における生産オペレーションの低コスト化を図ってきたのです。

しかし，グローバル化のさらなる進展，新興国の経済的発展と台頭などに伴い，製品やサービスを販売するうえで重点化すべきマーケットが世界各地に広がってくると，工場労働者だけではなく，海外において魅力的な商品を

図表1-2 ▶▶▶オペレーションの国際化とマネジメントの国際化の比較

オペレーションの国際化	マネジメントの国際化
●製造拠点の海外移転や海外での販売網構築 ●現地での安価な労働力の確保 ●日本人社員が中心の企業経営 ●海外拠点の人材は、国境で切り離された「現地人」扱い	●世界で通用する経営能力の向上 ●海外に密着した経営意思決定 ●現地での高度な人材の確保 ●多様性（ダイバーシティ）の重視 ●ダイバーシティ・マネジメント実践のための「リーダーシップ」と「コミュニケーション」 ●多様な人材を規律づける経営理念の重要性

出所：松田［2010］をもとに筆者作成。

開発し販売していくため、マーケティングや研究開発などの高度な知識やスキルを兼ね備えた有能な人材の獲得と活用も重要となってきます。これは、生産のみならず、開発、販売、マーケティングなどあらゆる経営機能を国際化し、それを実現するために必要な人材を国籍にかかわらず獲得し、企業全体としてそれらを効果的にマネジメントしていくことを意味することから、オペレーションの国際化に対して、**マネジメントの国際化**であるといえます（図表1-2）。

2 人的資源管理と国際人的資源管理の違い

2.1 人的資源管理の国際化に伴う複雑性の増大

ここで、国内のみで完結する人的資源管理と、複数の国や地域にまたがる国際人的資源管理との違いをみていくことで、国際人的資源管理の特徴を理解していきましょう。

まず、企業内で働く人々（人的資源）を獲得し、彼らを最大限に活用することによって企業の目的を実現するという意味での「人的資源管理の目的および基本」は、国内を想定した人的資源管理も、国際人的資源管理も同じだといえます。しかし、企業が国境を越え、複数の国や地域をまたいで事業活

動する場合，人的資源管理の方法はより複雑となり，国内のみでは想定されない課題に対応する必要が出てきます。国境を越えて別の国に行けば，そこでは法律や制度が違っていますし，政治・経済の仕組みが違っていたり，文化が違っていたり，そこで生活する人々の価値観や宗教が違っていたりします。また，その国での教育水準，人々のスキル水準も，本国のそれらとは異なることでしょう。

したがって，多国籍企業において外国の人々が同じ企業の一員となることによって，企業全体としての人材の多様性が一気に増加します。さらに，国をまたがって事業活動を行うため，人材の移動，情報や知識のやりとりなどが国境を越えることになります。企業内で働く人々の国籍や文化的背景の多様性が高まり，国境を越えた人材移動が増加すれば，それに伴って人的資源管理上のさまざまな問題が生じると予想されます。

このような視点から，国内で完結している人的資源管理との違いにおいて際立つ国際人的資源管理の特徴は，大きく分けて2つに整理できます。

- 企業全体としての国際人的資源管理を行う際に，事業を展開している各国の政治・経済・社会制度・文化などの違いを考慮し，それを反映させること
- 国際的な視点からみて異なるタイプの人材を扱い，かつ国境を越えて移動する人材を対象とするマネジメントを行うこと

2.2 多国籍企業で働く異なる人材の分類

企業経営の国際化が進展するに従い，そこで働く人々の国籍も多様化します。国際人的資源管理では，多国籍企業で働く人材を，以下の3種類に分類します。まず，多国籍企業の本国すなわち本社がある国の国籍を持った人材である**本国籍人材**（parent country national：**PCN**）がいます。

次に，海外進出先の現地国の国籍を持った人材である**現地国籍人材**（host country national：**HCN**）がいます。現地国籍人材は，**ローカル（現地）人材**という言い方もされます。そして，本国でもなく現地国でもない国の国籍

を持った**第三国籍人材**（third country national：**TCN**）がいます。

　例えば，日本の多国籍企業の日本本社で働いている日本人，もしくは海外派遣というかたちで，その会社の海外子会社，例えばインドネシアの子会社で働いている日本人は，本国籍人材です。一方，スイスの企業が，韓国に海外子会社を設立し，そこで韓国人を採用したとすれば，その韓国人は現地国籍人材となります。また，アメリカの会社が，ドイツの海外子会社でドイツ人を採用し，そのドイツ人を中国の海外子会社に駐在させている場合は，そのドイツ人は，アメリカ国籍でも中国国籍でもないことから，第三国籍人材に分類されます。

　多国籍企業は，国際人的資源管理を通して，世界の各拠点に散らばる異なるタイプの人々を束ね，一体感を保ち，コーディネートし，適材適所を実現するなど最大限に活用し，企業目標の実現，企業の発展を維持していくことが求められています。そのような目的を実現するためには，企業内で人材が国境を越えて移動することがしばしば必要となります。例えば，多国籍企業の海外子会社では，多くの場合，本国や他の海外子会社から，**海外派遣者**（expatriate）を受け入れます。

図表1-3 ▶▶▶ 国際人的資源管理で扱う人材タイプの分類

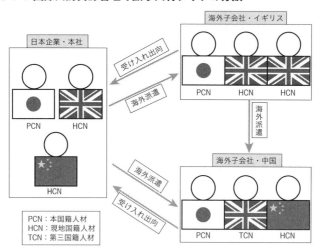

多国籍企業内で，一時的に外国で働く人材については，本国や他の海外拠点からの派遣者と，海外拠点から本国への**受け入れ出向者**もしくは**逆出向者**（inpatriate）に分類されます。図表1-3では，日本に本社がある多国籍企業が，イギリスと中国に海外子会社を保有している場合を例として，人材タイプと海外派遣の違いについて記載しています。

2.3 国際人的資源管理の国際比較的視点

本書では，まず最初に多国籍企業そのものの特徴や国際戦略などについて理解し，さらに，多くの場合国内のみを想定した人的資源管理一般についての理解も深めておく必要があります。これらは，第2章，第3章で扱います。

次に，世界各国，各地域の人的資源管理の特徴を踏まえて，複数の国にまたがって経営活動を行う多国籍企業が，いかなるかたちで人的資源管理を行っていけばよいのかを考える必要があります。例えば，国や地域ごとに異なった人的資源管理を行うべきなのか，同じ企業なのだから，世界で人的資源管理のあり方を統一すべきなのかといった視点です。国際人的資源管理を行うための理論的フレームワークに関連しますが，これは第4章で扱います。

最後に，国際人的資源管理では，事業を展開している各国の政治・経済・社会制度・文化などを理解すると同時に，人的資源管理が国や地域によってどう違うのかといった**国際比較的な視点**を持っておくことが大切です。世界の各地域の人的資源管理のあり方は，その国や地域の政治・経済・社会制度・文化などの影響を受けて発展してきたからです。これらは第5章において地域別の人的資源管理の特性として触れます。

3 国際人的資源管理のサブシステム

企業が行う国際人的資源管理システムは，複数の機能もしくはサブシステムから成り立ちます。本書の第Ⅱ部の各章ではそれぞれについて詳しく説明

図表 1-4 ▶▶▶ 国際人的資源管理のサブシステム

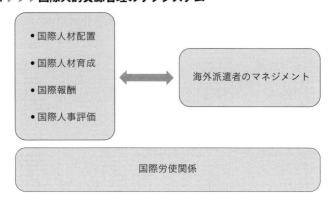

していきますが，ここではそれぞれのサブシステムについて簡単に紹介します。これらのサブシステムの多くは，多国籍企業の本社人事部門が主導で設計し，企業全体での運用をサポートしていくことになります（図表1-4）。

　まず，多国籍企業が活動している拠点もしくは世界各国から，人材募集や人材紹介会社などを通じて必要な人材を発掘し，採用選考を行い，適切な部署や職位に配置するという**国際人材配置**という機能があります。配置後しばらくして，国をまたいだ配置転換を伴った人事異動が生じたり，上位の職位への昇進が生じたりしますが，そのようなことも国際人材配置の機能として考えます。

　次に，国際的に採用し，配置した人材を，国際的な視野のもとで育成していく**国際人材育成**の機能があります。世界各国にいる人材の中で，将来の幹部候補・経営者候補を見つけ出し，計画的に育成し，役割を引き継いでもらう**グローバル・タレント・マネジメント**も国際人材育成の機能に含まれます。

　さらに，国境を越えて異動する人材や，国や地域ごとのさまざまな違いを考慮したうえで，企業で働く人々の給与，ボーナス，諸手当，福利厚生（フリンジ・ベネフィット）などを設計する**国際報酬**のマネジメントという機能があります。

　また，国や地域ごとの特徴の違いや，国境を越えて移動するケースを考慮しながら，多国籍企業内で働く人々の業績などを評価し，人材配置・昇進・

報酬などの意思決定に用いるほか，教育・業務改善・戦略との連動などに用いていく**国際人事評価**の機能があります。

　企業とそこで働く人々との関係を良好に保つための労使関係マネジメントも重要です。労使関係の特徴や，労働組合の特徴などは，国や地域によって異なります。国際人的資源管理では，これらを加味したうえで行う**国際労使関係**のマネジメントを扱います。

　さらに，国境を越えた人材の移動という側面に焦点を当てるならば，海外派遣者や受け入れ出向者の選抜，育成，準備，研修，派遣，現地での支援，帰任などに付随する一連のマネジメント，すなわち**海外派遣者のマネジメント**も国際人的資源管理の重要なサブシステムとして挙げられます。

4　さまざまな経営課題と国際人的資源管理

　多国籍企業が複数の国をまたいで事業活動を行う際には，さまざまな経営課題が出てきます。ここでは，それらと国際人的資源管理との関係や，近年，とりわけ重要度が高まっているトレンドについて紹介します。

　まず，グローバル化の進展とともに，世界規模での企業競争が激化している現在，多国籍企業の国際人的資源管理は，いかに競争上の優位性を獲得し，持続的に発展し続けることができるかを決定づける経営戦略と密接に関連している必要があります。第12章において，戦略的な国際人的資源管理とはどのようなものなのかについての解説を行います。

　次に，企業の国際化が進展し，数多くの国や地域で活動するようになるほど，企業内における**言語的・非言語的コミュニケーション**が複雑化していくことが挙げられます。そこで，企業としては，世界中で統一的に用いる公用語を定めるのか，その国々で話されている言語に頼るのか，語学学習への支援をどうするのかなど，言語上のいろいろな問題が生じますし，非言語的なコミュニケーションについても，文化的背景が異なれば難しくなってきますので，それに対する対応が必要となります。これらのトピックスについては，

第13章で扱います。

　国籍の異なる企業同士が合併したり，ある国の企業が別の国の企業を買収したりする，**国際的M&A**（企業合併および買収）が増加しつつあるというトレンドもあります。国際的な企業提携もあります。

　例えば，日本企業が国際化のプロセスで外国の企業を買収して海外子会社としたり，もともと日本の国内企業であった会社が，海外の多国籍企業に買収されたりするケースがあります。この場合，両社の人的資源管理の仕組みや企業文化をどう統合するのか，社内の規則をどう統一していくのか，両社で働く従業員の不安をどう和らげていくのかといった，人的資源管理上の課題が多く現れます。これらについては，第14章で詳しく扱います。

　世界で活躍する多国籍企業の特徴にも変化がみられます。そのような変化の1つに，新興国生まれの多国籍企業すなわち**新興国発多国籍企業**の増加と躍進があります。従来，多国籍企業といえば，北アメリカ，ヨーロッパ，日

Column　楽天による社内英語公用語化の試み

　楽天株式会社の創業者で社長である三木谷浩史氏は，2010年の2月に，同社の社内公用語を英語にすることを宣言しました。2年間を準備期間とし，その後，英語公用語化を完全施行することにしました。

　楽天が社内言語の完全英語化に踏み切った理由はいくつかあります。第1に，楽天は，外国企業の買収などを通じて経営の国際化を急速に推進していたため，企業グループ内での情報共有や先端技術の獲得などに英語の使用が必要不可欠だったことが挙げられます。第2に，今後，英語を話す機会が全社員に訪れる可能性があるため，国内人材の英語力を高める必要があったという事情があります。第3に，世界の市場で闘うため，技術系人材など，世界中から優秀な人材を確保したいと考えていたことが挙げられます。

　英語化を始めた当初は，会議に長時間を要したり，業務が非効率化したりするなどの問題もあったようですが，社員の英語力の向上とともに効果が出始めています。楽天は次々と国内外で企業を買収していますが，被買収企業とのやりとりは通訳をほとんど使うことなく英語で行っています。また，技術系人材を中心に，海外の優秀な人材の入社，他社からの転職が容易になりました。さらに，日本で築いてきたビジネスのノウハウを，英語を使って海外に浸透させていく流れも出てきているようです。社内言語の英語化によって，経営の考え方，やり方，社員の意識が大きく変わってきたといえましょう。

本などの先進国を本国とする大企業が多くを占めていました。しかし，近年では，中国，インド，ブラジルなどのいわゆる「新興国」を本国とする多国籍企業が増加しつつあります。例えば，「世界の工場」と呼ばれてきた中国からは家電や電子機器などの多国籍企業が，インドからは情報技術に強い多国籍企業などが出現し，存在感を高めています。

これらの新興国発多国籍企業は，先進国発多国籍企業と比べて，国際化の方法について異なる特徴を持ち，国際人的資源管理の方法についても異なるやり方をしている可能性があります。これについては，第15章で扱います。

最後に，近年のグローバル化が日本企業の国際人的資源管理にどのような影響を及ぼしているのか，そして日本企業が実際にどのような国際人的資源管理上の取り組みを行っているのか，さらには，日本企業に特有の国際人的資源管理上の課題や問題点は何かについて理解しておくことも重要です。これについては，第16章で扱います。

Working　　　　　　　　　　　　　　　　　　　　調べてみよう

1. 自分が就職したい会社は，どこを本籍地としているのか（日本か海外か），どれくらい海外進出しているか（海外売上比率，海外拠点数など），どこの国に進出しているか。全従業員数に占める本国籍人材以外の人材の割合はどれくらいか，調べてみよう。
2. 世界で活躍している多国籍企業の出身国別の構成が，歴史的にどのように推移しているか調べてみよう。

Discussion　　　　　　　　　　　　　　　　　　　　議論しよう

1. 企業経営の国際化を進める際には，そこで働く人々の国籍，価値観，文化的バックグラウンド，宗教などについても，積極的に多様化を進めさせていくべきだろうか。それとも，できるだけ人々の同質性を維持するべきだろうか。それぞれについて，肯定的な理由と否定的な理由を議論しよう。
2. 多国籍企業が国際人的資源管理を実践していくうえで，いちばん障害となりそうな要素は何だろうか。経営環境要因および企業内部要因について考えてみよう。

▶▶▶**さらに学びたい人のために**

- Friedman, T. L.［2007］*The world is flat: A brief history of the twenty-first century*, New York, Farrar, Straus and Giroux.（伏見威蕃訳『フラット化する世界——経済の大転換と人間の未来』（上・下）日本経済新聞出版社，2008年）
- Hill, C. W. L.［2011］*International business: Competing in the global marketplace*, New York, NY: McGraw Hill.（鈴木泰雄・藤野るり子・山崎恵理訳『国際ビジネス1, 2, 3』楽工社，2013年）

参考文献

- 経済産業省『海外事業活動基本調査』。
http://www.meti.go.jp/statistics/tyo/kaigaizi/（2015年6月16日確認）
- 東洋経済online［2014］「楽天の『英語公用語化』は，ヤバいです」（楽天・三木谷社長ロングインタビュー・その2）。
http://toyokeizai.net/articles/-/33821（2014年9月1日確認）
- 東洋経済online［2014］「三木谷さん，楽天は世界で勝てますか？」（楽天・三木谷社長ロングインタビュー・その1）。
http://toyokeizai.net/articles/-/33701（2014年9月1日確認）
- 松田千恵子［2013］『グループ経営入門——グローバルな成長のための本社の仕事』税務経理協会。
- Dowling, P., Festing, M. & Engle Sr, A. D.（Eds.）［2013］*International human resource management*, Cengage Learning.
- Harzing, A.W. & Pinnington, A.（Eds.）［2010］*International human resource management* (3rd ed.), SAGE Publications Ltd.
- United Nations Conference on Trade and Development（UNCTAD）［2009］*The world investment report 2009.*

第 **2** 章 | グローバル化と多国籍企業

Learning Points

▶経済のグローバル化が進展する要因を理解する。
▶多国籍企業が出現する理由と,企業の国際化のステージを理解する。
▶多国籍企業の国際経営戦略の類型について理解する。
▶多国籍企業の組織構造の特徴について理解する。

Key Words

内部化理論　OLIパラダイム　エントリー・モード（参入方法）
グローバル統合・現地適応　I-Rフレームワーク　メタナショナルアプローチ
国際事業部　グローバル製品別事業部　地域別事業部
グローバル・マトリクス組織

1　国際化の論理と方法

　本章では，国際人的資源管理を理解していくための土台として，経済のグローバル化の様相と，そこで活躍する多国籍企業に焦点を当て，①企業の国際化とは何か，②なぜ企業は国際化を進めて海外進出や海外生産をするのか，③海外子会社はどのような戦略を展開しているのか，④多国籍企業の戦略に適合した組織構造は何か，という点について解説します。

　多国籍企業が直接的に行う投資は単なる資本の流れの現象ではなく，パッケージ化された経営資源の移転を含みます。多国籍企業は企業内部に蓄積された経営資源を海外市場でも有効に活用し，それを通じて，コスト削減，利潤最大化を海外市場で追求するために，他国において直接投資を行います。多国籍企業内部に蓄積された経営資源とは，ここでは企業固有の生産技術，経営ノウハウ，製品販売力，資金調達力，市場に関する情報収集能力などを

指し,それらがパッケージとして受け入れ国に移転されるために,受け入れ国はメリットとデメリットの双方を受けることになります。

1.1 多国籍企業が海外直接投資をする要因

図表2-1に示すように,日本企業による海外直接投資が急激に増え,多くの企業が多国籍企業化しています。多国籍企業が他国に進出する場合,現地企業でないことの不利益を被ります。そのような不利益を被り,不確実性の高い海外市場に,企業はなぜ海外直接投資をするのでしょうか。企業が海外進出する要因には,多国籍企業側の要因と受け入れ国側の要因があります。

多国籍企業側の要因としては,現地企業に対抗できる①**所有の優位性**（ownership advantage）をどの程度持っているか,そして所有の優位性がある場合,②**立地の優位性**（locational advantage）のあるどの国に進出するべきか,所有の優位性をライセンス等を通じて海外企業に渡さずに自社内で利用することによる③**内部化の優位性**（internalization advantage）を持つかどうか,という3つが挙げられます。この中の立地の優位性を左右するのが,受け入れ国側の要因となります。この考え方はダニング（Dunning, J.

図表2-1 ▶▶▶日本企業の海外直接投資

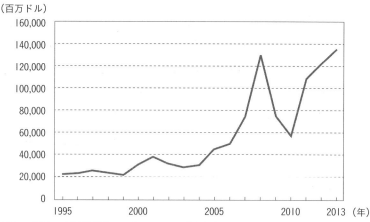

出所：JETROの「日本の直接投資統計」のデータをもとに筆者作成。

H.) の **OLI（所有・立地・内部化）パラダイム**と呼ばれ，海外直接投資を説明する包括的フレームワークとして知られています。

　所有の優位性とは，企業の持つ優れた技術，情報，知識，ノウハウへのアクセス等，ときには特許によって保護されているような優位性のことです。卓越したマネジメントと組織の技術，資本へのアクセス，企業規模から生まれる規模の経済性なども含まれます。このような所有の優位性を多く保持する企業は，海外でもその優位性を活用することができるので，受け入れ国での不利な競争条件を乗り切ることができます。

　立地の優位性とは，受け入れ国にどの程度自社に必要な資源があり，それが入手可能かどうかにかかわる，受け入れ国の持つ優位性です。企業側が海外進出によって得ることを目的としている対象とマッチする場合，企業はその国へ海外進出します。目的としている対象とは，①**資源探求型**（resource seeking），②**市場探求型**（market seeking），③**効率探求型**（efficiency seeking），④**戦略的資産探求型**（strategic asset seeking）の4つです。

　資源探求型を目的とする企業は，天然資源，インフラ，人材，現地の企業パートナー，政府の海外直接投資規制と誘致政策などを求めて海外進出をします。

　市場探求型とは，企業が現地のさまざまなコスト（人件費，資材，関税）が見合った価格であるかどうか，市場が成長していたり地域統合が進んでいたりする等の魅力的な要素があるかどうか，という点を探究することです。近年では，スキルを持った人材や専門的な知識を持った人材を求めることや，顧客に近い市場を求めることも市場探究型に含まれます。

　効率探求型とは生産コストの低下に関係する目的で，政府の投資誘致政策や，輸出加工区の存在，知識集約産業の多国籍企業にとっては，産業クラスターの存在やより良い競争環境等も含まれます。

　戦略的資産探求型とは，自社の持つ所有の優位性をより高くできる知識ベースの資産や市場の有無とそのコスト，相乗効果のある資産の有無やそのコスト，現地の知識交換や相互学習の機会の有無などを目的とすることです。

　内部化の優位性とは，**内部化理論**によって多国籍企業がどのように出現するのかを説明したものです。内部化理論とは以下のようなものです。企業は，

海外での部品などの取引において，市場の不確実性と企業内で製造する内部化の総費用を比較します。市場での取引にコストがかかる場合，市場での取引をやめて企業内でのやりとりにすることを決め，海外との市場取引も企業内の取引にすることを決めると海外進出をします。内部化を誘引する要因として，バックレイ（Buckley, P. J.）とカソン（Casson, M.）は，知識の取引の視点から，製品の性能や価値についての知識が売り手と買い手で等しくない場合や，国際市場における各国政府の介入がある場合，そして，中間財としての「知識市場」の不完全性の存在を挙げています。

企業は**OLIパラダイム**のそれぞれの優位性において，多国籍企業が受け入れ国で現地企業に対抗できるのに十分な有形資産と無形資産を保有することによる所有の優位性をどの程度持っているか，どの国へ海外進出するのが最も優位か（立地の優位性），そして，市場での知識の取引コストが高くないかどうか，企業が輸出やライセンス供与にとどまらず海外進出し企業内で内部化していく優位性があるかどうか（内部化の優位性）を考慮して，どの国に進出するのか，意思決定しています。その結果，日本の主要な企業は**図表2-2**のように海外での売上比率が高くなり，海外従業員数も国内に比べて多くなっています。海外が多国籍企業の戦略上，市場としても，企業の活

図表2-2 ▶▶▶ 主要日系企業の海外売上高比率と海外従業員数（2013年）

	国内売上高比率	海外売上高比率	国内従業員数(人)	海外従業員数(人)
パナソニック	51%	49%	115,320 (42%)	156,469 (58%)
ソニー	28%	72%	51,800 (37%)	89,100 (63%)
キヤノン	19%	81%	69,894 (36%)	124,256 (64%)
シャープ	39%	61%	23,997 (47%)	26,640 (53%)
東芝	42%	58%	111,745 (56%)	88,515 (44%)
味の素	52%	48%	9,853 (36%)	17,665 (64%)
資生堂	49%	51%	24,609 (52%)	22,371 (48%)
マンダム	60%	40%	935 (20%)	3,672 (80%)
花王	73%	27%	22,088 (67%)	10,966 (33%)
日産	20%	80%	65,480 (46%)	77,445 (54%)

出所：各社アニュアル・レポート2014年版をもとに筆者作成。

動の場としても重要な場所であることがわかります。

1.2 多国籍企業の国際化プロセス

　一般的に，企業が国内でのビジネスを外国でも展開したいと考えたときに，いきなり直接投資を行うことはしないでしょう。なぜならば，海外でのビジネスには不確実性が高く，直接投資は金額が大きく，失敗のリスクが高いからです。現在，海外に法人を設立している企業は，最初から国際的な視野を持っていたとは限りません。もともと企業の最初の顧客やビジネス活動のターゲットは国内市場であり，経営戦略の1つとして国際化を選んだ企業が外国に進出をしています。国際化を選択した各企業は直接投資を行い，海外子会社を設立します。海外子会社が受け入れ国で製造し提供する製品（サービス業の場合はサービス）はエアコンや洗濯機などの家電製品，自動車，食品等，さまざまであり，必ずしも海外市場や海外市場の顧客に簡単に受け入れられるものばかりではありません。

　企業の国際化のプロセスは，最初から直接投資をして海外子会社を作るのではなく，輸出を通じて販売の国際化を進め，海外市場での販売を検証することから始められます（国際化の第1局面）。その後，現地企業にライセンスを与えて現地での生産を始め（第2局面），第3局面として，直接投資による製造拠点や販売拠点が設立されるといったケースが一般的です。

　ただし，1990年代以降のグローバル化の進展により，近年では第1から第2へ，という順を踏まずに第3局面から始める企業も多くみられます。後述（31頁）する**ボーングローバル**（born-global）**企業**の例はこれに当てはまります。

1.2.1 第1局面：販売の国際化と輸出事業

　企業の国際化の初期段階では，輸出を通じて販売の国際化，つまり「輸出」が始まります。輸出の中にも，企業が直接輸出する場合と，輸出の業務のすべて，または一部を商社などの外部に委託する間接輸出の場合があります。

通信技術等が発達していない時代には，輸出の際の「販路」や「販売チャネル」などのノウハウを持つ商社などに委託することから，輸出する企業にとって，それらのノウハウの開発のコストがかからないことがメリットとなっていました。現在では，多くの企業が直接輸出を採用し，中小企業は商社に委託し間接輸出をしています。このような輸出・輸入は貿易であり，そのため，多くの場合，商品には関税がかかり，販売価格は高くならざるをえず，さらには為替の変動によって利益が減少することも起こりえます。このようなロスを避けるために，企業は輸出に代替する海外進出の方法を考えることになります。

1.2.2 第2局面：生産の一部の国際化

現地生産のコストが現地生産に伴う便益よりも高い場合（コスト＞便益）は輸出を中心に国際化を進める企業が多いですが，その差が縮まってくると判断した場合，生産の一部を国際化する「国際化の第2局面」へと移行します。生産の一部の国際化とは，これまで輸出していた国の企業と技術提携して，現地企業に生産を委託する場合や，自ら開発した特許技術を現地企業に利用させてロイヤルティ（使用料）を得る場合や，単純な技術供与や請負契約，ライセンシングにより現地企業に生産させることを指します。

1.2.3 第3局面：生産のすべての国際化

国際化の次の段階では，企業は生産のすべてを現地に移転し，それまで輸出していた製品や，ライセンスを与えて他社が生産していた製品を代替し，現地ですべて生産します。また，第3局面に入る企業は，必ず海外直接投資をすることになり，その結果，その企業は多国籍企業となります。第3局面では，生産のすべてを行う工場等を現地に造るため，海外子会社を設立することになります。1980年代後半から現地生産を行う企業が急増し，1990年代後半になると，研究開発（R&D）は生産拠点に近いところで行うべきだという考えから，研究開発の一部を海外に移転する企業も増えてきました。子会社設立を選択することのメリットは，受け入れ国で，輸出時や第2局面

に比べて低コストで生産することができる点です。

また、第3局面の第1段階での生産した製品のターゲットは進出した国の市場や、進出した国に拠点を持つ企業ですが、第2段階に進むと、受け入れ国に加えて、本国や第三国（本国と受け入れ国以外の国）がターゲットとなり、ターゲット市場が広がることになります。多国籍企業の持つ生産拠点（やR&D拠点）がグローバル生産ネットワークの一部となる側面でもあります。

1.2.4 ボーングローバル企業

近年では、このような海外進出のステージを経ていない多国籍企業もみられます。海外でのビジネスには不確実性やリスクは高いのですが、積極的に海外に進出する、設立当初から国際的な視野を持つような企業が増えています。このような企業のことを、ボーングローバル企業と呼びます。

ボーングローバル企業とは急速な国際化を行うベンチャー企業や中小企業のことを指し、ナイト（Knight, G. A.）とカブスギル（Cavusgill, S. T.）は、創業から3年以内に海外市場で製品を販売し、母国以外で少なくとも25％の売上高を出している企業と定義しています。定義に関わる年数や割合はばらつきがありますが、ボーングローバル企業の特徴は早期の国際化プロセスといえ、これまでのような段階を経ず、急速に海外進出を成し遂げることです。Seaflex AB（スウェーデン）、Meetingbooker.com（アイルランド）、テラモーターズ（日本）、シャオミ（中国）のような企業がこれに当てはまります。

このような企業が台頭している背景には、市場のグローバル化、情報技術、国際物流技術やインターネットの発達と普及などによるものといわれています。

1.3 多国籍企業による参入方法

多国籍企業は第3局面である海外直接投資によって在外子会社を設立することはすでに学びましたが、海外直接投資にはいくつかの方法があり、企業の意思決定により、海外直接投資の方法（エントリー・モードもしくは参入方法）を次の方法（図表2-3）から選びます。

図表 2-3 ▶▶▶ 海外直接投資の際の参入方法

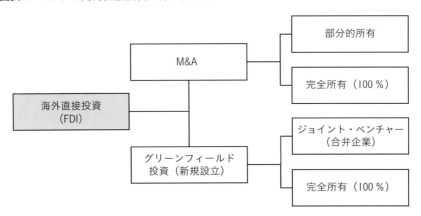

　企業の海外直接投資（FDI）には，**グリーンフィールド（新規設立）投資**と **M&A（買収・合併）** があります。完全所有の子会社の場合と，部分的資本所有の子会社（**ジョイント・ベンチャー（合弁企業）**）の場合があり，M&A による**資本参加**のみの場合もあります。図表 2-1 で増えている海外直接投資を行っている日本企業の中には，新規参入した子会社もあれば，既存ビジネスに M&A により参入した子会社もあり，M&A により設立した子会社もあれば，グリーンフィールド投資で設立した子会社も含まれています。この節ではそれぞれの特徴についてまとめます。

　グリーンフィールド投資は新規設立と呼ばれ，設立に関してかかる新たな投資が発生します。投資額のうち，100％を親会社が新規設立として投資する場合（完全所有，または 100％独資と呼ばれます）と，現地の企業のパートナーとジョイント・ベンチャー（合弁企業）として投資する場合があります。いずれの場合でも，土地探し，工場の建設，機械の設置等，すべて 1 からのスタートとなります。独自の進出となり，多国籍企業の本社が子会社を管理しやすい反面，海外直接投資における不確実性がそのまま残るため，リスクも伴う進出方法です。また，ジョイント・ベンチャー（合弁企業）の場合，現地企業のパートナーがいるので，多国籍企業特有の不確実性を減らすことにつながることは確かですが，企業文化の差異などによる問題がある場

合もあります。

M&Aとはmergers and acquisitionsの略で，企業の合併・買収を意味します。合併とは複数の企業が法的に1つの企業となることであり，買収とは，受け入れ国の既存の企業を買い取ることを指します。買収した既存の企業のビジネスがすでに受け入れ国に存在しているので，進出時のスピードが速いことが特徴で，既存企業の優位性を活かすことができます。M&Aによる部分的所有の場合，ジョイント・ベンチャー（合弁企業）と似た特徴がみられます。

2 国際化をめぐる戦略

多国籍企業が完全所有であっても部分的な所有であっても海外直接投資をして受け入れ国に進出してから，受け入れ国やその地域でどのような戦略をとるのか，という視点から考えるのが国際化をめぐる戦略です。本節では，ポーター（Porter, M. E.）による企業の**国際戦略**，プラハラード（Prahalad, C. K.）とドーズ（Doz, Y.）の**グローバル統合・現地適応**，バートレット（Bartlett, C. A.）とゴシャール（Ghoshal, S.）の**I-Rフレームワーク**を用いた類型論，**メタナショナルアプローチ**の主に4つの国際化をめぐる多国籍企業の戦略を解説します。

ポーターは，多国籍企業の戦略として，国際的な産業という観点から「**グローバル産業**」と「**マルチドメスティック産業**」という2つに分け，多国籍企業の対象としている産業の性質によって戦略を使い分けています。

グローバル産業とは対象国によって製品を変更するのではなく，全世界で同じ製品を展開することが必要な産業であり，このような産業に対応した戦略を持つ企業は**グローバル企業**と呼ばれます。

マルチドメスティック産業とは，対象国の顧客ニーズに合わせて変更し，カスタマイズした製品を展開することが必要な産業であり，このような産業に対応した戦略を持つ企業は**マルチドメスティック企業**と呼ばれます。

ポーターによる国際戦略は，トレード・オフの中から選択をすることにあ

り，グローバル統合の効率性を求めるグローバル戦略か，コスト増となることはありますが，現地ニーズ適応を重視するマルチドメスティック戦略か，どちらかを選択することとなります。グローバル市場で製品等を共通化させて効率性を高めるか，コストがかかっても，各国ごとのニーズに適応させるか，という選択を企業は迫られます。

　ポーターによる国際戦略は，トレード・オフの関係を主張していますが，多国籍企業はグローバル競争と同時に進出した国の市場においても競争を強いられているので，どちらか一方を選択することは難しいのが現実です。コスト面等でのグローバル統合のメリットを最大限に活用しつつ，各国のドメスティック市場特有のニーズにもきめ細かい対応をする必要が出てきます。

　そのときの意思決定を本社がするのか，それとも子会社がするのか，という視点から提唱されたのがグローバル統合・現地適応という概念であり，**I-Rフレームワーク**と呼ばれています。ポーターは「グローバル」か「マルチドメスティック」か，という2つの市場の視点を持っていました。それに対し，プラハラードとドーズのI-Rフレームワークをさらに発展させたバートレットとゴシャールは，**「グローバル統合」「現地適応」**のフレームワークを提唱しました。このフレームワークは，産業の特性，企業による差異，企業内の機能による差異，機能の中のタスクによる差異，などによりさまざまなパターンが有り得ることを説明しています。

図表2-4 ▶▶▶ 多国籍企業の国際戦略の類型論：I-Rフレームワーク

出所：Bartlett & Ghoshal [1989], pp.55-63をもとに筆者作成。

それが**図表2-4**の多国籍企業の類型論です。この類型論では，国際経営戦略と組織の管理について「**グローバル戦略・組織**」「**マルチナショナル戦略・組織**」「**インターナショナル戦略・組織**」「**トランスナショナル戦略・組織**」という4つに分類しています。この類型論は多国籍企業のマネジメントが本国中心であり，主要意思決定が本社によってされるのか（集権），それとも，子会社中心であり，意思決定が海外子会社に権限委譲されているのか，という考え方よりも広い戦略的概念です。また，多国籍企業におけるマネジャーの役割を考えるうえでも有効なフレームワークといえます。

　そのうえで，各類型を資産や能力の配置状況，海外子会社の役割，知識の開発と普及の視点から，**図表2-5**のように各類型の特徴を定義しています。

　ここまでの多国籍企業の戦略モデルやフレームワークは主に1980年代の企業の行動がもととなっています。海外子会社の自律性を高めるのか，それとも，本社で中央集権的に意思決定をするのか，という議論が中心でしたが，その後，ドーズ，サントス（Santos, J.），ウィリアムソン（Williamson, P.）が提唱する**メタナショナル経営論**は，自国の優位性を活用する戦略ではなく，世界規模での優位性を確保する戦略です。

　知識マネジメントの観点から，グローバル・イノベーションを考察する考

図表2-5 ▶▶▶マルチナショナル企業，グローバル企業，インターナショナル企業，トランスナショナル企業の組織の特徴

組織の特徴	マルチナショナル企業	グローバル企業	インターナショナル企業	トランスナショナル企業
能力と組織力の構成	分散型　海外子会社の自律性は高い	中央集中型　グローバル規模でグローバルな効率性を志向	能力の中核部は中央集中型であるが，他は子会社に分散	分散，相互依存，専門化，状況ごとに最適化
海外子会社の役割	現地の好機を察知して利用	親会社の戦略を実行	親会社の能力を適応させ活用	海外の子会社単位ごとに役割を分け，子会社同士も連携し，世界的経営を統合
知識の開発と普及	各子会社単位内で知識を開発して保有	中央で知識を開発して中央で保有	中央で知識を開発し，海外子会社に移転	共同で知識を開発し，世界中でシェア

出所：Bartlett & Ghoshal [1989], p. 75.

え方でもあり，本国のみでなく世界中で価値創造を行い，**アライアンス（提携）**など，外部組織との連携の役割を積極的に評価しようともしています。この背景には，グローバルに展開している多国籍企業はさまざまな国に存在する受け入れ国で得られる知識の戦略的な活用が可能となり，メタナショナル企業は，グローバル規模で知識を感知し，確保し，移転し，融合し，活用することが可能となります。

これは簡単なことではなく，企業が世界中の各国での現地特有の知識資源等の新たな知識を感知する能力，確保した知識を流動化する能力，そして，知識を有効活用したイノベーションを行う組織能力の向上が必要となります。

3 国際戦略に適合した組織マネジメント

多国籍企業は国境を越えて活動しているため，海外子会社のある地域が多岐にわたり，多国籍企業を取り巻く各国の現地環境に対して第2節で説明し

図表2-6 ▶▶▶国際事業部制組織

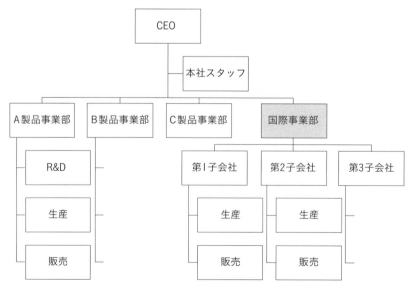

たように戦略で適応し，さらに，組織で適応することが必要となります。チャンドラー（Chandler, A.）は「組織は戦略に従う」と主張し，組織構造は企業の成長戦略に従う，と明示しています。多国籍企業の組織構造を，**本社の国際事業部制組織**，**グローバル製品別事業部制**，**地域別事業部制**，**グローバル・マトリクス組織構造**の4つについて説明していきます。

海外子会社の数と受け入れ国と地域が増えるにつれて，「国際事業部」を設立する動きが出てきます。企業は本来の製品別事業部制組織に国際事業部を加えました。国際事業部は本社にあり，国内事業から分離して，海外子会社の経営を管理する部門です。国際事業部は個々の海外子会社を経営し，海外子会社間の調整をする役割を持っています。国際事業部において海外経験を持ったトップ・マネジャーの養成も可能となります（**図表2-6**）。

フォーラカー（Fouraker, L. E.）とストップフォード（Stopford, J.）によれば，国外の製品多角化が10％以内，国外売上げ比率が50％以内であれば国際事業部制をとる企業が多いが，それらのいずれか1つでもその割合を超えると，企業は新たな組織形態を選ぶことがわかっています。

図表2-7 ▶▶▶ ストップフォードとウェルズの International Structural Stages Model

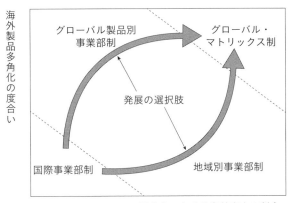

出所：Stopford & Wells [1972], p. 72.

図表2-8 ▶▶▶グローバル製品別事業部制

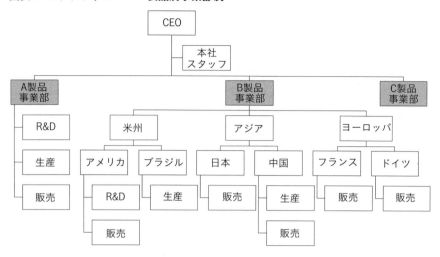

　新たな組織形態とは，グローバル製品別事業部制，または，地域別事業部制です。海外での事業展開が拡大し，多数の製品の多くの地域での事業活動が国際事業部では対処できなくなりグローバル製品戦略制へと移行します。海外で多角化せず，主力事業のみを海外展開し海外売上げを伸ばす企業は製品別事業部制をとり，地域割りで編成されていた国際事業部制から移行します（**図表2-7**のストップフォードとウェルズ（Wells, L.）による発展の選択肢を参照）。

　グローバル製品別事業部制が導入されると，本社のグローバル製品別事業部が海外子会社やライセンス管理等の業務を管轄し，各製品に最適化した海外展開を行うことができ，より個別の製品に応じた要求が反映されやすくなります。各製品事業部は，その製品のバリュー・チェーンの機能をすべて持ち，他の製品事業部から自立しています（**図表2-8**）。グローバル製品事業部制では，同じ地域内の海外子会社の活動であっても，製品分野が異なれば異なる事業部にまたがることになります。

　地域別事業部制では，地域ごとに組織が分割されています。それぞれの地域事業部は，その地域の中にすべての機能を持ち，自律しています。地域のニーズに合わせて製品仕様を変更したり，国ごとに異なる競争環境に対応す

図表 2–9 ▶▶▶ 地域別事業部制

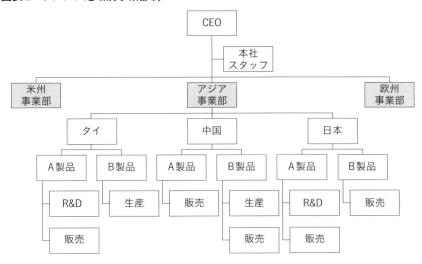

図表 2–10 ▶▶▶ グローバル・マトリクス組織構造

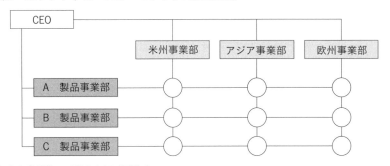

出所：Daft［1998］, p. 237 をもとに筆者作成。

る「**マルチナショナル戦略**」をとる多国籍企業に適している組織体制です（図表 2–9）。

　多国籍企業の組織は，環境や戦略に応じた組織の発展の選択肢として，当初の国際事業部制からグローバル製品別事業部制や地域別事業部制へと移行しました。しかし，それぞれの事業部制は，一方は現地適応に過度に偏った組織対応であり，他方はグローバル統合，標準化に偏った組織ともいえます。こうした偏りに対応した組織が**グローバル・マトリクス構造**です。

Column　キッコーマン株式会社のグローバル化

　ここでは，キッコーマン株式会社（以下，キッコーマン）を事例に，日本企業がいかにして海外展開をしてきたのかを考察していきましょう。しょうゆを製造・販売するキッコーマンは日本企業の中でも早い段階から海外進出し，2007年に北米進出50周年を迎えました。

　キッコーマンの本格的な海外進出は1957年に始まりましたが，実際には戦前もしょうゆを日本から輸出していました。戦後1949年にしょうゆの輸出が再開され，1956年までは，現地の販売代理店を通じて，北米でのマーケティングと販売を行っていました。1957年にKikkoman International Inc. (KII)をサンフランシスコに設立し，本格的な販売の国際化を図り，1957年のサンフランシスコ拠点をはじめに販売拠点を増やし，市場拡大を目指していました。しかし，当時アメリカから輸入された大豆と小麦を日本でしょうゆに加工し，アメリカへ輸出していたため，太平洋を2回渡る物流コストと，しょうゆの輸入に対する12%の関税は，輸出の増加が費用の増加を生み出すことになりました。

　「Buy American Act」により，Made in U.S.A.製品の購買を奨励されていた背景もあり，キッコーマンは1968年より国際化プロセスの第2局面である製造の部分的国際化を図りました。日本で製造するしょうゆをコンテナでアメリカへ輸出し，現地で提携したLesley Salt Co.が瓶詰めを行うことにより，障壁を越えることができました。1972年にウィスコンシン州にKikkoman Foods Inc. (KFI)を設立して工場を建設し，国際化の第3局面であるしょうゆの全製造の国際化（製造の現地化）を始めました。キッコーマンはアメリカでの現地生産を開始後，他の受け入れ国にも製造拠点を設立しました。1983年にシンガポール工場，1990年に台湾工場，1996年にオランダ工場，1998年にカリフォルニア工場，そして2000年に中国工場，というように各国に製造工場を設立し，2014年にキッコーマンは海外4カ国・地域（アメリカ2拠点，シンガポール，中国2拠点，台湾，オランダ）に合計7つの生産拠点を持ち，100カ国以上でしょうゆを販売しています。

　受け入れ国の海外子会社の役割が進化する例の1つとして，製造と販売に加えて，これまでは本国に置かれていた研究開発の設立や，現地法人の自主性が高まることが挙げられます。キッコーマンはこの役割を持つ海外子会社を1984年にアメリカに設立し（シカゴのKikkoman Marketing and Planning社），アメリカ市場向け商品の市場調査および研究開発を行っています。アメリカの次に生産拠点を作ったシンガポールでは，2005年にシンガポール国立大学との産学共同による研究所を設立し，インドを含めたアジア諸国に向けたしょうゆを含めた商品開発につながる研究をしています。2007年にはオランダに研究開発拠点（Kikkoman Europe R&D Laboratory B.V.）を設立しました。この研究拠点はFood Valleyと呼ばれるワーヘニンゲン市のワーヘニンゲン大学の施設内に，ヨーロッパ市場の需要により即した商品を開発することを目的として開設されました。このように受け入れ国での役割は進出当初からつねに同じ役割を保つのではなく，進化をしていくことが多いのです。

図表2-10で示しているように，地域軸と製品軸の両軸を採用しており，2軸の交点で示される海外事業は，それぞれ製品事業部と地域事業部とも，単独では意思決定ができず，両事業部で調整をする必要があります。グローバル・マトリクス組織は多数の事業と多数の国の海外子会社を持つ多国籍企業にとって，理想的な経営組織であると考えられましたが，この組織の運用には調整コストが伴い，1980年代後半にはこの組織構造を解消する企業が多かったといわれています。

Working　　　　　　　　　　　　　　　　　　　　　調べてみよう

1. 興味のある多国籍企業を選び，どの国に進出しているのか，どのような参入方法で進出しているのかを調べ，その国に進出した背景は何なのかを調べてみよう。
2. バートレットとゴシャールの「グローバル戦略・組織」「マルチナショナル戦略・組織」「トランスナショナル戦略・組織」に当てはまる多国籍企業をそれぞれ選び，具体的にどのような戦略をどこの国で採用しているのか（またはグローバル規模で採用しているのか）調べてみよう。

Discussion　　　　　　　　　　　　　　　　　　　　　議論しよう

1. 多国籍企業を選び，なぜその国にその企業が進出したのか，OLIパラダイムの視点から，どの優位性が最も機能していたのか議論しよう。
2. 多国籍企業を選び，その企業の受け入れ国での国際化のプロセスを具体的に調べて，何が要因で段階に変化があったのか議論しよう。
3. 多国籍企業を選び，その企業の組織構造がどのようなタイミングでどのように変化しているのか，戦略と組織構造の関連について議論しよう。

▶▶▶さらに学びたい人のために

- 浅川和宏［2003］『グローバル経営入門』日本経済新聞社。
- 林倬史・古井仁編［2013］『多国籍企業とグローバルビジネス』税務経理協会。
- Bartlett, C. A. & Ghoshal, S. [1989] *Managing across borders: The transnational solution*, Boston, MA: Harvard Business School Press.（吉原英樹訳『地球市場時

代の企業戦略―トランスナショナル・マネジメントの構築』日本経済新聞社, 1990年)

参考文献

- 浅川和宏[2006]「メタナショナル経営論における論点と今後の研究方向性」『組織科学』第40巻第1号, 13-25頁。
- 日本貿易振興機構(ジェトロ)「日本の統計情報・直接投資統計」http://www.jetro.go.jp/world/japan/stats/fdi/ (2015年6月1日確認)
- Bartlett, C. A. & Ghoshal, S. [1989] *Managing across borders: The transnational solution*, Boston, MA: Harvard Business School Press. (吉原英樹訳『地球市場時代の企業戦略―トランスナショナル・マネジメントの構築』日本経済新聞社, 1990年)
- Buckley. P. J. & Casson, M. [1976] *The future of multinational enterprise*, London, England: The Macmillan Press. (清水隆雄訳『多国籍企業の将来』文眞堂, 1993年)
- Chandler, A. [1962] *Strategy and structure: Chapters in the history of the industrial enterprise*, Cambridge, MA: MIT Press. (三菱経済研究所訳『経営戦略と組織』実業之日本社, 1967年)
- Daft, R. [1998] *Organizational theory and design*, Chincinnati, OH: South-Western College Publishing.
- Dunning, J. H. [1993] *Multinational enterprise and the global economy*, Workingham, England: Addision-Wesley.
- Doz, Y., Santos, J. & Williamson, P. [2001] *From global to metanational*, Boston: Harvard Business School Press.
- Fouraker, L. E. & Stopford, J. [1968] Organizational structure and multinational strategy, *Administrative Science Quarterly*, Vol. 13, No. 1, pp. 47-64.
- Galbraith, J. & Nathanson, D. [1978] *Strategy implementation: The role of structure and process*, West, St. Paul, Minn. (岸田民樹訳『経営戦略と組織デザイン』白桃書房)
- Hymer, S. H. [1976] *The international operations of national firm*, MIT Press: Cambridge, Mass. (previously unpublished doctoral dissertation, 1960). (宮崎義一訳『多国籍企業論』岩波書店, 1979年)
- Knight, G. A. & Cavusgil, S. T. [1996] The born global firm: A challenge to traditional internationalization theory. In S.T. Cavusgil & T. Madsen (Eds.) *Advances in international marketing* (Vol. 8, pp. 11-26), Greenwich, CT: JAI Press.
- Porter, M. E. [1986] *Competition in global industries*, Boston: Harvard Business School Press. (土岐坤ほか訳『グローバル企業の競争戦略』ダイヤモンド社, 1989年)
- Prahalad, C. K. & Doz, Y. [1987] *The multinational mission: Balancing local demands and global vision*, New York: Free Press.
- Stopford, J. & Wells, L. [1972] *Managing the multinational enterprise*, Basic Books, New York. (山崎清訳『多国籍企業の組織と所有政策』ダイヤモンド社, 1976年)

第3章 人的資源管理のフレームワーク

Learning Points
▶人的資源管理とは何かについて学ぶ。
▶人的資源管理という考え方の成立背景について理解する。
▶人的資源管理を構成する各機能別の活動について理解する。

Key Words
人的資源管理　人的資源管理理念　採用　人材配置　人材育成
人事評価　報酬　労使関係

1 人的資源管理とは何か

1.1 人的資源管理の定義

　国際人的資源管理の詳細に先立ち，本章では，国際人的資源管理の「国際」という視点をいったん取り除いた人的資源管理一般の考え方を解説します。経営活動を実践するうえで必要不可欠な資源として，ヒト・モノ・カネがあります。そして，これらの中でももっとも重要であるヒト（従業員）という資源，もしくはヒト（従業員）が有しているさまざまな資源の管理を**人的資源管理**（human resource management：**HRM**）と呼びます。つまり，組織目標を実現するために，ヒトの有する資源を一定の体系のもとに，効率的に調整し，統合することを指しているのです。

　学術界ではかつて，**労務管理**（labor management）もしくは**人事管理**（personnel management）と呼んでいました。**人的資源管理**は1960年代頃から，英米を中心に普及してきた用語であるといわれています。ただし，わ

が国の実業界では，未だに人的資源管理という用語は一般的ではありません。依然として人事管理という用語が使用され，それを専門とする職能部門は人事部門と呼ばれています。しかし，その内容は人的資源管理とほぼ同じものと考えてよいでしょう。また近年では，人的資源管理の戦略的側面を強調して，**戦略的人的資源管理**（strategic HRM：**SHRM**）と呼ぶこともあります。国際的な視点からみた戦略的人的資源管理については，第11章で扱います。

さて，人的資源管理は，ヒトの何を管理しているのでしょうか。当然のことながら，組織は成果を上げなければなりません。したがって，まずは従業員のパフォーマンス（仕事での成果）を管理するという発想を持つ必要があります。では，従業員のパフォーマンスは何によってもたらされるのでしょうか。ここでは，ボクサル（Boxall, P.）とパーセル（Purcell, J.）を参考にして，古くからあるとされる従業員のパフォーマンスの理論に当てはめて考えてみることにしましょう。

$$P = f(A, M, O) \quad A=ability \quad M=motivation \quad O=opportunity$$

この公式は，パフォーマンス（P）が従業員の能力と意欲，そして機会によってもたらされることを示しています。したがって，人的資源管理は従業員の能力と意欲を高め，最適な機会を与えるように努力しなければならないのです。

1.2 人的資源管理の主体者

人的資源管理は誰によって実践されるのでしょうか。一定以上の規模を有する企業であれば，それは**トップ・マネジメント**，人事部門，そして**ライン・マネジャー**という3者による分業によって行われます。ここでトップ・マネジメントとは，最高経営層ともいわれ，企業の存続と成長に対して最高の責任を負う経営層を指しています。トップ・マネジメントは，人的資源管理についての理念や方針を策定するという役割を担っています。規模の大きな企業になれば，社長以外にも **CHO**（Chief Human Officer：**最高人事責任者**）

と呼ばれる経営幹部も重要な役割を果たします。

　このように大企業では，人的資源管理をサポートする専門職能として，人事部門が設置されています。人事部門は，トップ・マネジメントが**人事方針**を制定し，**人事戦略**を策定するための補佐的な活動を行うとともに，策定された方針や戦略に基づいて，**人事施策・制度**を企画立案し，組織へと導入するという役割を担っています。そしてそのためには，実際に人的資源管理活動を実践している**ライン・マネジャー**たちに，導入される施策・制度の説明を行い，理解を促していくという活動も必要となります。また，ライン・マネジャーたちが，これら施策・制度を運用しやすいように，側面からサポートすることも重要です。

　最後に，ライン・マネジャーです。人事施策や制度の立案に直接関与することはできないものの，それらを運用するのはライン・マネジャーの人々です。職場や部下個人と直接接触するのは，第一線のマネジャーなのですから当然といえるでしょう。トップ・マネジメントが制定した人事方針や人事戦略を理解し，人事部門が策定した施策・制度を運用し，生身の人間である部下たちに適切な働きかけをしていかなければならないのは，他ならぬ現場のマネジャーたちなのです。

1.3　人的資源管理理念および方針

　アメリカにおける戦略的人的資源管理研究の第一人者ともいえるシューラー（Schuler, R. S.）によれば，人的資源管理を規定する概念は上位から，理念（philosophy），方針（policies），プログラム（programs），施策（practices），過程（processes）によって構成されます。シューラーはこれらの頭文字をとって，**5Pモデル**と呼んでいます（図表3-1）。このように，理念や方針は人的資源管理を規定する最上位概念に位置する，極めて重要なものであるといえます。

　前述したように，人的資源管理理念や方針はトップ・マネジメントによって策定されます。図表にもあるように，理念や方針に従って，HRプログラ

図表 3-1 ▶▶▶ 5P モデル

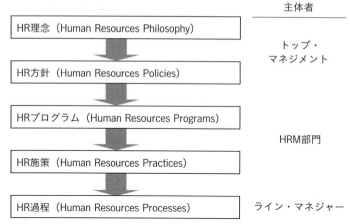

出所：Schuler [1992], p.19 をもとに筆者作成。

ムや施策が立案されることになります。

　すなわち人的資源管理理念とは，人的資源管理における意思決定および行動の規範となる価値観なのだといえます。したがって人的資源管理理念は，トレード・オフにある困難な問題を解決する際の基準となります。組織が人的資源管理に関する一貫した意思決定を下すために，人的資源管理理念は存在しているのです。また人的資源管理理念は，決してトップ・マネジメントの独断ないし恣意によって生み出されるものではありません。人的資源管理理念は，社会の期待を十分考慮したものでなくてはならないのです。すなわち，社会がいかなるものに価値を求めているのか，あるいは社会の構造と変化をいかに解釈ないし判断するかが重要なのです。

2　人的資源管理成立の背景

　本節では，世界に先駆けて人的資源管理が展開されたアメリカおよびイギリスにおけるこれまでの動きを追うことによって，人的資源管理成立の背景およびその概念的要因について整理しておきましょう。

2.1 人的資本理論と人的資源管理

　岩出博によれば，アメリカにおける人的資源管理の理論的基礎は，1960年頃から急速に発達した経済学領域における**人的資本理論**（human capital theory）と，**人間関係研究**から発展した**行動科学**に求めることができます。人的資本理論とは，ヒトの内部に蓄積される知識と技能を人的資本と定義し，人的資本の増大を図る1つの方策は，教育訓練に投資することであるとする理論であり，戦後アメリカ政府の発展途上国に対する経済援助政策の行き詰まりへの反省から生じたといわれています。

　これらは，経済成長を長期的な視点で考えた場合，ヒト（労働者）は変動費用として捉えられるべきではなく，投資対象として，つまりは将来のための資産として扱われるべきであるという見方が，アメリカ社会に起こりつつあったことを示しています。さらに，1960年から1970年代には，平等で公平な処遇への関心が高まったことにより公民権法や雇用機会均等法が成立し，こうした法制化と相俟って，個人の幸福と福祉への社会的価値観が高まったことも，人的資源管理登場の背景として挙げることができるとされています。

2.2 行動科学と人的資源管理

　1950年代に登場した行動科学研究が，アメリカにおける人的資源管理に理論的基礎を与えたとする研究者は数多く存在します。そしてとくに行動科学研究の貢献は，人的資源管理における人間性重視に対してであるとされています。それはつまり，それまで労働者を機械のように捉えていた見方が，行動科学によって労働者を人間として捉える見方に変化したことを意味しています。

　行動科学とは，ひと口にいって人間研究の科学であり，人間の行動を支配する要因を探求し，それによって行動の変化を予測し，ひいては人間に望ましい行動をとらせるにはどうしたらよいかを科学的に研究することを目的と

していました。そして，経営学のみならずさまざまな学問分野を包含していました。1951年にフォード財団が，「個人行動と人間関係」というテーマの研究を計画し，数百万ドルの資金援助を発表して以来，急速に展開していったといわれています。そしてその理論的支柱となったのが，マズロー（Maslow, A. H.）の提唱した**欲求理論**と**自己実現思想**だったのです。

マズローが自らの理論で明らかにしたことは，人間が限りない潜在能力を有し，その潜在能力を開発し成長したいという欲求を有しているということでした。こうした点が，マグレガー（McGregor, D.）の**Y理論**，アージリス（Argyris, C.）の**人間成熟説**，そしてハーズバーグ（Herzberg, F.）の**動機付け－衛生理論**などへと引き継がれていき，**経営管理論**へと応用されていったのです。これらの理論に共通しているのは，マズロー同様に人間の潜在能力および成長欲求に着目している点であり，人的資源管理の特徴として人間性尊重が挙げられる理由はここにあるのだといえます。

2.3 戦略性と人的資源管理

人的資源管理の特徴として，戦略性を挙げる研究者も数多くいます。それほどに，人的資源管理と**戦略**との結びつきは強いのだといえます。

2.3.1 福祉型人事からの脱却

かつてパナソニックでは，人事部門の活動を「**お世話人事**」と称していました。人事部門は他の職能部門の後景に退き，背後から組織の従業員を支えるというスタッフ機能に徹していたのです。

しかし，1980年代の後半頃から変化がみられるようになります。「お世話人事」からの脱却が叫ばれるようになるのです。そのときからパナソニックは，「**経営人事**」を目指し始めることになります。「お世話人事」が，支援する対象を従業員としていたのに対して，「経営人事」がサポートする対象は経営そのものです。つまり，従業員を支えるだけの間接的な貢献では十分ではなくなってきたのです。経営に直結するような役割が，人的資源管理に求

められるようになってきたのだといえます。

　こうした変化はアメリカやイギリスにおいても同様でした。アメリカでは，第1次世界大戦以降の人事部門は，「福祉実施」を掲げて重要な役割を演じていました。またイギリスでも，19世紀に登場した**福祉主義**が今日まで受け継がれてきたとされています。しかし，こうした流れはやはり，1980年代に大きく変化してきているのです。

2.3.2　反応型人事からの脱却

　パナソニックの「お世話人事」にも暗示されているように，旧来の人事管理活動は，ビア（Beer, M.）たちによれば，「しっかり規定された目標に対し対応していくものとしてつくり出されたものではなく，むしろさまざまの問題やニーズが生じてきてそれらに後追い的に対応するものとしてその都度追加されてきたもの」でした。人事部門はいわば，火消しのような存在だったのです。

　これは人事管理活動のまとまりのなさにも表れています。募集，配置，昇進，昇格，人事評価，人材育成，組織開発，健康管理，安全管理などといった諸活動は多くの場合，相互に関係を持っていませんでした。明確な目標に対する計画性がなかったために，統合されることがなかったからです。

　人的資源管理の最も大きな特徴として戦略性が論じられるのは，こうした点においてでしょう。これらの諸活動がまとまりを持つためには，達成されるべき目標や方針，そして戦略的な発想が必要なのです。方針が明確であれば，それに沿った人材を募集し，配置し，昇格させていくことが可能となります。そしてその方針は，経営（事業）戦略によって規定されるのです。

3　採用，人材配置，人材育成
人的資源管理の実践Ⅰ

　では，ここからは人的資源管理の諸活動について，具体的にみていくことにしましょう。本節で取り上げるのは，採用，人材配置，そして人材育成です。

3.1 採用マネジメント

　外部の能力を，内部の能力として取り込むことを採用といいます。それは，外部労働市場から人材を調達するということでもあります。では，採用活動はいかにして実践されるのでしょうか。

　まずは採用計画について考えてみましょう。採用計画は，事業戦略に応じて立案されます。組織は常に環境に適応するために，戦略を実行します。新規事業の立ち上げや不採算事業からの撤退など，戦略に応じて必要な能力と，それらを必要とする機会（ポジション）は変化します。例えば，新しい技術を必要とする事業を立ち上げようとするとき，その技術に精通している従業員を内部で探すのか，それとも外部から調達するのかについて考えなければなりません。そのためには，潜在的な能力も含めて，現有能力を把握しておくことが必要となります。そして，事業戦略を実行するために必要となる能力も，同時に把握しておかなくてはなりません。そこで，両者のギャップを埋めるために，どのような内容の能力をどの程度，外部調達する必要があるのかを計画化するのです。

　以上を**要員調査**といいます。要員調査には，先に述べた事業戦略実行に必要な要員ニーズの把握以外にも，従業員労務構成の是正のための要員ニーズ把握や，適正採算人員の定量的把握があります。この適正採算人員把握には，2通りの方法があるといわれています。第1に，部門別に要員数を測定し，全社的に要員を決める積み上げ方式であり，第2に，経営計画に基づく採算性，コストを考慮して全社的な目標要員を決める目標要員決定方式です。

　組織は，こうしたプロセスを経て策定された採用計画に基づき，従業員を採用することになります。前述したように，近年わが国でも，組織で働く従業員は多様化しています。それに応じて，企業の募集や採用方法も多様化しているのが現状です。図表を見れば，誰を採用するかによって，その時期や採用・募集方法の異なることが理解できるでしょう（**図表3-2**）。

図表3-2 ▶▶▶ 多様化する企業の募集・採用方法

	無期雇用の例示			有期雇用の例示	
	新卒採用	中途採用		パートタイマー	年契約社員（専門職）
		経験者	未経験の若年者		
採用時期					
定期採用	○				
随時採用・不定期採用		○	○	○	○
通年採用	○		○		
採用方法					
全社一括採用	○		○		
事業所別採用・部門別採用	○		○	○	
職能別・職種別採用	○	○	○	○	○
紹介予定派遣	○				
インターンシップ制	○				
募集方法・媒体					
公的な職業紹介機関		○	○	○	
民間の有料職業紹介機関		○			○
大学，高校など	○				
会社説明会	○				
新聞等の求人広告		○			○
求人専門紙・誌	○	○	○	○	○
折り込み広告				○	
インターネット	○	○	○		○

出所：今野・佐藤［2002］，70頁。

3.2　人材配置と人事異動のマネジメント

　外部労働市場から人材を調達した後に必要とされることは，調達した人材を適所に配置することです。経営管理の父とも称されるフランスのファヨール（Fayol, A.）は，経営管理を実践するうえで，組織における秩序の重要性を強調します。秩序が実現されるには，まず事業経営に必要なそれぞれの地位や任務が決定され，それらの任務に正式な担当者が就任しなければなりません。そしてその際，各担当者は，その個人がもっともよく働きうる任務ないし地位に就くということでなければならないのです。こうして完全な社会

的秩序が実現するとファヨールはいいます。まさに，「適材に適所を，適所に適材を」なのです。

しかし，当然ながら，こうした配置がいつもうまくいくとは限りません。ミスマッチが生じてしまうのです。この問題を解消するためには，その従業員を異動もしくは配置転換させることが必要となります。今野によれば，人事異動のマネジメントには３つのポイントがあります。異動のニーズ，異動の意思決定メカニズム，そして異動の範囲です。

まず異動のニーズには２つのタイプがあります。第１は，業務ニーズと人員配置の不整合を調整するための組織上の都合による異動であり，第２は，従業員の能力開発のための異動です。

次に，異動の意思決定メカニズムについて考えてみましょう。欧米の場合は，職務と勤務地を含む雇用契約が結ばれるため，本人の同意なしに異動させることは難しいとされています。一方，わが国の場合は，雇用契約が職務と勤務地を問わない包括的契約のため，異動の決定は会社主導型になります。ただし，ここで取り上げられている従業員とは，正規従業員であり，なかでも幹部候補生として採用された人材を指していると考えられます。

最後に，異動の範囲です。いわゆる職場内部で職務が変更されるケースから，関連会社への出向までを考えることができます。職能部門内部で職務を変更するような場合は，職能部門長などの責任者が意思決定の権限を有しています。しかし，職能を越えた，職種転換を伴うような異動については，経営者もしくは人事部門が主導権を握る場合が多いようです。また，これらは同一企業内での異動ですが，関連会社への異動もあります。それを**出向**と呼びます。

3.3 人材育成

教育訓練や**人材開発**と呼ぶ場合もあります。いうまでもなく，従業員のパフォーマンスを高めるためには，その構成要素である能力と意欲を高め，適切な機会を与えることが必要となります。人材育成もしくは教育訓練はこれ

ら3つの要素に，深く関わりを有する活動です。

ここで少しだけ，教育と訓練の違いについて触れておきましょう。ミルズ（Mills, D. Q.）によれば，一般的に訓練とは「何かをする方法を学ぶこと」であり，教育は「なぜ物事がそうであるのかに関して理解を深めること」を意味しています。これは，簡潔にいい直せば，訓練は行動を学ぶことであり，教育は考えることを学ぶということになるでしょう。

またカッツ（Katz, R. L.）が分類したように，組織成員の成長ステージに合わせた能力に対応しているともいえます。つまり，現場担当者レベルであれば，カッツのいう**テクニカル・スキル**が必要となるため，訓練に重点が置かれます。そして，成長して中堅レベルになれば，併せて**ヒューマン・スキル**（対人能力）も必要となるため，訓練と教育の両方が施されなければなりません。さらにマネジャーレベルに達すれば，テクニカル・スキルに代わって**コンセプチュアル・スキル**が必要となるため，教育の比重が増すことになるのです。

なお，テクニカル・スキルとは，業務を遂行するうえで特定の知識，方法，技術を用いることのできる能力を，ヒューマン・スキルとは，他者を理解し，動機付け，協働できる能力を，そしてコンセプチュアル・スキルとは，抽象的または一般的な観念を理解し，特定の状況に適用することのできる能力を指しています。

では，実際にはどのような人材育成が行われるのでしょうか。**図表3－3**はパナソニックの教育訓練体系を表しています。縦軸にはパナソニックにおける職位階層が示されています。横軸にあるのは，各種の研修です。マネジャーに必要なマネジメント能力を身につけるための**マネジメント研修**，職能ごとに必要とされる専門能力を培う**職能別研修**，そして，自らで費用を負担して，自己成長に結びつけようとする**自己啓発研修**の3種類が示されています。

図表 3-3 ▶▶▶ パナソニックの教育訓練体系

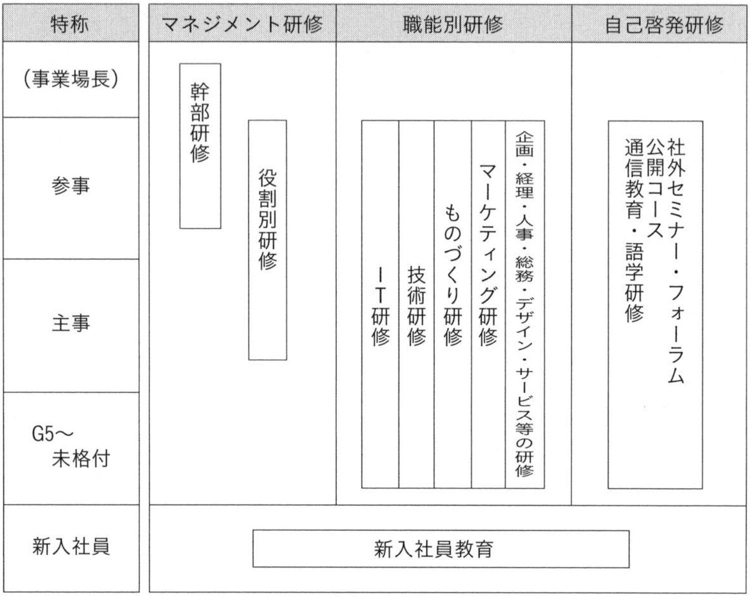

特称	マネジメント研修	職能別研修	自己啓発研修
(事業場長)	幹部研修 / 役割別研修		社外セミナー・フォーラム／公開コース／通信教育・語学研修
参事		IT研修／技術研修／ものづくり研修／マーケティング研修／企画・経理・人事・総務・デザイン・サービス等の研修	
主事			
G5〜未格付			
新入社員	新入社員教育		

出所：パナソニックのホームページ。

4 人事評価，報酬，労使関係のマネジメント
人的資源管理の実践Ⅱ

4.1 人事評価

　組織では，定期的に成員を評価するという活動が行われます。これを人事評価もしくは**人事考課**と呼びます。今野によれば人事評価とは，「社員の今の状態（能力と働きぶり）を評価して，その結果を配置，能力開発，昇進，給与等の人事管理に反映する管理活動」を指しています。

　まず評価は，賃金を配分する際の根拠となります。評価の大小が，賃金の大きさを左右するのです。それゆえに評価は，ルソー（Rousseau, D. M.）もいうように，経営からのメッセージを伝達するためのコミュニケーション・ツールであり，意図的なシグナルにもなるのです。高い評価は現状維持

を，低い評価は働き方の改善を求めているのです。それは，組織からの期待の表明ともいえます。

では，組織は従業員の何を評価するのでしょうか。ここでは，主に日本企業における従業員評価について説明しましょう。まず考えられるのが，仕事上のパフォーマンス（業績，成果）です。従業員による職務遂行の結果を評価するのです。一般的に**業績評価**と呼ばれます。次に能力評価です。能力を捉える場合には，2つの観点が考えられます。どのような能力が発揮されたのかという見方と，まだ発揮はされていないが，どのような能力を保有しているのかという見方です。

前者については，職務遂行度合いを組織で設定した基準に従って評価をします。結果に結びつかなくても，能力の発揮が認められるのであれば，それは評価されるのです。後者については，中長期的な視点での評価と考えられます。例えば，一定の機会を与えた場合，組織の期待する成果を上げるだけの潜在能力を有していると判断されれば，高い評価を得ることになります。ただし，発揮されていない能力を賃金に反映させることは困難です。したがって，昇格や配置などに利用されることが多いとされています。さて，近年ではこうした能力の発揮を行動特性として捉えて評価する場合もあります。**コンピテンシー評価**と呼ばれています。

次に**情意評価**です。従業員の意欲や姿勢も重要な項目となります。最後に，**職務評価**です。それぞれの職務には，遂行するにあたっての難易度があります。難易度の高い職務に就いている従業員の評価は，当然高くなります。

では，評価はどのようにして行われるのでしょうか。評価には**絶対評価**と**相対評価**があるといわれています。前述したように，評価は賃金を配分するための根拠になります。しかし，賃金原資には限りがあり，固定されています。したがって，従業員の評価を相対的に位置づけることが必要となります。そこで企業によっては，**考課分布**を設けるところが多いようです（図表3-4）。一方，絶対評価とは，他の従業員と比較するのではなく，担当業務に基づいて絶対的に評価することを意味しています。こうした評価は，育成方向や配置，昇格などを検討する際に活用されます。

図表 3-4 ▶▶▶ 考課分布表

記　号	分布基準	評定目安
5	10%	高い査定が必要
4	30%	やや高い査定が必要
3	50%	普通の査定がよい
3-以下	10%	低い査定が妥当

4.2 報　酬

　労働者は，組織に対して労働を提供する見返りとして報酬ないしは賃金を得ます。したがって組織は，労働者に与える報酬を管理しなくてはなりません。そもそも報酬とは，労働の対価として使用者が労働者に支払うすべてのものを指しており，そのなかには，月給だけでなく，**ボーナス**や**退職金**なども含まれます。

　では，報酬を管理する目的について考えてみましょう。まず報酬は，企業経営におけるコストであるという点が重要です。したがって，利益を出すためには，コストとしての報酬はなるべく抑えたほうが良いということになります。労働に見合った対価を支払うのは当然のことですが，可能な限り業務の効率化を図り，無駄な時間を費やさないようにすることも重要なのです。

　一方，従業員側からみれば，報酬は生活の源泉としての側面を持ちます。従業員は報酬によって生計を立てるわけですから，従業員のライフステージに合った報酬を支給することが重要となります。さもなければ，従業員を組織に引きつけることが難しくなりますし，労働意欲の低下も免れないでしょう。したがって，経営は両者のバランスを勘案して，報酬を設定する必要があるのです。

　次に，わが国における**労働費用**の構成についてみておきましょう。労働費用とは，企業が従業員を雇うことによって費やす**人件費**総額をいいます。この中には，現金給与額のほかに福利厚生費，募集・訓練費，退職金，現物給与などが含まれます。今野による整理がわかりやすいので，紹介しておきましょう（図表 3-5）。労働費用において現金給与が8割を占めることがわか

図表3-5 ▶▶▶ 労働費用の構成

労働費用総額	100	(45.0万円)					
現金給与総額 (36.7万円)	82	毎月決まって支給する給与	67	所定給与	63	基本給	54
						諸手当	9
				所定外給与	4		
		賞与・期末手当	15				
現金給与以外 の労働費用 (8.2万円)	18	退職金 法定福利費 法定外福利費 その他 (募集費・教育訓練費など)	6 9 2 1				

出所：今野［2008］, 113頁。

ります。

　そして，なかでも重要なのが基本給でしょう。基本給は主に3つの要素から構成されています。すなわち，**職務給**（職務の重要度・困難度・責任度などによって決まる職務の価値），**職能給**（職務遂行能力），そして，**属人給**（年齢・学歴，勤続年数等の属人的要素）です。なお，職能給と職務給を合わせて**仕事給**とする場合もあります。また，職能給や属人給はわが国に特有の給与といっていいでしょう。

4.3　労使関係

　労働者と使用者（経営者）との関係を労使関係といいます。労働者は雇用され，経営者の指示命令に従わなくてはなりませんから，その立場はどうしても弱くなります。そこで，労働者の生活上の諸条件を維持し，改善することを目的として結成されたのが**労働組合**です。労働者個人では聞き入れられないことでも，集団となればその交渉力は大きくなります。したがって，労働組合は**団体交渉**をすることによって，賃金や労働時間，作業条件その他の雇用条件決定に影響力を発揮するのです。

　労働組合は，どこの国においても，産業革命の申し子のようなものとして，なかば自然発生的に誕生しました。産業革命によって，大規模な生産活動が

行われるようになり,それに伴って,大量の労働者が必要となりました。しかし当時は,労働者を保護するような法律もなく,経営者はいわゆる「ムチと飢餓による管理」によって,彼・彼女たちを不当に働かせていたのです。こうした状況が,労働者たちを団結させたのは必然といえるでしょう。産業革命が最初に起こったイギリスを皮切りに,他の国々にも組合結成の動きは広まっていったとされています。

 では,労働組合にはどのような形態があるのでしょうか。まず**産業別組合**とは,企業・職種に関係なしに,鉄鋼・電機といった産業を中心として横断的に組織される組合のことです。欧米においてはこの種の形態が多く,大組織になるのが通常です。次に**職種別組合**です。職種を同じくする労働者によって横断的に組織される組合を指します。印刷・運輸といった職種を中心に組織されるもので,資本主義の初期段階から熟練労働者を中心に結成されることの多かった形態です。最後に,**企業別組合**です。企業単位で組織される

Column　人事部門の役割

 近年,人事部門には4つの役割が求められているとされます。米国の研究者ウルリッチによれば,それらは,戦略パートナー,管理エキスパート,従業員のチャンピオン,そして変革エージェントとしての役割です。労務行政研究所が日本の企業を対象に調査を行ったところ,2010年の時点で,これからの人事部の役割としてもっとも求められているのは,戦略パートナーとしての役割であるという結果が出ています(図表3-6)。

図表3-6 ▶▶▶これからの人事部の役割

人事部の役割	割合
戦略パートナー 人材マネジメントと事業戦略を統合し,企業戦略を実現する	45.4%
管理エキスパート 組織内の制度や仕組みを整備し,組織効率を高める	16.3%
従業員のチャンピオン 従業員の声に耳を傾け,ライン・マネジャーと連携して人材育成に力を入れる	11.2%
変革エージェント 経営理念の浸透,共有化を促進し,人材育成を通じて変革された組織を生み出す	27.0%

出所:労務行政研究所編集部[2010],17頁。

組合のことを指します。わが国の場合，この形態の組合が圧倒的に多く，労働者が就労する企業ごとに独立した組合を結成するので，小規模のものが多くなります。

さて，労使関係を健全に維持することが人的資源管理の役割になりますが，いつも良好とは限らないのが両者の関係です。双方の利害が対立したとき，**労使紛争**が生じます。労働組合は**ストライキ**の手段に訴え，経営者側は**ロックアウト**の手段に訴えてそれぞれの交渉力を強化しようとします。通常はこのような事態に至らないためにも，**労使協議制**が整備されています。**経営協議会**，**労使懇談会**などとも呼ばれ，労働者を経営に参加させるために，使用者と労働者の間に設けられる常設の協議機関です。労使協議制は，団体交渉と異なり，協力関係の下で開かれます。

Working　　　　調べてみよう

1. 各企業の人的資源管理方針や人的資源管理理念，もしくは人的資源管理に関する考え方について調べてみよう。
2. 人的資源管理を専門的に担っている部門の名称について調べてみよう。

Discussion　　　　議論しよう

1. 日本的経営慣行の1つとされる，新卒一括採用の是非について議論しよう。
2. 近年の日本企業においては，基本給の一部である属人給を廃止する動きが進んでいる。この是非について議論してみよう。

▶▶▶さらに学びたい人のために

- 今野浩一郎・佐藤博樹［2009］『人事管理入門（第2版）』日本経済新聞社。
- 守島基博［2004］『人材マネジメント入門』日本経済新聞社。
- 松山一紀［2015］『戦略的人的資源管理論』白桃書房。

参考文献

- 今野浩一郎［2008］『人事管理入門（第2版）』日本経済新聞社。
- 今野浩一郎・佐藤博樹［2002］『人事管理入門』日本経済新聞社。
- 岩出博［1989］『アメリカ労務管理論史』三嶺書房。
- 占部都美編［1980］『経営学辞典』中央経済社。
- 花岡正夫・D. マクドナルド［1998］「HRM 概念に関する一考察―PM から HRM への転換」『大東文化大学経済論集』第73巻第6号, 83-100頁。
- 森五郎編［1989］『労務管理論』有斐閣。
- 労務行政研究所編集部［2010］「人事部のあるべき姿，求められる能力，やりがい等」『労政時報』第3776号, 8-26頁。
- Beer, M., Spector, B., Lawrence, P. R., Mills, D. Q. & Walton, R. E.［1989］*Managing human assets*, The Free Press.（梅津祐良・水谷栄二訳『ハーバードで教える人材戦略』日本生産性本部, 1990年）
- Boxall, P. & Purcell, J.［2003］*Strategy and human resource management*, Palgrave Macmillan.
- Fayol, H.［1979］*Administration industrielle et generale*, Bordas.（山本安次郎訳『産業ならびに一般の管理』ダイヤモンド社, 1985年）
- Katz, R. L.［1955］Skills of an effective administrator, *Harvard Business Review*, pp. 33-42.
- Mills, D. Q.［2006］*Principles of human resource management*, Mind Edge Press.（スコフィールド素子訳『ハーバード流　人的資源管理「入門」』ファーストプレス, 2007年）
- Rousseau, D. M.［1995］*Psychological contracts in organizations: Understanding written and unwritten agreements*, Thousand Oaks: SAGE Publications.
- Schuler, R. S.［1992］Strategic human resource management: Linking the people with the strategic needs of the business, *Organizational Dynamics*, Vol. 21, No. 1, pp. 18-32.

第4章 国際人的資源管理のフレームワーク

Learning Points

- ▶世界各地の人的資源管理のあり方が今後どのように変化していくかについて，複数の異なる視点を概観する。
- ▶多国籍企業が国際人的資源管理の仕組みを構築する場合の理論的なフレームワークを理解する。
- ▶多国籍企業が自国の人的資源管理システムを海外拠点に移植しようとする際の課題や論点を知る。
- ▶国際人的資源管理の運用における，多国籍企業の本社人事部の役割について理解する。

Key Words

グローバル統合　現地適応　収斂(しゅうれん)理論　相違理論　文化的アプローチ　制度的アプローチ　文化間距離　制度間距離　優性効果　出身国効果　現地国効果　本社人事部門

1 世界の国々・地域の人的資源管理の動向

前章では，人的資源管理一般の考え方について解説をしました。本章では，多国籍企業が国境をまたぐかたちで行う「国際人的資源管理」を理解していくうえで重要な考え方やフレームワークについて解説をしていきます。まずは，世界の国々・地域の人的資源管理の動向を理解するための考え方から始めます。

1.1 世界各地の人的資源管理の趨勢の理解

多国籍企業が自社の国際人的資源管理の基本的な方針や設計を行ううえ

で，世界各地の人的資源管理の動向を把握し，将来的にどの方向に進んでいくのかについての理論的枠組みを知っておくことが役に立ちます。昨今のグローバル化の進展は，世界の国や地域が統合され一体化されていくことを示すため，企業経営のあり方も国や地域を問わず，同じような方法に収斂(しゅうれん)されていくように思えます。しかし，人的資源管理は，会計，ファイナンスや生産などの機能と比較すると，現地の政治・経済・社会制度・文化の影響を受けやすく，もっとも統合されにくい機能の1つといわれています。

世界の国々や地域での人的資源管理のあり方が今後どのようになっていくか，とりわけ人的資源管理のあり方が国や地域を問わず統一的かつ標準的な方法に収斂していくのか，それとも国や地域によって異なる人的資源管理の方法が用いられつづけるのか。この問いについては，明確な答えが見い出せるわけではありませんが，複数の異なる考え方があります。ここでは，そのうち代表的な理論的枠組みである収斂理論と相違理論を紹介します（図表4-1）。

1.2 収斂理論

グローバル化の進展とともに，世界の国々や地域の人的資源管理のあり方が，1つの統一的，標準的な方法に収斂されていくと考えるのが，**収斂理論**(しゅうれん)（convergence theory）です。収斂理論の根拠となっている代表的な視点が，**ベスト・プラクティス・アプローチ**（best practice approach）と**状況適合アプローチ**（contingency approach）です。

ベスト・プラクティス・アプローチは，グローバル化の進展や技術の発展に伴い，国や地域を問わず，もっとも適切な人的資源管理の方法が確立されていくという考え方です。とりわけ，これまで世界経済を牽引してきたアメリカの企業が採用している人的資源管理の方法が，**世界標準**になっていくという考え方がよくなされています。

状況適合アプローチは，ベスト・プラクティス・アプローチで想定している理想型が，国や地域の状況によって，多少は修正されるという考え方に立

図表 4-1 ▶▶▶収斂理論と相違理論

つものです。したがって，状況適合アプローチにおいては，実際の国際人的資源管理の方法は，国や地域の状況を考慮しないわけにはいかないものの，理想形としては収斂する方向に向かうと考えます。

1.3 相違理論

　今後グローバル化がこれまで以上に進展したとしても，世界の国々や地域で行われる人的資源管理のあり方は異なり続け，むしろ望ましい人的資源管理は国や地域によって異なるはずだと考えるのが，**相違理論**（divergence theory）です。相違理論の根拠となっている代表的な視点が，**文化的アプローチ**と**制度的アプローチ**です。

　文化的アプローチは，世界の国々や地域の文化は，遠い過去から非常に長い時間をかけて形成されてきたものであるため，国や地域の文化の違いは簡単には解消しないと考えます。したがって，異なる文化を持つ国や地域では，異なる人的資源管理が適しているはずであるから，国や地域による人的資源管理の方法の差異はなくならないと考えるのです。

　国や地域の文化の特徴を把握するうえで有用なのが，ホフステード（Hofstede, G.）による**国民文化次元**です。ホフステードは，特定の国の国民の多くに共有された価値観を示す国民文化は，次の5つの次元の度合いの違いで把握が可能であることを示します。その5つの次元とは，次のとおり

です。

①**権力の格差**（power distance）

国民が，制度や組織に権力が不平等に配分されていることを容認する度合い。

②**個人主義－集団主義**（individualism—collectivism）

国民が集団の一員としてではなく個人として行動することを好む度合い。

③**男性らしさ－女性らしさ**（masculinity—femininity）

国民が，自己主張，金銭や物資の獲得，競争といった価値観を優先するか，人間関係やコンセンサスづくりや他人への気配りを優先するか。

④**不確実性の回避**（uncertainty avoidance）

国民が，不確実な状況をどれくらい嫌うか。

⑤**長期志向－短期志向**（long-term—short-term orientation）

国民が未来に目を向け，倹約や忍耐を重視するか，過去や現在に目を向けるか。

例えば，日本の国民文化は，とくにビジネス社会が男性中心であることからもわかるように男性らしさの次元が高く，安定志向であることが示すとおり不確実性の回避度が高く，ものの見方や考え方が長期志向であるという特徴を有しています。一方，アメリカの国民文化は，個人主義の次元が高いため自立精神が強く，権力格差次元は低めであるため機会均等を重んじ，ものの見方・考え方は短期志向であるという特徴を有しています。このように，国による国民文化の違いを把握することは，その文化に適合した人的資源管理とはどのようなものかを考える際のヒントにもなります。

制度的アプローチも，企業が実施するさまざまな手法は，その国や地域の経済制度，政治制度，法制度などの**制度環境**（institutional environment）に埋め込まれたものであるため，その制度に反するような手法は導入しにくいと考えます。ここでいう「制度」とは，法律や規制などによる公式的な制度に加え，明文化されていない慣習や規範のようなものも含まれます。したがって，文化的アプローチと同様に，制度的アプローチでは，世界の国々や

地域の制度環境はそれぞれ異なっており，簡単には変化しないため，現地の制度環境に沿った人的資源管理の方法が求められることを前提にすれば，望ましい人的資源管理は国や地域によって異なるはずだと考えるのです。

例えば，経済制度に関していえば，現在，世界の多くの国々が資本主義経済制度に基づいた経済活動を行っていますが，その中でも，アメリカ，イギリス，オーストラリア，カナダなど，経済活動の調整機能として自由市場を重視する**自由市場経済**（liberal market economy：**LME**）に基づく国々と，ドイツ，日本，オランダ，スウェーデンなど，政府の介入や法規制の強化など自由市場のみに頼らない経済活動の調整も行おうとする**調整的市場経済**（coordinated market economy：**CME**）に基づく国々に大別されます。

2 多国籍企業の国際人的資源管理フレームワーク

2.1 多国籍企業の国際人的資源管理の形成要因

多国籍企業が実際に自社の国際人的資源管理の仕組みを構築する際，さまざまな要因がその基本方針や具体的な方法に影響を与えると考えられます。その中でも，特に影響力が強い要因として，**図表4-2**でも示されるとおり，本国要因，現地国要因，業界構造，国際戦略・国際組織構造が挙げられます。

2.1.1 本国要因と現地国要因

多国籍企業の本拠地である本国と，多国籍企業の海外進出先である現地国では，それぞれ，特徴を持った文化や制度があります。制度には，政治・経済・社会・法規制・文化・労働市場・教育などに関連するものが含まれます。それぞれが，多国籍企業の国際人的資源管理のあり方に影響を与えますが，本国と現地国の文化や制度の差も重要な要因となってきます。これらをそれぞれ，**文化間距離**（cultural distance），**制度間距離**（institutional distance）と呼びます。文化間距離や制度間距離が大きいほど，本国で一般的に行われ

図表 4 − 2 ▶▶▶ 国際人的資源管理の形成要因

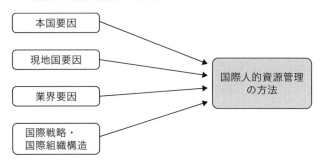

ている人的資源管理と現地国で一般的に行われている人的資源管理の特徴も変わってきますので，多国籍企業としてある程度の統一感のある国際人的資源管理を実践しようとする場合には困難が伴うことが予想されます。

2.1.2 業界構造

業界によってグローバル化の度合いや特徴が異なります。グローバル化が進んで業界全体が一体化している業界もあれば，国や地域ごとに分断され，それぞれが半ば独立して存在している業界もあります。例えば，家電や自動車はグローバル化が進んだ業界といえますが，レストランや小売りはローカル性が高い業界といえましょう。

このような業界の特徴によって，それぞれの地域で求められる人材の特徴や異なる人材タイプの組み合わせのあり方なども変わってくることから，多国籍企業がどの業界で事業を展開しているかによって，望ましい国際人的資源管理のあり方も異なってきます。

2.1.3 国際戦略・国際組織構造

多国籍企業がいかなる国際戦略を推進し，いかなる組織構造を構築するかによっても，国際人的資源管理のあり方が変わってきます。第2章で学んだとおり，多国籍企業の国際戦略は，望ましい国際組織構造のあり方をある程度決定づけます。そして，国際組織構造のあり方は，多国籍企業における本社と海外子会社間の関係のあり方にも影響を与えます。

例えば,中央集権的な組織構造のもとでは,本社が海外子会社をコントロールする度合いが強まり,国際人的資源管理についても,本社が関与する度合いが強く,海外子会社の権限や自律性は低くなると予想されます。逆に,分権的な組織構造のもとでは,本社が海外子会社をコントロールする度合いが弱いため,国際人的資源管理においても本社の関与の度合いは小さく,海外子会社の権限や自律性が高くなると予想されます。

そして,多国籍企業の国際戦略や組織構造と関連する事項として,多国籍企業の組織文化,企業規模,国際化の規模,国際化のステージ,企業としての国際経営の経験の度合いなどによっても,国際的人的資源管理は影響を受けます。

2.2 国際人的資源管理のグローバル統合と現地適応

国際戦略(第2章)で扱った「グローバル統合 vs 現地適応」のフレームワークは,多国籍企業による国際人的資源管理にも当てはまります。グローバル統合の視点からは,多国籍企業は,企業全体としての経営効率や統一性を実現するために,世界各地に展開する海外子会社などを含めた企業全体の人的資源管理を統合し,標準化するように動機付けられると予想されます。

一方,現地適応の視点からは,多国籍企業は,拠点のある現地の状況に適応するために,現地で行われている方法にできるだけ近い人的資源管理の確立を志向するように動機付けられるでしょう。これは,バートレットとゴシャール(第2章参照)の,**グローバル戦略**と**マルチナショナル戦略**に対応します。国際人的資源管理のグローバル統合と現地適応の両方が実現する**トランスナショナル型**の国際人的資源管理を目指す企業もあると思われます。

多国籍企業が国際人的資源管理のグローバル統合を目指す場合,本国で用いられている人的資源管理の方法を「見本」として,海外子会社(海外拠点)の人的資源管理にも適用しようとするのが自然です。なぜなら,その多国籍企業にとっては,本国で培った人的資源管理の方法こそ,自社の競争力の源泉であると考えられるからです。このように,多国籍企業が,本国で一般的

図表4-3 ▶▶▶ 国際人的資源管理のグローバル統合と現地適応

グローバル統合のメリット	現地適応のメリット
・人的資源管理の効率性の向上 ・全社的視点からのコントロールや調整のしやすさ，人的資源や戦略の統合のしやすさ ・企業としての一体感の醸成	・現地国からの要望の反映のしやすさ ・現地の優秀な人材へのアクセスのしやすさ ・現地の状況への対応の柔軟性

に用いられている人的資源管理の方法を海外子会社（海外拠点）の人的資源管理にも反映しようとする傾向を，**出身国効果**（country-of-origin effect）と呼びます。

　国際人的資源管理のグローバル統合を目指す場合のもう1つのアプローチは，世界標準の人的資源管理がもっとも優れているという信念のもと，それを当該多国籍企業全体に適用していこうとする考え方です。このような傾向を，**優性効果**（dominance effect）と呼びます。先述のとおり，アメリカ型の人的資源管理を「世界標準」であると捉えて導入しようとする動きにも対応しています。

　一方，多国籍企業が国際人的資源管理の現地適応を目指す場合，現地の制度や文化などの状況が，現地での人的資源管理の方法に影響を与えると考えるのが自然です。これを，**現地国効果**（host country effect）と呼びます。先述のとおり，現地国の文化や制度に沿わない人的資源管理の方法は，とりわけ現地の人々からは正当な方法であるとはみなされなくなる危険性があり，現地で優秀な人材を採用できなくなったりします。したがって，現地国の文化や制度が，現地で行われている人的資源管理の方法に従う方向への圧力となりえます。

　多国籍企業が国際人的資源管理のグローバル統合を推進することのメリットとしては，企業全体の視点から，国際人的資源管理の効率性の向上によるコスト削減効果，現地の人的資源管理のコントロールのしやすさや他国との調整のしやすさ，資源や戦略の統合のしやすさ，一体感の出しやすさなどが挙げられます（図表4-3）。

　一方，国際人的資源管理の現地適応を推進することのメリットとしては，

現地国から発せられる人的資源管理のあり方への要望の反映のしやすさ，現地国の優秀な人材などの資源へのアクセスのしやすさ，現地国の状況への対応の柔軟性などが挙げられます（図表4－3）。そして，実際の多国籍企業の国際人的資源管理の方法は，グローバル統合と現地適合のせめぎ合い，別の言い方をすれば，出身国効果もしくは優勢効果と現地効果のせめぎ合いによって決定されるとも考えられます。

3 海外子会社の人的資源管理システムの構築

多国籍企業の海外子会社で人的資源管理システムを構築する場合，グローバル統合と現地適合とのせめぎ合いとの関連で，大きく3つのアプローチが考えられます。

1つ目は，**適合型**（adaptive approach）で，現地国の環境に合わせ，現地の国内企業と同じような人的資源管理システムを構築しようとするアプローチです。

2つ目は，**輸出型**（exportive approach）で，本国で行われている人的資源管理を輸出ないしは移植しようとするアプローチです。

3つ目は，**統合型**（integrative approach）で，現地の方法と，本国で行われている方法を組み合わせて，ベストな人的資源管理システムを構築しようとするアプローチです。

しかし，海外子会社における実際の人的資源管理システムの構築は，単純に上記の3つのうちどれか1つのみが当てはまるものではありません。国際人的資源管理のサブシステムによっても，現地の方法を用いるのか，本国の方法を移植するのか，それぞれを組み合わせるのかは異なってきます。

例えば，人材の募集や採用については，現地国で行われている慣行に影響を強く受けるため，適合型のアプローチで現地の国内企業と同じような海外子会社の採用プロセスを構築する多国籍企業が多いと思われます。一方，人材育成については，比較的本国で行われている方法を移植しやすいため，輸

出型のアプローチで海外子会社の人材育成システムを構築する場合が多いでしょう。

さらに、多国籍企業の本国で行われている人的資源管理の方法も、海外子会社での人的資源管理システムの構築方法に影響を与えます。

例えば、アメリカ企業の人的資源管理システムは、職務や職位の定義が明確で、業務の進め方や人的資源管理のあり方も標準化が進んでシステマティックな性質を持ち、それゆえマニュアル類も充実しています。ひと言でいえば、マニュアルや規則で人を動かす方法を重視しているといえます。したがって、アメリカの多国籍企業が自社の人的資源管理システムを海外子会社に移植したい場合には、PCにソフトウェアをインストールするように、マニュアルに沿って本国の方法をそのまま当てはめるようなアプローチになりがちです。アメリカの方法がうまく当てはまらない場合には、現地の方法で代用することで調整（ローカライズ）します。すなわち、アメリカ企業の海外子会社に対する人的資源管理システムの移植の方法は、**インストール型**だといえます。

一方、日本企業の人的資源管理システムは、職務や職位の定義に曖昧な部分が多く、業務の進め方や人的資源管理の方法も状況をみて柔軟に対応するような方法が好まれ、マニュアルや規則に書かれていない不文律が多く存在します。そのため、従業員は、企業の理念や価値観を十分に理解したうえで、状況に応じて「空気を読みながら」柔軟に業務遂行をすることが求められます。こうしたことから、日本企業が自社の人的資源管理システムを海外子会社に移植したい場合も、具体的な施策については現地の国内企業が行っているような方法を用いることを比較的優先しながらも、それを「日本的なやり方」で運用するべく、日本本社の経営理念や価値観の海外子会社への浸透を図ると思われます。すなわち、日本企業の海外子会社に対する人的資源管理システムの移植の方法は、**理念・価値観注入型**だといえます。

4　国際人的資源管理における人事部門の役割

　多国籍企業の組織構造の特徴と，本社人事部門の特徴には関連があります。そこで問われるのは，国際人的資源管理の機能をどれくらい本部に集中，集権化するか，分権化するかという問いです。

　スカリオン（Scullion, H.）とスターキー（Starkey, K.）らが行った調査によると，多国籍企業の本社人事部門は，大きく3つのタイプに分類されます（図表4-4）。

　1つ目のタイプは，**中央集権型**の本社人事部門です。このタイプの場合，本社の人事部門の規模が大きく，スタッフの数や予算規模や他部門に対する影響力など，企業内で利用できる経営資源にも恵まれています。そのため，世界全体におけるマネジャー層以上の従業員について，経営幹部候補の選抜や育成，国際的な配置転換や業績評価などのマネジメントを本社人事部門が主導で行うという特徴があります。

　2つ目のタイプは，**分権型**の本社人事部門です。この場合，本社人事部門のスタッフの数も小規模であり，企業内でも，経営層や経営幹部に近いエリート・マネジャー層のマネジメントのみを中心に行うという特徴があります。その他の国際人的資源管理機能は，海外子会社や現業部門に分権化しているため，本社人事部の役割は，分権的な組織体制の中で，国際移動を伴う人材の配置転換などが円滑に行われるようにサポートをしたり，海外子会社の人

図表4-4 ▶▶▶本社人事部門の類型

中央集権型本社人事部門	分権型本社人事部門	移行型本社人事部門
● 大規模で経営資源が豊富な本社人事部門 ● 世界中のマネジャー層以上の人材を管理する役割 ● グローバルな人材配置や国際業績評価，将来性の高い人材の発掘などの諸活動	● 小規模な本社人事部門 ● 国境を越えた配置転換や分権化された中での海外子会社の人事部門のサポート	● 中規模な本社人事部門 ● 上級マネジャーや海外派遣人材の管理やキャリア開発支援などの役割 ● 適切な国際配置転換実現のための現業部門マネジャーとの折衝

出所：Dowling *et al.* [2008], p.101をもとに筆者作成。

事部門のサポートを行ったりすることです。

3つ目のタイプは，**移行型**の本社人事部門です。このタイプは，分権型の本社人事部門から集権型の本社人事部門に移行する途中段階のような特徴を持っています。本社人事部門の規模も中程度であり，企業内の上級マネジャーや海外派遣者などのマネジメントを主に行います。多国籍企業全体からみて適切な国際配置転換を実現するために，現業部門のマネジャーを説得して優秀な人材を他部門や海外子会社に放出するよう説得したりします。多国籍企業の本社人事部門の特徴として，分権型から集権型への移行のトレンドがあることは，企業の国際戦略の重要性の高まりとともに，本社人事部門が人的資源管理の運用サポートのような役割にとどまらず，国際戦略への関与の度合いを強め，戦略的な役割を担っていく傾向が強まっていることを示唆しているといえましょう。

一般的に言えば，程度の差はあれ，多国籍企業の上級マネジャーや経営者候補，現地国における将来の経営幹部候補，その他，国際移動を伴う人材（たとえば，海外派遣，受け入れ出向）については，本社人事部門が関与し，集権的なマネジメントをしようとします。それに対して，現地のオペレーションを主に担い，とくに国際移動を伴わないような人材については，海外子会社の人事部門が，現地の国内企業と同じような方法で人的資源管理を行うというようなかたちに役割分担がされているといえます。

Column　アメリカ企業，ドイツ企業，日本企業はどのように海外子会社の人的資源管理を行っているのか

プデルコ（Pdelko, M.）とハーツィン（Harzing, A.W.）は，アメリカ，ドイツ，日本の3国に本社を持つ多国籍企業が，この3国のうち本国以外の2つの国の海外子会社でどのような人的資源管理を行っているのかについて，大規模な調査を行いました。

調査の結果，日本企業とドイツ企業の場合，海外子会社については，ベスト・プラクティス・アプローチをとっている企業が多く，アメリカ企業の場合，海外子会社のある国の人的資源管理の方法をとっている場合が多いということでした。つまり，調査対象となった3国の海外子会社に限っていえば，日本およびドイツの多国籍企業では，出身国効果よりも優性効果が強く，アメリカ企業については現地国効果が強かったと結論づけています。

Working　　　　　　　　　　　　　　　　　　　　　調べてみよう

1. 日本，北米，欧州から主要な多国籍企業を1つずつ選んで，そこで行われている国際人的資源管理を調査してみよう。
2. ホフステードの国民文化次元の詳細を調べて，特定の国がどのような特徴を持っているか調べてみよう。また，各国の文化を把握するうえで役に立つ方法があるか調べてみよう。

Discussion　　　　　　　　　　　　　　　　　　　　議論しよう

1. 収斂理論と相違理論とでは，将来の世界における人的資源管理の動向について異なる予測を立てているが，実際にはどちらの予測が実現しやすいか話し合ってみよう。
2. 多国籍企業が海外子会社の人的資源管理を行ううえで，グローバル統合と現地適応のせめぎ合いがあることを学んだが，現地国籍人材の立場からみた場合，どちらのアプローチが望ましいか，話し合ってみよう。

▶▶▶さらに学びたい人のために

- 白木三秀 [2006]『国際人的資源管理の比較分析―「多国籍内部労働市場」の視点から』有斐閣。
- 古沢昌之 [2008]『グローバル人的資源管理論―「規範的統合」と「制度的統合」による人材マネジメント』白桃書房。
- Hofstede, G., Hofstede, G. J. & Minkov, M. [2010] *Cultures and organizations: Software of the mind: intercultural cooperation and its importance for survival*, McGraw-Hill.（岩井八郎・岩井紀子訳『多文化世界―違いを学び未来への道を探る（原書第3版）』有斐閣，2013年）
- Trompenaars, F. & Hampden-Turner, C. [2004] *Managing people across cultures*, Chichester: Capstone.（古屋紀人監訳『異文化間のグローバル人材戦略―多様なグローバル人材の効果的マネジメント』白桃書房，2013年）

参考文献

- Dowling, P., Festing, M. & Engle Sr, A. D. (Eds.) [2008] *International human resource management*, Thomson Learning.
- Harzing, A.W. & Ruysseveldt, J. V. (Eds.) [2004] *International human resource management* (2nd ed.), SAGE Publications Ltd.
- Hofstede, G., Hofstede, G. J. & Minkov, M. [2010] *Cultures and organizations: Software of the mind: intercultural cooperation and its importance for survival*, McGraw-Hill. (岩井八郎・岩井紀子訳『多文化世界―違いを学び未来への道を探る(原書第3版)』有斐閣, 2013年)
- Pudelko, M. & Harzing, A-W. [2007] Country-of-origin, localization, or dominance effect? An empirical investigation of HRM practices in foreign subsidiaries, *Human Resource Management*, Vol. 46, No. 4, pp. 535-559.
- Rees, C. & Edwards, T. (Eds.) [2010] *International human resource management: Globalization, national systems and multinational companies*, Financial Times/ Prentice Hall.
- Scullion, H. & Starkey, K. [2000] In search of the changing role of the corporate human resource function in the international firm, *International Journal of Human Resource Management*, Vol. 11, No. 6, pp. 1061-1081.

第5章 人的資源管理の地域別特徴

Learning Points
- ▶世界的にみてもユニークな日本的雇用慣行の特徴について理解する。
- ▶世界の主要な地域（北米，欧州，アジア）の労働市場および企業の人的資源管理の特徴を理解する。
- ▶人的資源管理の地域別特徴の違いの背後にある背景について理解する。

Key Words
内部労働市場　外部労働市場　職能資格制度　フレキシキュリティ　離職率

1 国・地域間でみられる人的資源管理の差異

　読者の皆さんの中には，旅行や留学，出張などでアメリカに渡航したことのある方も少なくないでしょう。一度でもアメリカに行かれた方は，食事をとるために入ったレストランで日本とは明らかに違うスタッフの対応に驚いた方も多いと思います。例えば，注文をする際，日本では手を挙げて「すみません」と声をかけると，ほとんどの場合，気づいたスタッフがすぐに来て注文を聞いてくれます。同じことをアメリカでして，とても不機嫌な顔をされたことはありませんでしたか。「ちょっと待ってくれ」と言われ，しばらくしてから別のスタッフが注文を聞きに来るという経験をされた方も多いと思います。

　実は，この違いは，国によって人的資源管理の基本的な考え方や手法に違いがあることから生じている部分が大きいのです。一般に，アメリカの企業では，個人の仕事の役割と責任が非常に明確に定義されています。同時に，その役割や責任の遂行度が，成果として報酬にダイレクトに反映する仕組みを採用するケースが多いのです。例えば，上述のレストラン業界では，フロ

アで働く従業員は担当するテーブルがすべて明確に決まっており，なおかつ自身の担当テーブルの売上が個人の評価や報酬と連動していることが一般的です。

したがって，良い悪いの話は別として，上述のように自身のテーブル席の担当外のスタッフに何か依頼をし，本来の担当スタッフから怪訝(けげん)な顔をされるというのは，ある意味，1人1人の成果と報酬の関係を重視するアメリカ企業社会の人的資源管理の考え方が根づいていることの表れといえるでしょう。

もちろん，「国」という変数のみで，人的資源管理の違いを単純に一般化して説明できませんが，国単位で組織をみた場合，そこに共通の特徴を観察できるのも事実です。以降，具体的に各国・地域の人的資源管理の特徴について概説します。

2 日本的人的資源管理

2.1 日本の労働市場と雇用慣行

日本の労働市場を特徴づける言葉に，「**内部労働市場**」という言葉があります。白木三秀は，ドリンガー（Doeringer, P.）とピオール（Piore, M.）による内部労働市場の定義を，「（組織の中の）労働力の価格設定と配分とが一連の管理的ルールと手続きとによって律せられている管理単位」と紹介しています。

すなわち，企業などの組織の管理ルールに基づき，組織の内部で人材の調達や配分・再配分がほぼ完結している状態を指します。この組織の管理ルールにおける日本企業の特徴には，①長期的雇用，②企業内部での仕事関連の技能育成，③個人の能力伸長の評価の3点があります。

言い換えると，日本企業には，人材の長期的な雇用を前提とし，従業員のスキルや技能を内部育成すると同時に，従業員のストレッチ（＝伸びしろ）

図表 5-1 ▶▶▶勤続年数別雇用者比率の国際比較

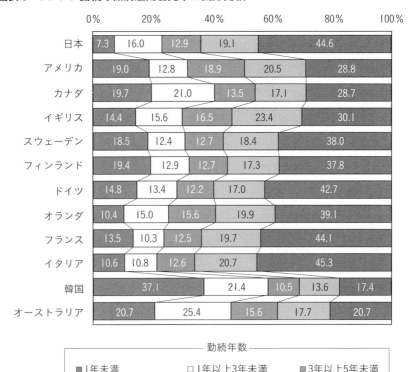

注：データは 2010 年時点のもの。
出所：労働政策研究・研修機構［2012］，p.119 をもとに筆者作成。

を評価するという管理ルールがあり，内部労働市場（人材の内部調達と内部人材の配分・再配分）が形成されているといえるでしょう。

　図表 5-1 は，各国の常用雇用者について，一定の勤続年数別にその比率をまとめた統計データです。勤続年数とは，現在勤務している会社に勤め始めてからの年数を指します。したがって，ある雇用者が転職し中途採用で他の会社に新たに採用された場合は，勤続年数は 0 からの換算になります。

　これをみると，日本では，常用雇用者全体に占める勤続年数 1 年未満の雇用者の割合が 7.3％と，欧米の主要国と比べてもっとも低く，また勤続年数 10 年以上の雇用者の割合が 44.6％ともっとも高い割合を示していることが

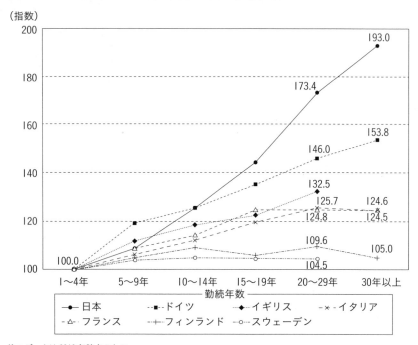

図表5-2 ▶▶▶ 勤続年数と賃金の関係に関する国際比較

注:データは2010年時点のもの。
出所:労働政策研究・研修機構［2012］,p.119をもとに筆者作成。

わかります。とくに,北米の2国（アメリカ・カナダ）との違いは顕著で,北米地域に比べ日本の雇用者は勤続年数が非常に長い傾向にあります。

なお,労働政策研究・研修機構の報告書によると,2010年における日本の雇用者の平均勤続年数は11.9年で,アメリカ（4.4年）の平均勤続年数の倍以上の長さになります。その一方で,ヨーロッパ,とりわけドイツ（11.2年）,フランス（11.7年）,イタリア（11.9年）の各国は平均勤続年数でみる限り,日本とほぼ同水準にあります（同報告書）。

興味深いことに,日本の雇用者は勤続年数が高まると賃金が大きく上昇する傾向があります。図表5-2は,日本とヨーロッパ主要国における勤続年数と賃金の関係を示しています。各国において,勤続年数が「1～4年」の雇用者の賃金を100としたときの指数が縦軸に,勤続年数が横軸にそれぞれ

示されています。これによると、日本の雇用者は勤続年数が10年を超えたあたりから他国と比べ賃金が急激に上昇し、「30年以上」の雇用者の賃金は、入社「1～4年」の雇用者の2倍近く（193.0）となっています。ヨーロッパでは、入社「1～4年」と「30年以上」の格差が比較的大きい国はドイツですが、それでも1.5倍程度（153.8）にとどまっており、日本は勤続年数の上昇による賃金の増加率が非常に高いことがわかります。

以上の統計データから、日本では従業員の1社での勤続年数が相対的に長いだけでなく、勤続年数に伴う賃金上昇の幅も大きいことがうかがえます。このことは、1社での長期勤続がインセンティブとして働いていることの表れでもあり、従業員の長期勤続を前提とする日本の雇用慣行の特徴をよく示しているといえます。

2.2 日本企業の人的資源管理の特徴

アベグレン（Abegglen, J. C.）は、著書『日本の経営』の中で、日本企業に見られる特徴的な制度として、①**終身雇用**、②**年功序列型賃金**、③**企業別労働組合**、④定期的な**新卒一括採用**、⑤**企業内教育**の重視の5点を挙げています。このうち①～③までは日本的経営の「三種の神器」としてよく知られているところです。さらに、この著書から約半世紀後、アベグレンは『新・日本の経営』の中で、1990年代初頭のバブル経済崩壊以降も引き続き、共同体としての人間重視の経営は基本的には変わっていないと指摘しています。

企業の人的資源管理の特徴を説明するモデルは複数存在しますが、ここでは**個人－環境適合**（person-environment fit：P-E fit）の考え方を人的資源管理論に応用したモデルからその特徴を見ていくことにします。

P-E fitの枠組みでは、従業員個人の行動は、個人と環境との相互作用によって決定づけられると考えます。ヴァーベル（Werbel, J. D.）とデムリー（DeMrie, S. M.）は、組織内の従業員が適合する環境として、①職務（job）、②職場の同僚集団（group）、および③組織（organization）の3つを挙げ、「個人－職務適合（P-J fit）」、「個人－集団適合（P-G fit）」、および「個人－組

図表 5-3 ▶▶▶ 個人−環境適合モデルによる人的資源管理の特徴

人的資源管理の諸機能	人的資源管理の方針		
	個人 — 職務適合 (P-J fit)	個人 — 集団適合 (P-G fit)	個人 — 組織適合 (P-O fit)
採用選抜基準	個人の知識・スキル・能力（KSAs）を重視	対人的魅力やスキルの多様性や幅の広さを重視	応募者個人の価値観や興味・関心を重視
能力開発	個人単位での技術面でのスキル開発	職場内でのメンタリングや広範な中核能力の開発	集団単位での企業固有の教育研修
人事評価	職務の熟達・熟練度を評価指標として重視	文脈的な職務成果や職場・集団単位でのパフォーマンスを重視	個人の価値意識に関する行動指標を重視
報酬制度	●個人ベース ●職務内での格差大	●職場・集団ベース ●職場・集団内での格差小	●組織ベース ●役職などの階層間で格差大

出所：Werbel & DeMarie [2005], p. 244 をもとに筆者作成。

織適合（P-O fit）」に焦点を当てた人的資源管理施策の特徴を説明しています。**図表5-3**は，企業がP-J fit，P-G fit，P-O fitのそれぞれを強調した場合，人的資源管理の諸機能（採用選抜，育成，人事評価，報酬制度）がどのような特徴を持つかを示しています。

　日本企業の場合，従来から組織の文化や価値観との強い整合性を従業員に求める傾向があり，程度の差こそあれ，企業はP-O fitを重視した人的資源管理を実践するといわれています。同時に従業員の柔軟な行動やチームワークもまた，日本企業の職場では重視されます。したがって，紋切型なものの見方は禁物ですが，日本企業では概してP-G fitを考慮しつつも，P-O fitを軸にした人的資源管理施策をとる傾向が強いと考えられています。

　具体的には，内部労働市場を形成する日本企業にとって，採用の対象として無視できないのが新規学校卒業者です。日本企業は長年，終身雇用（定年までの長期安定雇用）を前提とし，正規従業員を学校から大量に一括採用し，その後社内で必要な技能や能力を育成する方法を採ってきました。多くの場合，新卒の採用は雇用期間の定めがないため，企業は採用時の選抜（選考）に非常に多くの時間と費用をかけます。例えば，大卒の採用を考えてみても，

企業は実際の採用時期の1年以上前から準備を始めます。

選抜のプロセスも，一般には，筆記試験から始まり，複数回の面接を実施し選抜を行います。最終面接には役員が自ら面接をする企業も多く，新規学卒者の採用・選抜に力を入れていることがわかります。また，選考の基準として，応募者個人の価値観や興味・関心を重視する傾向があります。すなわち，初期の選考時に特定の職務遂行能力を個人に求めるのではなく，会社固有の価値観や文化にどの程度適合できるかを重視します。

このため，「就職」（≒ P-J fit）ではなく「就社」（≒ P-O fit）というのが実態です。ただし近年は，中途採用の実施や非正規社員（パート社員・契約社員・派遣社員など）の活用も積極的に行われており，企業の採用形態も多様化しつつあります。

報酬については，**職能資格制度**に基づいた賃金決定，すなわち**職能給**と呼ばれる報酬の仕組みが日本企業ではよく採用されています。**図表5−4**は，職能資格制度の一例です。基本的な考え方は，職務（例えば，営業，人事，

図表5−4 ▶▶▶職能資格制度の例

資格		必要滞留年数	昇格基準	対応役職		初任格付け
等級	資格名称					
10	部長格	—	人事考課＋試験	部長		
9	次長格	—	人事考課＋試験		次長	
8	課長格2	—	人事考課	課長		
7	課長格1	—	人事考課＋試験			
6	係長格	3	人事考課＋試験	係長		
5	主任格	3	人事考課	主任		
4	一般職4	6	人事考課			大学院卒
3	一般職3	2	人事考課			大卒
2	一般職2	2	人事考課			短大卒
1	一般職1	2	人事考課			高校卒

出所：石川［2004］，90頁。

経営企画など）の違いではなく，職能資格と呼ばれる組織内での等級によって基本となる賃金が決定します。各職能の資格に昇格するには，求められる滞留年数（勤続年数）と人事考課結果（一部の資格では昇格試験もあり）を満たす必要があります。図表5-2でみたように，日本で勤続年数と賃金とが密接に関係しているのはこの職能給の存在が大きく影響していると考えられています。

3 北米の人的資源管理

3.1 北米の労働市場と雇用慣行

北米の労働市場の特徴として，まず，組織内の人材の補充が，組織外の労働市場に広く開かれている点が挙げられます。すなわち，企業における人材の採用は，**外部労働市場**における経済的な競争原理に強く影響を受けます。

図表5-5は，この特徴を内部労働市場との対比から，視覚的に説明したものです。左側Ⓐは労働市場の内部化が起こっている場合（日本や一部のヨーロッパ諸国），右側Ⓑは労働市場の外部化が起こっている場合（北米な

図表5-5 ▶▶▶ 人材フローの内部化・外部化

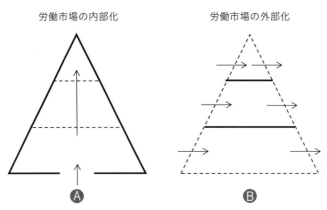

出所：石田［1985］，15頁をもとに筆者作成。

ど）の企業の人材のフローを表しています。

　労働市場の内部化が顕在化している場合，組織に入職する入り口は，組織の最下層に一部開かれている状態になります。しかし，労働市場が外部化している場合，組織内外を遮断する壁は必ずしも厚くなく，外部から横断的に人材が流入します。裏を返せば，企業からの外部への転出も多いことになります。その一方で，階層間の壁は厚く，より高いポジションに昇進するには，超えるべきハードルが高いこともうかがえます。

　北米の労働市場は，まさに後者に該当し，いわゆる転職市場も巨大化しています。先の**図表5-1**で，北米の2カ国は勤続年数が他国と比べかなり短かったのもそのためです。

3.2 北米企業の人的資源管理の特徴

　図表5-3に示した個人-環境適合モデルに従うと，北米企業の人的資源管理の特徴は，企業側が用意する「職務」と従業員本人の職務に対する遂行能力や志向性との適合をより強調するP-J fit追求型のモデルに近いといえます。

　北米の企業は，職種別の採用が一般的です。入社後のキャリア形成も会社の中で複数の部門や職種を渡り歩く部門横断的な育成ではなく，特定の職務での深さをより重視したケースが多くみられます。この場合，特定の企業内で幅広い職務を経験することから生まれる企業固有の技能や能力よりは，特定の職務（マーケティング職，会計職など）の専門性を深めることから生まれる企業横断的な技能や能力が形成されやすくなります。

　したがって，企業で一定の仕事経験を積み転職市場に出る場合，従業員側は自身の職務ベースでの経歴が明確であると同時に，企業側も職務単位で採用を行うため応募者とのジョブ・マッチングが可能となります。

　また，北米企業の多くは，組織の中での従業員の評価や報酬も基本的には職務単位で行われます。先に説明した職能給と異なり，それぞれの職務（職種）の困難度や重要度などの要素によって職務自体に序列化があり，この序列に

より基本的な賃金が決定します。この賃金の決定方式を**職務給**と呼びます。

職務給は，職種別に基本となる賃金が決まっているため，年齢や経験年数などの属人的な要素の影響を受けにくいという特徴があります。同時に，同一の職務でも，個々人に付与された目標の達成度により実際の職務遂行度（成果）が測定されることで各人の報酬額に差がつく**成果主義**の仕組みが採用されるケースがよくみられます。

4 欧州の人的資源管理

4.1 欧州の労働市場と雇用慣行

人権や民主主義，法の支配の分野において主に国際社会の基準策定を行う欧州の国際機関，**欧州評議会**（Council of Europe：**CoE**）の加盟国は，47カ国にのぼります。このうち**欧州連合**（European Union：**EU**）の加盟国は28カ国になります（いずれも2015年時点の加盟国）。

この地域の労働市場の特徴として，従来，ヨーロッパ諸国の多くでは，若者や失業者に対する手厚い教育・再教育支援，就職斡旋のサポートのほか，企業の雇用主に対する職業教育支援や新規雇用の創出対策など，政府が労働市場に積極的に介入する立場をとってきました。労働者の雇用保護規制も強く，また国や自治体が所有する企業も数多く存在します。そのため「ヨーロッパ硬化症」と呼ばれるほど非流動的な労働市場を形成していました。

しかし近年，ヨーロッパの労働市場も多様化をみせ始めています。とくに2007年にEUの政策執行機関である欧州委員会は，労働市場の柔軟性・流動性（フレキシビリティ）を従来の雇用保護（セキュリティ）の方針に加えた**フレキシキュリティ**（flexicurity）の追求を提起しています。事実，イギリス，アイルランド，および北欧諸国（ノルウェー，スウェーデン，フィンランド，デンマーク）など一部の欧州地域では，労働市場のアングロ・サクソンモデル化が進んでいます（アングロ・サクソンモデルについては，第

10章参照)。図表5-3の勤続年数の国別比較をみても,イギリスと北欧諸国は他のヨーロッパ地域に比べると,雇用者の勤続年数が短い傾向にあることが示されています。

一方,フランス,スペイン,ドイツ,イタリア,ベルギーなどのローマ＝ゲルマン (Roman-Germanic) 諸国では,政府が労使関係に強い影響力を持っています。ただし,フレキシキュリティ政策の進行により,今後これらの国でも労働力の流動化が進む可能性があります。

4.2 欧州企業の人的資源管理の特徴

上述のフレキシキュリティ政策は,勤労者が自らのキャリアのために柔軟な職業生活を送ることを促進することを意図しています。この「柔軟な職業生活を送る」意味の中には,仕事と家庭の両立,すなわち**ワーク・ライフ・バランス**という考え方も含まれています。

ヨーロッパの中でもとりわけワーク・ライフ・バランスの取り組みに積極的なスウェーデンは,1974年に「両親保険法」を制定し,父親・母親の両方が取得できる**育児休業**の収入補填制度を世界ではじめて法制化しました。内閣府経済社会総合研究所の調査報告書によると,スウェーデンの民間企業における実際の育児休業取得率は,2005年時点で女性が84.0％,男性が79.2％と父親も母親とほぼ同率で高い取得率にあることがわかります。なお,同年の日本の取得率は,女性が73.1％,男性は実に0.4％です（同報告書）。他にも,①育児休業中の臨時契約社員の雇用,②育児休業中・休業後の人事面での公平性担保（休業中は評価を行わない,休業後は元の職場に配属,昇進・昇格に格差をつけないなど）,③休業取得を支える諸施策の導入（勤務時間短縮制度,フレックスタイム制度,テレワークの活用,高い有給休暇取得率など）を実現している企業が多いのも特徴の1つです。

第2に,近年のヨーロッパ企業では,米国において発展した**戦略的人的資源管理** (strategic human resource management：SHRM,詳細は第12章参照) の考え方が浸透し始めている点が挙げられます。マイヤーフォファー

(Mayrhofer, W.) らは，ヨーロッパ全体の約半数の企業は，企業の戦略策定の初期段階から人事部が関与していると報告しています。とくに，フランス，スペイン，スウェーデンでは，企業全体の約7～8割程度は，取締役会や理事会など，組織の主要な意思決定を行う機関のメンバーに人事部門の責任者が含まれています。このように，企業レベルの競争戦略と人的資源管理施策の連動を試みる企業が増えているのももう1つの特徴です。

5 アジアの人的資源管理

5.1 アジアの労働市場と雇用慣行

日本を除くアジア諸国は，概して流動的な労働市場を形成している傾向にあります。**図表5-1**の勤続年数の国際比較データから，韓国の雇用者の勤続年数は，北米や北欧諸国と比べても，相対的に短い傾向がうかがえます。

さらに，2011年にヘイ・コンサルティング・グループがアジア各国の企業約6,000社に勤める正規従業員を対象に，過去1年間にどれだけ退職したか（**離職率**）を調査・比較したところ，多くの国で日本の2倍以上の離職率に達していることが明らかになりました。具体的には，日本の離職率は6～8％であったのに対し，中国は18～20％，シンガポールは13～15％，インドは11～13％，タイは10～12％など高い水準にあり，日本を除くアジアの主要国では流動的な労働市場が形成されている傾向にあります。

5.2 アジア企業の人的資源管理の特徴

図表5-6は，朱（Zhu, Y.）らがアジア企業の人的資源管理に関する複数の論文をレビューした結果です。表中の数値は，アジアの主要7カ国あるいは地域の人的資源管理の特徴を5段階（5=非常に高い～1=非常に低い）で表しています。まず，**図表5-6**の上段には，アジア企業に比較的共通し

図表 5-6 ▶▶▶ アジアにおける人的資源管理の特徴

項目	日本	韓国	台湾	マレーシア	タイ	中国	ベトナム	合計
アジア企業の既存の特徴								
職場集団（グループ）志向性								
職場での共通の目標と価値観の共有	5	5	5	5	5	5	5	35
チーム・集団ベースの業績評価	5	5	5	5	5	5	5	35
チーム・集団ベースの報酬制度	5	5	5	4	4	5	5	33
チームワークの重視	5	5	5	5	5	4	5	34
その他の特徴								
協調性の重視	5	5	5	5	5	4	5	34
階層性（タテの関係性）の重視	5	5	5	5	5	4	4	33
情報共有	5	4	4	4	4	4	4	29
多能工化（ジェネラリスト）の重視	4	4	3	4	3	3	3	24
パターナリズム（父親的温情主義）	5	5	5	5	5	3	3	31
人事制度における政府や国の強い関与	4	4	4	4	4	5	5	30
人材育成志向	5	5	5	4	4	4	3	30
労働組合の強い影響	3	4	3	2	2	3	3	20
既存の特徴 ― 合計	56	56	53	52	51	49	51	
米国企業の特徴（影響）								
個人志向性								
個別的な雇用契約	4	4	4	4	4	4	4	28
個人の目標や価値観の重視	3	2	4	3	2	3	3	20
個人の成果に基づく業績評価	3	3	4	3	3	3	3	22
個人業績ベースの報酬制度	3	3	3	3	3	2	2	19
個を主体とするキャリア開発	3	3	4	3	3	3	3	22
その他								
ダウンサイジング	4	4	4	4	4	4	4	28
有期雇用契約	4	4	3	4	4	5	5	29
雇用・解雇の企業側の裁量の大きさ	3	4	3	4	4	3	3	24
人事部の戦略的役割	3	3	4	4	4	3	3	24
米国企業の特徴（影響）― 合計	30	30	34	32	31	30	30	

出所：Zhu *et al.* [2007], pp. 759-760 をもとに筆者作成。

てみられる特徴が，既存の特徴として項目化されています。

　具体的には，アジア企業の特徴として，「職場集団志向性」という次元があり，各国ともほとんどの項目で最高点の5点評価となっています。すなわち，職場レベルでの目標共有や，チーム・集団単位でのマネジメント手法が

アジア企業で広く採用されている点がうかがえます。一方で、アジア企業の人的資源管理の特徴とされる項目の中でも、国により若干の違いがあります。例えば、日本では、「情報共有」や「人材育成志向」が他のアジアより高評価であるという特徴がみられます。中国では、「チームワーク」の重視が他国に比べ若干低い一方、政府が企業の人事面に強く関与する特徴もみられます。

また、この表では、米国型の人的資源管理がどの程度アジア各国で制度化されているかについても示されています（図表5-6の下段）。米国の人的資源管理の特徴である個人ベースの成果主義など、個別的な管理の特徴は、台湾で相対的に高い得点になっています。台湾の人々は、北米地域への移民や留学に積極的であり、米国で教育を受けた人材が台湾に戻り企業社会で影響力を発揮していることを考えると、企業の人的資源管理が米国型に近くなるのもうなずけるところでしょう。

その他の特徴として、中国・ベトナムの2カ国は、有期雇用契約の得点が

Column　北欧企業における全従業員「正社員化」の試み

　1947年にスウェーデンで創設された家具小売企業のイケアは、北欧を拠点に北米やアジア地域を含めた世界戦略を展開し、現在世界最大の家具小売企業に成長しています。イケアの日本法人、イケア・ジャパンは、2014年9月、従業員の7割にあたる約2,400人のパート従業員を原則として「正社員化」する新たな試みを行いました。具体的には、パート社員は「短時間正社員」に切り替えることで、フルタイムの正社員と同じ人的資源管理や福利厚生の制度を適用することにしたのです。

　イケア・ジャパンで従来パート労働として働いていた人材は、主婦層が多く、育児や介護など家庭の都合で長時間働けない人たちが大部分を占めていました。パート労働の場合、正社員と比べると（時間当たりの）給料は低く、雇用期間も半年ごとの契約による不安定なものであることが一般的です。また、パート労働は昇進や昇給の機会も著しく限られ、正社員と同様の福利厚生も受けられないのが通常です。

　しかし、短時間正社員とすることで、個人がライフステージにあわせた柔軟な働き方を選択しつつも、仕事の報酬額（時間給）や能力発揮の機会、また福利厚生の利用機会などがフルタイムの正社員と平等に与えられるようになったわけです。従業員のワーク・ライフ・バランスを重視し、フレキシキュリティを追求する北欧企業ならではの新たな試みといえるでしょう。

高くなっています。これは，先の人事における国家の影響力の強さとも関係していますが，社会主義国である中国，ベトナムでは期間の定めのある有期雇用が主流，もしくは前提となっています。ベトナムでは一般に，企業が人材を採用する際，一定の試用期間（60日以内）を設けることができ，その後書面による有期雇用（最長3年間，1回更新可）の後に，期限の定めのない無期労働契約を結びます。

Working　　　　　　　　　　　　　　　　　　　　調べてみよう

1. 日本に本社を置く企業（内資企業）と米国に本社を置く外資系企業の日本法人をそれぞれ1社ずつ取り上げ，採用，教育，評価，報酬などの人的資源管理施策を比較してみよう。
2. 1. で調べた相違点について，なぜそのような違いが生まれるのか，国や文化の違い以外にどのような環境要因が影響しているか，自分なりの仮説を立てて，関連するデータや資料を調べてみよう。

Discussion　　　　　　　　　　　　　　　　　　　議論しよう

1. 日本の労働市場や雇用慣行が世界的に見ても特殊性が高いのはなぜだろうか，さまざまな角度から議論してみよう。
2. 日本の労働市場や雇用慣行は今後，どのような方向に変化していくと考えられるか。自身の主張を裏づける根拠となるデータや資料を準備して議論してみよう。

▶▶▶さらに学びたい人のために

- 白木三秀［2005］『アジアの国際人的資源管理』社会経済生産性本部。
- Abegglen, J. C. [2006] *21st-century Japanese management: New systems, lasting values*, Palgrave Macmillan.（山岡洋一訳『新・日本の経営』日本経済新聞社，2004年）
- Dore, R. P. [1973] *British factory, Japanese factory: The origins of national diversity in industrial relations*, CA: University of California Press.（山之内靖・永易浩一訳『イギリスの工場・日本の工場——労使関係の比較社会学』筑摩書房，1987年）

参考文献

- 石川淳［2004］「第6章 昇進」慶應義塾大学ビジネススクール編・高木晴夫監修『人的資源マネジメント戦略』（83-95頁）有斐閣.
- 石田英夫［1985］『日本企業の国際人事管理』日本労働協会.
- 外務省［2015］「欧州評議会（Council of Europe）」. http://www.mofa.go.jp/mofaj/area/ce/（2015年4月20日確認）
- 外務省［2015］「欧州連合（EU） 概況」. http://www.mofa.go.jp/mofaj/area/eu/data.html（2015年4月20日確認）
- 白木三秀［1983］「内部労働市場理論の展望―組織論との関連を中心に」『経済学研究年報』（早稲田大学大学院経済学研究科経済学研究会），136-153頁.
- 内閣府経済社会総合研究所［2015］「スウェーデン企業におけるワーク・ライフ・バランス調査―従業員の育児休業にどう対応しているのか」. http://www.esri.go.jp/jp/prj/hou/hou014/hou14.pdf（2015年4月20日確認）
- 日本経済新聞［2012］「中国の離職率，18～20％ 日本企業の対策必要に」. http://www.nikkei.com/article/DGXNASDD220KJ_S2A121C1TJ2000/（2012年11月23日付日本経済新聞電子版：2015年4月20日確認）
- 労働政策研究・研修機構［2012］『2012データブック国際労働比較』.
- Abegglen, J. C.［1958］*The Japanese factory: Aspects of its social organization*, The Free Press.（占部都美監訳『日本の経営』ダイヤモンド社，1958年）
- Abegglen, J. C.［2006］*21st-century Japanese management: New systems, lasting values*, Palgrave Macmillan.（山岡洋一訳『新・日本の経営』日本経済新聞社，2004年）
- Doeringer, P. & Piore, M.［1971］*Internal labor markets and manpower analysis*, Heath Lexington Books.
- Mayrhofer, W. & Brewster, C.［2005］European human resource management: Researching developments over time, *Management Review*, Vol. 16, No. 1, pp. 36-62.
- Mayrhofer, W., Sparrow, P. & Brewster, C.［2012］European human resource management: A contextualised stakeholder perspective, In C. Brewster & W. Mayrhofer (Eds.) *Handbook of research on comparative human resource management* (pp. 528-549). Edward Elgar Publishing.
- Werbel, J. D. & DeMarie, S. M.［2005］Aligning strategic human resource management and person-environment fit, *Human Resource Management Review*, Vol. 15, No. 4, pp. 247-262.
- Zhu, Y., Warner, M. & Rowley, C.［2007］Human resource management with 'Asian' characteristics: A hybrid people-management system in East Asia, *International Journal of Human Resource Management*, Vol. 18, No. 5, pp. 745-768.

第 Ⅱ 部

国際人的資源管理のサブシステム

第6章	国際人材配置
第7章	国際人材育成
第8章	国際報酬
第9章	国際人事評価
第10章	国際労使関係
第11章	海外派遣者のマネジメント

第6章 国際人材配置

Learning Points

- ▶異なる人材タイプの特徴（本国籍人材，現地国籍人材，第三国籍人材）およびこれらの人材の多国籍企業における役割について理解する。
- ▶多国籍企業における異なる国際人材配置方針，および各々の方針の長所と短所を整理する。
- ▶多国籍企業内の人材の移動のパターンについて理解する。
- ▶多国籍企業が海外拠点において主要な人材を募集し採用する際の特徴および課題について理解する。

Key Words

本国籍人材　現地国籍人材　第三国籍人材　EPRGモデル　本国志向
多極志向　世界志向　地域志向　現地化　外国籍の優位性
外国籍の不利性

1 多国籍企業内の人材配置の特徴

1.1　人材配置に含まれる活動

　多国籍企業における国際人材配置は，世界の各国にまたがる多国籍企業の拠点を含めた企業全体において，どの役職を誰が担うかを決定し，それを実行することを意味します。国際人材配置には，各国における人材の募集，採用選考に加え，国をまたいだ人材移動も考慮に入れたかたちでの，初任配属，昇進，配置転換といった活動が含まれます。海外子会社において，主に現地のオペレーションを担う人材は，国内企業と同じような人材配置を行っていけばよいのに対し，海外子会社でも，ミドルマネジャーから上級マネジャー，現地の経営陣に至るマネジャー層については，多国籍企業特有の，国際移動

を含む人材配置を行っていく必要があります。本章では，このような国際人材配置について解説します。なお，海外派遣者に特有のマネジメントの方法については，第11章で詳しく扱います。

1.2 異なる人材タイプの活用

第1章で見たように，国際人的資源管理では，**本国籍人材（PCN）**，**現地国籍人材（HCN）**，**第三国籍人材（TCN）**をいかに組み合わせて，企業全体としてのパフォーマンスを高めていくかが課題となります。現場でオペレ

図表6-1 ▶▶▶海外子会社における人材タイプの長所と短所

人材タイプ	特徴（長所と短所）
本国籍人材（PCN）	**長所** ・企業内活動のコーディネートやコントロールが促進される ・将来性のあるマネジャーに国際経験を積ませることができる ・スキルや経験のうえでもっとも適した人材が多い ・海外子会社が本社の目的や施策に沿った活動を行うことが期待される **短所** ・現地国籍人材の昇進機会を制限する ・現地国に適応するのに時間がかかる ・適切ではない本社のやり方を海外子会社に強要する可能性がある ・海外子会社内で本国籍人材と現地国籍人材との報酬格差が生じる
現地国籍人材（HCN）	**長所** ・海外子会社内での言語障壁やコミュニケーション不全が弱まる ・採用コストが抑制され，ビザなどの発給の手間が省ける ・長期的に勤続する可能性が高いため，海外子会社の経営が安定する ・現地国籍人材の採用を奨励する現地国政府の政策に沿っている ・現地国籍人材の内部昇進機会が増え，彼らの士気が高まる **短所** ・本社が海外子会社をコントロールしにくくなる ・現地国籍人材が海外経験を積む機会が減少する ・本国籍人材が海外子会社で経験を積む機会が減少する ・国レベルでの結束が高まるが，多国籍企業全体の結束力が弱まる
第三国籍人材（TCN）	**長所** ・本国籍人材を派遣する場合よりも人件費が割安になる場合がある ・本国籍人材よりも第三国籍人材のほうが現地国の状況に詳しくなる場合がある **短所** ・国家間対立の影響を受ける場合がある（例：インドとパキスタン） ・現地国が，第三国籍人材の採用に立腹する場合がある ・派遣期間満了後も母国に戻ろうとしない場合がある

出所：Dowling *et al.* [2008]，p.85をもとに筆者作成。

ーションを担う人材については，海外子会社においても国内企業と同様のやり方で人材配置を行えばよいので，現地国籍人材の活用が中心となります。それに対し，海外子会社においても，マネジャー以上の人材については，本国籍人材，現地国籍人材，第三国籍人材の組み合わせについての方針と実施がポイントになります。ここではまず，それぞれの人材タイプの特徴と，多国籍企業における役割について整理します（図表6-1）。

1.3　本国籍人材の特徴と長所および短所

　本国籍人材は，企業の内情にもっとも精通した人材であるため，企業の国際化のプロセスにおいても中核的な働きをすることが，多国籍企業においては期待されています。具体的にいえば，企業の理念や価値観，戦略などを理解し，それらに沿ったかたちで多国籍企業内のさまざまな活動をコーディネートし，かつコントロールするのに適していると考えられています。また，多国籍企業本体に蓄積された知識やノウハウについての精通度も高いため，これらの知識やノウハウを海外に移転したりする場合にも重要な役割を果たします。

　一方，本国籍人材を海外子会社に出向させるなどの方法で活用する場合には，本国籍人材の活動が現地国籍人材の活躍の場を奪うことになりかねないという問題があります。また，本国籍人材を海外子会社に出向させる場合には，現地の言葉，文化，慣習などに適応するのに時間がかかったり，適応できなかったりする場合があることや，現地の文化や慣習とは相容れない本国でのやり方を無理強いしようとして現地国籍人材との葛藤を生じさせたりする可能性が短所として考えられます。

1.4　現地国籍人材の特徴と長所および短所

　多国籍企業にとって，現地国籍人材は，その国の言語，文化，慣習などに精通していることが最大の長所であるといえます。また，本国籍人材を出向

させるケースとの比較においては，人件費が安いうえに，本国籍人材よりも職場に長くとどまる可能性が高いため，海外子会社の運営の安定性を高めることにもつながると思われます。また，現地国籍人材にとっては，多国籍企業であっても自国で働くことを意味するので，工夫次第で彼らの動機付けや満足度を高めるのが比較的容易です。

　一方，現地国籍人材は，多国籍企業の本社を含む企業全体の内情に精通していないため，複数の海外活動がからんだ事業運営や組織運営のコーディネーションやコントロールの実現には不向きだと考えられます。また，現地国籍人材は，国境を越えて配置転換を行うような機会が少ないため，彼らにとっては国際的なキャリア形成の機会があまりありません。また，現地国籍人材を多用することで，本国籍人材や第三国籍人材の海外経験の機会を奪うことになったり，彼らの活動においては，グローバルな視点ではなく，あくまで現地国の視点が重視されがちであったりするという短所が考えられます。

1.5　第三国籍人材の特徴と長所および短所

　第三国籍人材を他の海外子会社に出向させたり，海外子会社のある現地国で直接雇用したりするなどして活用する場合，その人材の出身国によっては，本国籍人材を出向するよりもコストが安くつく場合があります。例えば，相対的に人件費が安い国で雇用している人材を他国の海外子会社に出向させるようなケースです。また，本国籍人材よりも，海外子会社の現地国に精通した第三国籍人材を出向させたほうが，現地の状況をより正確に把握することが可能になる場合があります。

　一方，第三国籍人材を他国に出向させる場合には，国際政治上，国家間の難しい状況がないかどうかを慎重に検討する必要が出てきます。また，国家間の関係から現地国の政府が特定の第三国籍人材を雇用したりするのを快く思わなかったり，滞在ビザの発給に時間やコストがかかったりする可能性もあります。第三国籍人材が，出向期間終了後，自国に戻ることを拒んだりするケースがある場合には，彼らの処遇が難しくなります。これらが第三国籍

人材を活用しようとする際の短所です。

2　多国籍企業による国際人材配置方針

2.1　パールミューターの EPRG モデル

経営の国際化を進める多国籍企業では，企業全体として本国籍人材，現地国籍人材，第三国籍人材をいかに組み合わせるかという点に関して，いくつかの異なる国際人材配置方針をとると考えられます。これについて，パールミューター（Perlmutter, H. V.）は，**EPRG モデル**を考案し，以下のような4つの国際人材配置方針に分類しています。それらは，**本国志向**（ethnocentric），**多極志向**（polycentric），**地域志向**（regiocentric），**世界志向**（geocentric）です。以下において，それぞれの国際人材配置方針について説明します。

2.2　本国志向

本国志向の国際人材配置とは，多国籍企業の海外子会社のトップをはじめ，運営上の重要な役職を本国籍人材，とりわけ本社の人材を海外に派遣して埋める方針を指します。多国籍企業が本国志向の国際人材配置方針をとる場合，その理由としては，海外子会社の現地国に優秀な現地国籍人材が不足しているため，海外子会社間の調整や海外子会社のコントロールを強化する目的で本社と緊密なコミュニケーションをとるため，自社の内情に精通した本社勤務の本国籍人材を出向させるため，などがあります。日本の多国籍企業の多くは，以前から本国志向の強い国際人材配置方針をとっており，例えば，海外子会社の社長に占める日本人の割合が高いことが指摘されています。

本国志向の国際人材配置方針には短所もあります。例えば，海外子会社の主要な役職を本国籍人材が占めることは，現地国籍人材の上位職位への昇進

機会を奪うことになるため，彼らのモチベーションの低下や自発的な離職を促す可能性があります。また，本社から出向してきた本国籍人材と現地国籍人材とで給与など待遇面に大きな差があることが明らかになると，両タイプの人材間での葛藤が生じる原因となります。さらに，本国籍人材を海外子会社に出向させることは高コストであるのに加え，彼らが現地の状況になじむまでに時間がかかる可能性があります。

2.3 多極志向

多極志向の国際人材配置とは，海外子会社の運営を，基本的に現地国籍人材に任せることで，海外子会社の独立性や自律性を持たせるような方針を指します。したがって，本国籍人材を本社から海外派遣させるケースは少なく，海外子会社のトップ以下，重要な役職を現地国籍人材が占めることになります。近年，本国志向が強かった日本の多国籍企業が多極志向に移行しようとする動きもあり，その場合は，**現地化**（ローカリゼーション）という呼び方もします。**図表6-2**では，ハーツィン（Harzing, A.W.）による研究に基づき，多国籍企業の本社所在国別に海外子会社の現地人社長の比率が報告されています。日本の多国籍企業における海外子会社の現地人社長比率が，他国の多国籍企業と比べても低いことがわかります。

現地国籍人材が海外子会社を運営することで，海外子会社内の言語障壁が

図表6-2 ▶▶▶海外子会社の社長の国籍

本社所在国	現地人社長の占める割合(%)
日本	38.5
ドイツ	40.0
オランダ	55.2
スイス	62.1
スウェーデン	64.7
フィンランド	65.9
イギリス	70.1
フランス	74.8
アメリカ	77.0

出所：Harzing [1999], p. 73.

生じることなく，コミュニケーションを円滑に進めることができます。また，現地国籍人材は，現地の文化や政治，社会制度などに精通していることから，現地の状況に適した海外子会社運営を可能にします。また，現地国籍人材に昇進機会を与えることにもなるために，自発的離職の度合いが低くなります。

多極志向の短所としては，現地国籍人材が海外子会社の主要な役職を占めていることから，本国籍人材が多くを占める本社との連携やコミュニケーションが，文化的背景の違い，言語障壁や企業全体に関する知識のギャップなどの影響で弱くなることが挙げられます。また，現地国籍人材は，多国籍企業全体を見渡す視点が得られず，本国籍人材も，海外子会社の内情や現地の状況を理解するのが困難になります。また，多極志向のもとでは，現地国籍人材も本国籍人材も国境を越えて移動する機会が減少することから，彼らに国際経験を積ませることが困難になります。海外子会社の独立性が強まりすぎることで，多国籍企業としての一体感をなくしてしまう危険性もあります。

2.4 地域志向

地域志向の国際人材配置方針のもとでは，多国籍企業は，アジアやヨーロッパといった特定の地域内で，国籍を問わない人材の配置を行います。そのため，国境を越えた人材の移動が比較的多く起こりますが，ほとんどの場合，それが地域内に限られることになります。地域志向の場合，多国籍企業は地域ごとに**地域統括会社**もしくは**地域本社**を設立し，多国籍企業の役員クラスの人材は，主に地域統括会社に出向することになります。そのため，あらゆる場所の海外子会社が出向対象となりうるケースと比べて役員の負担が軽減されます。また，人材の国境を越えた移動を地域間に限定することにより，ある程度，地域の状況に適応した子会社運営が可能となります。さらに，地域志向は，純粋な本国志向や多極志向から世界志向に移行するための中途段階と位置づけることもできます。

ただし，地域志向は，多国籍企業内でも地域統括会社を中心に，地域ごとの独立性を強めるあまり，多国籍企業全体としての一体感を失う可能性もあ

ります。また，人材の国際移動が地域内に限定されることから，従業員が地域を越えたグローバルな視野を養う機会も減少します。

2.5 世界志向

　世界志向の国際人材配置方針のもとでは，海外子会社を含めた多国籍企業全体がグローバルに統合された経営を行い，国籍を問わず，適切な人材を適切な役職に配置しようとします。よって，世界志向のもとでは，本国籍人材，現地国籍人材，第三国籍人材の区別はあまり重要ではありません。この方針をとれば，多様な国籍の人材が多国籍企業の役員として企業を牽引することになるため，真に国際的な視点からの企業経営が可能になります。また，多極志向の場合のように子会社の独立性が強まりすぎて多国籍企業としての一体感を失う危険性を回避できます。世界志向による多国籍企業全体としての一体感の増加は，多国籍企業内の経営資源の有効活用にもつながります。

　ただし，世界志向の方針を貫く場合，海外子会社の現地国の政府が，現地国籍人材を優先的に雇用するよう圧力をかけてくるかもしれません。また，さまざまな国籍の人材が入り混じって業務を行うことにもつながるため，とくに，本国籍人材以外の人材向けのわかりやすい資料の作成や，外国人向けの就労ビザの取得などの費用などが生じ，事務コストが増大する可能性があります。また，国籍を問わない人的資源管理を行うために，多国籍企業内で国境を越えた人材の移動の頻度が多く，事前教育や引っ越し費用などでコスト高となってしまう可能性もあります。

3　多国籍企業の国際戦略と国際人材配置との関係

　バートレットとゴシャールによる国際戦略モデル（第2章参照）と，前節で説明したパールミューターのEPRGモデルとは密接に関連づけることができます（**図表6-3**）。地域適応を重視するマルチナショナル戦略では，子

図表6-3 ▶▶▶ バートレットとゴシャールの国際戦略と国際人材配置方針
（図表2-5との対応）

戦略・組織類型	マルチナショナル戦略・組織	グローバル戦略・組織	インターナショナル戦略・組織	トランスナショナル戦略・組織
戦略・組織の特徴	現地適応を重視 海外子会社の自律性が高い 分散型	グローバル統合を重視 中央集権型	本国の中核的能力を海外子会社に移転 中央集権型	グローバル統合と現地適応の両方を重視 分散および相互依存
国際人材配置方針	多極志向	世界志向・地域志向	本国志向	世界志向・地域志向

会社の独立と自律性を高める多極志向の国際人材配置方針の適合度が高いといえます。本国において中核的な能力を開発し，それを海外子会社に移転していこうとするインターナショナル戦略では，海外子会社のコントロールや知識移転プロセスなどで本国人材が重要な役割を担うことから，本国志向の国際人材配置方針の適合度が高いといえます。グローバル統合を重視するグローバル戦略や，グローバル統合と現地適応の両方を追求するトランスナショナル戦略においては，多国籍企業全体として統合度の高い人的資源管理を志向することから，世界志向もしくはその前段階としての地域志向の国際人材配置方針の適合度が高いといえましょう。

4 海外子会社における募集および採用選考

　多国籍企業は，自国のみならず海外子会社の現地国や，その他，海外から広く人材を募集し，採用活動を行おうとしますが，その際には考慮すべき課題が多くあります。ここではとくに海外子会社において人材募集および採用選考を行う場合に重要となってくる要素を説明します。

　まず，国や地域によって，そこで暮らしている人々の教育水準やスキルの水準に違いがあります。例えば，高い能力や高度なスキルを持った人材が不足している場合は，そのような人材の獲得に苦労することになります。また，

他国と比べて相対的な人件費が安く，かつ高い能力や高度なスキルを持った人材が多い場合は，世界各国からそのような人材の獲得を求めて企業が進出してくることが考えられ，グローバルな人材獲得競争の様相を呈することになります。その場合も，優秀な人材を獲得しにくくなったり，優秀な人材を獲得するためのコストや給与などの人件費が高騰したりすることも考えられます。

次に，国や地域の労働市場の特徴によって，数年ですぐに転職して別の会社に移るという**ジョブ・ホッピング**が深刻な問題となり，海外子会社に雇い入れた従業員を引き留めることが非常に困難になるケースもあります。この場合，企業は何らかの方法で，自発的離職率を抑える手段をとる必要があり，

Column　海外での優秀な人材の獲得に苦戦する日本企業

日本の多国籍企業にとって，海外の進出先で優秀な現地国籍人材を獲得することの重要性がますます高まっています。しかし，優秀な人材を獲得するうえで多くの企業が苦戦しているようです。例えば，中国の現地国籍人材にとって，近年の日本企業の人気は芳しくありません。中国人からみた人気企業は，欧米系の外資系企業であったり，中国の有名企業であったりします。一方，日本の多国籍企業は，数社を除いて人気企業ランキングでも上位を占めることができていません。

このように，中国人からみて日本企業が不人気である理由に，日本的な経営や人的資源管理のあり方がからんでいると思われます。とりわけ，本国志向のために海外子会社でのトップを日本人が占めていること，仕事の与え方やコミュニケーションに曖昧な面が多いこと，年功序列で昇進が遅く，かつ現地のトップが本国人材で占められているため，将来の昇進やキャリアが不透明であること，そしてとりわけマネジャークラスになるほど，報酬面で欧米の多国籍企業に見劣りすることなどが理由として挙げられるでしょう。

ジョブストリートとエーオンヒューイットが2010年にインド，インドネシア，マレーシア，フィリピン，シンガポール，バングラデシュ，ベトナム，およびタイの8カ国で実施した調査でも，東南アジアおよび南アジア地域に居住する求職者は，就職先として日本企業よりも欧米企業のほうを好ましく感じていることが明らかになりました。この調査では，「日本の多国籍企業の多くは研究開発をはじめとした高い付加価値を生み出す部門を日本国内に置いている一方，海外における事業展開は日本人駐在者によって率いられていることが通常で，その結果，現地国籍人材への権限委譲や現地国籍人材のリーダー育成がほとんど行われていない」ということも指摘されています。

しばしばそれは他社よりも高い給与を保証するといったように，人件費を増大させる可能性を高めます。

さらに，現地国で募集や採用を行う場合には，関連するさまざまな法律や規制が存在するため，法規制に精通し，法を犯したり慣習に逆らったりしないよう注意しなければなりません。例えば，法整備の進んだアメリカでは**雇用機会均等**に関する法律も厳しいため，面接などで志願者に対して性差別や人種差別と受け取られかねない発言をしたり，その他不注意に法に触れる採用活動を行ったりした場合には，訴訟となって法外な賠償金を支払わざるをえなくなったり，現地での企業の評判が著しく損なわれる危険性もあるので注意が必要です。

多国籍企業が現地国において採用活動を行う場合，現地国籍人材にとっては「外資系企業」である多国籍企業の本国のイメージなどがその企業に対する魅力に影響を与えます。現地国籍人材にとって，本国のイメージなどが良好であるという理由で，有利な採用活動ができる場合を，**外国籍の優位性**（asset of foreignness）と呼びます。

一方，現地国籍人材からみて，本国のイメージが好ましくないなどの理由で，採用活動で不利になることを**外国籍の不利性**（liability of foreignness）と呼びます。外国籍の不利性は，外資系企業が現地国の文化や社会制度に精通していないために，現地の慣習を逸脱した採用活動を行ったり，現地国籍人材のニーズにあった労働条件を提示できなかったりすることなど，効果的な採用活動が行えないような場合についても当てはまります。

Working   調べてみよう

1. 本国志向，多極志向，地域志向，世界志向の国際人材配置方針をとっていると思われる企業をそれぞれ探し，そのような方針をとっている要因が何なのか調べてみよう。
2. 日本の外資系企業をいくつか選び，そこで就職した場合，世界本社や他の海外拠点への配置転換も含め，どのようなキャリアパスが用意されているか，調べてみよう。

Discussion   議論しよう

1. 日本の外資系企業すなわち外国籍の企業の日本子会社において，社長が日本人から外国人に交代したり，外国人から日本人に交代したりするケースがあるが，そのような変化が起こる要因，および社長の国籍の交代によって生じる経営上の変化について議論してみよう。
2. 本国籍人材，現地国籍人材，第三国籍人材が交じり合った職場で働く場合，どのような問題が生じうるか議論してみよう。

▶▶▶さらに学びたい人のために ─────────────────

● 白木三秀［2006］『国際人的資源管理の比較分析─「多国籍内部労働市場」の視点から』有斐閣。

参考文献

● エーオンヒューイット & JobStreet.com［2011］『アジアのホワイトカラーが働きたい企業調査』。
 http://www.aon.com/japan/product_services/by_specialty/human_capital_consulting/PR/ah_pr_20110111.jsp（2015年6月16日確認）
● 白木三秀［2006］『国際人的資源管理の比較分析─「多国籍内部労働市場」の視点から』有斐閣。
● Dowling, P., Festing, M. & Engle Sr, A. D. (Eds.)［2008］*International human resource management*, Thomson Learning.
● Harzing, A-W.［1999］MNE staffing policies for the managing director position in foreign subsidiaries: The results of an innovative research method. In C. Brewster & H. Harris (Eds.) *International HRM: Contemporary issues in Europe*, London: Routledge.
● Perlmutter, H.V.［1969］The tortuous evolution of the multinational corporation, *Columbia Journal of World Business*, Vol. 4, pp. 9-18.

第7章 国際人材育成

Learning Points

- ▶国際人材育成の目的，意義，基本的な考え方について学ぶ。
- ▶国際人材育成にかかわる異文化の諸問題について学ぶ。
- ▶国際人材に求められる要件（コンピテンシー）について学ぶ。
- ▶国際人材育成プログラムの基本的な考え方について学ぶ。

Key Words

国際人材　異文化教育　言語の問題　学習の移転
教育スタイル　グローバルリーダーシップ開発　多国籍チームワーク

1 国際人材育成とは

　前章で指摘されたように，多国籍企業は，本国籍人材，現地国籍人材，第三国籍人材等の多様な人材を雇用し，マネジメントしています。**国際人材**とは，それら人材の中でも，出身国以外の海外拠点に派遣され，そこで戦略的にビジネス活動に従事する人材として捉えることができます。このような国際人材に関連するトピックとして，海外派遣者のマネジメントが取り上げられます（第11章）。

　また，近年，**グローバル・タレント・マネジメント**という研究領域が台頭してきています。ソマヤ（Somaya, D.）とウィリアムソン（Williamson, I. O.）によると，グローバル・タレント・マネジメントは，多国籍企業で働く全従業員を対象とするものではなく，多国籍企業の競争力に直接的にかかわる優秀な人材，すなわち**ハイポテンシャル人材**，**ハイパフォーマー**が対象とされています。この点についても第8章で述べられています。

　このように，国際人材のマネジメントは，複数の視点から研究が進められ

ています。本章では，多国籍企業において，どのように国際人材の育成が行われているのかについて学びます。

1.1 多国籍企業における教育訓練の考え方

　多国籍企業で国際人材育成を行うには，多国籍企業グループとしての競争優位を構築することに向け，一般的に，本社で教育訓練プログラムの開発・構築を行い，それらを海外子会社に移転し，当該拠点で実施するというプロセスを経ます。しかし，多くの多国籍企業では，本国で開発され，成功した教育プログラムを海外子会社に適用しようとし，失敗に終わっていることも指摘されています。その1つの理由は，十分に教育された人材を維持し，活用することが重要であるにもかかわらず，グローバル競争を背景に，企業はとくに経営幹部への教育訓練予算を削減する圧力にさらされていることが挙げられます。もう1つは異文化に関わる諸問題により，本国で開発された教育プログラムが海外子会社でうまく機能しないという理由です。この点については第2節でみていきます。

　先行研究では，以下の7点が多国籍企業が教育訓練を提供するうえで重要な項目であると指摘されています。

①グローバルに考え，行動する
　多国籍企業は世界の重要な市場でのプレゼンスを構築することを本国の視点からではなく，グローバルな視点から考え，行動する必要がある。
②等距離のグローバルな学習組織を構築する
　本国，現地国という垣根を越え，あらゆる国の文化をあらゆる方法で学習することが重要である。
③パーツではなく，グローバルなシステムに焦点を当てる
　教育訓練プログラムは，各部門の違いや国家間の違いを乗り越え，多国籍企業グループとして提供されるグローバルなシステムという大きな視点から捉えることが重要である。

④グローバルリーダーシップスキルを開発する

　グローバルリーダーシップは国内市場に求められるものとは異なるコンピテンシーを要求するため，グローバルな教育訓練プログラムが必要とされる。

⑤チームにグローバルな将来を創出する権限を与える

　多国籍チームは**異文化コンピテンシー**を開発する重要な手段となりうる。したがって，多国籍チームは今後積極的に多国籍企業で活用されるべきであり，重要なプロジェクトや問題解決活動を遂行する権限が与えられるべきである。

⑥グローバル企業を目指したコアコンピタンスを学習する

　グローバル企業はグローバルな学習組織になる必要があり，コアコンピタンスの学習や開発は組織全体にわたって行われる必要がある。

⑦自分自身および組織を定期的に改革する

　今日の競争的なグローバル経済において，継続的な自己開発は個人と組織双方の成功の基礎となる。

1.2　海外子会社における教育訓練のあり方

　各国拠点に従事する現地国籍人材の教育訓練のあり方について議論するうえで多国籍企業が直面する問題として次のような点が指摘されています。誰が海外子会社の教育訓練プログラムを移転するのか？　本社から派遣されるコーチなのか，それとも現地のコーチなのか？　もしくは企業外部の独立したコーチなのか？　どのように教育訓練プログラムは海外子会社に移転されるべきなのか？　現地の文化的差異にどのように対処するのか？　教育訓練プログラムの現地国への移転・実施の成功に及ぼす言語的差異の影響はどのようなものなのか？　等です。

　海外子会社における現地国籍人材の教育訓練のアプローチは企業によって異なります。あらゆる教育訓練プログラムの設計やマネジメントを各国海外子会社レベルで行おうとする**現地化アプローチ**をとる企業もあれば，本社の文化や考え方に完全に統合された教育訓練プログラムを海外子会社で実施す

るという**統合アプローチ**をとる企業もあります。またその中間をとる企業もあるかもしれません。

　現地化アプローチをとる企業としてスリーエム（3M）を挙げることができます。スリーエムは52カ国に海外子会社を持ち，ドイツにあるヨーロッパ地域統括本社が全ヨーロッパの拠点で実施される教育プログラムの調整を行っています。一方で，各国子会社は，当該拠点で実施する教育訓練プログラムの各コースの開発・提供等に責任を持たされています。必要に応じて，各国子会社は本社にアドバイスを受けることもあります。

　他方，マグロウヒル（McGraw-Hill）では，より統一化されたアプローチがとられています。このアプローチをとる企業では，基本的に，教育訓練プログラムを移転するために，世界中に本社のコーチを派遣し，コーチは可能な限り，本社で開発されたプログラムを各国の海外子会社に適用しようとします。マグロウヒルの国際教育訓練を担当する副社長は，アジアやヨーロッパに立地する17の拠点に教育訓練プログラムを移転しています。この背景には，同社が過去にアメリカの拠点と海外拠点を統合したという経緯があります。2つの拠点を統合するために，本社の経営幹部は，すべての従業員に同じ教育訓練プログラムを実施することにより，1つの拠点として統合し，共通の企業文化を醸成することに役立つと判断しました。そのため，マグロウヒルの各海外拠点がおのおのの教育訓練プログラムを開発することはほとんどありません。現在では，各拠点はおのおのが必要とする教育訓練プログラムの提供を本社に依頼し，本社からコーチが派遣されるようになっています。

　このように，企業によって，各国海外子会社における教育訓練のあり方は異なります。しかし，本社で開発され，海外子会社に移転される教育訓練プログラムは，各国海外子会社の文化や規範が十分に考慮されていないため，本社が期待する結果を十分に生み出していない，という問題が指摘されています。次節では，国際人材育成に関わる異文化の諸問題について検討していきます。

2 国際人材育成に関わる異文化の諸問題

2.1 言　語

　本社で開発され，移転される教育訓練プログラムが海外子会社でうまく機能しない理由は，第1に，教育訓練プログラムの提供方法に関する**言語の問題**です。例えば，1つの拠点に従事する国際人材を対象としたトレーニングを共通の言語で提供するのか，または国際人材を対象とした教育訓練プログラムを他の言語に変換して提供するのかどうかという問題です。第2は，**語学研修**の提供に関わる問題です。語学研修を提供する目的は，社内の従業員間での交流を活発に行うことであり，企業外の関係者，例えばサプライヤー，サブコントラクター，顧客等の企業外の関係者との交流を活発に行うことにあります。

　英語はグローバルなビジネス活動を行ううえで主要な言語となっていますが，顧客や従業員の使用言語で，商品を販売し，交渉し，議論し，マネジメントすることは現地でのコミュニケーションを促進する可能性を高め，最終的にビジネス取引を円滑に行うことにつながると考えられます。コカ・コーラでは，英語以外の言語スキルを重視しています。例えばスペイン語を話す国でビジネス活動を行う際，現地の言語を理解し，話すことにより，その国のビジネスの性質をより深く理解することが可能となり，現地の人材を採用する際にも大いに役立つと同社では考えられています。

2.2 学習の移転に関わる問題

　学習の移転に関わる問題は，教育訓練プログラムにて学んだことを日々の仕事に適用することができるのかどうかという問題と関わってきます。この問題について，文化，学習スタイル，教育レベルと教育体制という観点から検討していきます。

2.2.1 国・企業の文化と教育スタイル

　国および企業の文化は教育訓練のあり方にさまざまな影響を与えます。海外子会社で教育訓練プログラムを設定する前に，人事担当者は各国の文化においてどのような**教育スタイル**がとられているのかについて理解する必要があります。

　例えばアジア諸国の文化では，教育はとても権威あるものとして捉えられています。教員は学生が敬意を払うべき対象として認識されています。教員は講義において一方向的に知識を提供し，学生はその講義を聴くというスタイルがとられる傾向にあります。他方，アメリカの教育スタイルは，アジア諸国のようにフォーマルではなく，講義に学生の参画を促す取り組みがなされています。このような教育スタイルの違いの程度は，講義等への参加者が質問をしたり，意見を出したり，ディスカッションに参加する等の程度に影響を与えます。つまり，文化は指導者と教育を受けるグループとの相互作用のあらゆる形態に影響を与えるといえます。

　したがって，企業における教育訓練のあり方は，教育訓練プログラムを開発し，提供する国，例えば本国の文化と異なる文化に属する海外子会社の従業員に提供される場合，文化の違いを考慮する必要があります。図表7−1は，教育教授法とさまざまな国の文化的特徴を示したものです。とくに，**権力格差**，**不確実性回避**という点からみたさまざまな国の文化的特徴との適合関係が示されています。権力格差とは，「学生と指導者間等の立場の違いの受容の程度」，不確実性回避とは，「リスクを取ること，新しいことに挑戦することを嫌う姿勢の程度」として考えられます。図表7−1が示しているように，権力格差が高く，不確実性回避の強い国の人々は，リーディング，講義等のより構造的で受動的な学習方法を好む傾向があるのに対し，権力格差が低く，不確実性回避の弱い国々の人々は体験型の教育方法をより好む傾向にあることがわかります。

　以上のことから，文化の違いによって適切と思われる教育のあり方も異なると考えられます。学習スタイルも文化に関連する問題の1つです。異なる

図表 7-1 ▶▶▶ 教育教授法と各国文化の適合

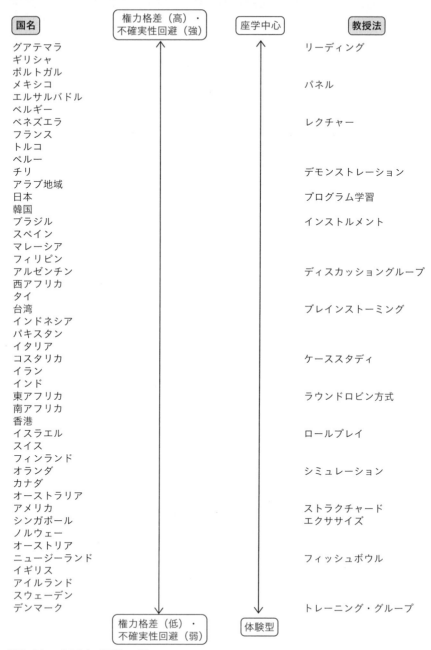

出所：Briscoe & Schuler [2004], p. 271.

文化的背景を持つ人々は異なる教育訓練，教育スタイルを用いています。そのため，もっとも適切と思われる学習アプローチは教育訓練の設計，開発において考慮されなければなりません。

2.2.2 教育レベルと教育形態

世界に点在する複数の海外子会社で活用できる教育訓練プログラムを設計し，開発することは，基礎となる教育基盤が国によって異なるため容易ではありません。読み書きの基礎レベルや，教育システムの性質や教育方法は，国によって著しく異なります。また，高等教育のレベル，性質，職業訓練教育等も異なるためです。

したがって，一国で設計され，開発された教育訓練プログラムの指導方法・内容を直接他の国に移転することは非常に難しいといえます。教育訓練に携わるトレーナーは，国境を越えた教育訓練の性質だけではなく，同時に教育訓練を受ける必要のある人材，例えば新興国の従業員等にもより注意を向けることが，学習移転をスムーズに行ううえで重要となります。

3 国際人材開発に向けた取り組み

3.1 国際人材のリーダーシップコンピテンシーの識別と開発

国際人材（経営層，経営幹部層）の役割が多様化するなかで，1990年代初頭以降，国際人材開発プログラムにおいて新たな取り組みがなされてきました。例えば，海外派遣に向けたマネジャーの能力開発の基礎となる国際人材の**リーダーシップコンピテンシー**の識別，**異文化教育**，**多国籍チーム**の構築と開発，女性マネジャーを対象とした国際人材開発等の取り組みです。

多くのリーダーシップモデルはアメリカで生み出されてきました。しかし，モリソン（Morrison, A. J.）によると，グローバル化が進展するなかで，どのように文化が規範や価値観に影響を与えるのかが明らかとなり，ヨーロッ

パ諸国，アジア諸国，ラテンアメリカ等でのリーダーシップモデルはアメリカのアプローチと異なることが指摘されるようになってきました。ユン（Yeung, A. K.）とレディ（Ready, D. A.）は，重要となるリーダーシップの能力は国によって異なることを指摘しました。例えば，フランスの従業員は企業内外のネットワークをマネジメントする能力を持つ人材がリーダーに相応しいと考えますが，アメリカ，ドイツ，オーストラリア，イギリスのマネジャーにとってそれはあまり重要ではないと考えられています。

このように，国によってリーダーシップモデルが異なるという見方は，残念ながら，国際人材開発に関わる専門家の中で軽視されてきました。プライスウォーターハウスクーパーズ等のような多国籍企業では，その企業独自のリーダーシップモデル，それに関連する**コンピテンシー**（リーダーに求められる要件・資質）を開発し，活用しています。しかし，アルドレッジ（Alldredge, M. E.）とニラン（Nilan, K. J.）によると，このようなコンピテンシーは，厳密に抽出され，設計されたというよりは，各企業の経営層の希望を示した一種のウィッシュリストにすぎない，との批判がなされているようです。

このような批判はあるものの，各社が開発し，活用するコンピテンシーモデルを，部門を超えた多くのマネジャーが参考にし，日々の仕事に活用することは，多国籍企業グループとして人材をマネジメントするうえで必要不可欠であるのも事実です。**図表7-2**は，国際人材に求められるコンピテンシーの概要を示したものです。また，**図表7-3**は，従来の国内を対象とした考え方（ドメスティックマインドセット）とグローバルな市場を対象とした考え方（グローバルマインドセット）の対比を示したものです。表中に示されている資質をどのように学ぶかという点については，上述したように，各国の文化や教育形態等の違いを踏まえて，どのように個人が学習するのかを考慮する必要があります。

図表7-2 ▶▶▶国際人材に求められるコンピテンシーの概要

柔軟な考え方および戦術	多様な人材と働くことができる，他者の意見やアプローチ，アイデア等を聞く意思を持ち，聞くことができる
文化的関心および感受性	自国以外の文化，人材，考え方を尊重し，それらに対して傲慢な態度を取ったり，一方的な判断を行わない，さまざまな人とうまく付き合い彼らに共感する
複雑性への対処	ある問題を解決するうえでさまざまな方法を考慮する能力，曖昧さへの寛容と発生する諸問題への忍耐 問題を解決するうえでさまざまな方法を考慮する，不確実性に直面したなかで意思決定を行うことができる リスクに挑戦する意欲
楽観的，快活さ	課題に対応する，逆境に立ち向かう，物事の良い側面をみようとする，身体的・感情的エネルギーの高さ，ストレスに対処することができる
誠実さ	他者と信頼を構築することができる
安定した私生活	家族の仕事への理解
付加価値の高い技術およびビジネススキル	自身の信頼性を示すのに十分な技術的，経営的，またはその他の専門性

出所：Rees & Edwards [2010], p. 172.

図表7-3 ▶▶▶ドメスティックマインドセットとグローバルマインドセットの比較

ドメスティックマインドセット	グローバルマインドセット	個人の特性
職能に基づく専門知識	幅広く多面的な視点	知識
優先順位づけ	双方性－矛盾する事柄のバランスを図る	概念的思考力
組織	プロセス	柔軟性
個人の責任	チームワーク，ダイバーシティ	感受性
予測可能性	機会としての変化	判断力
予期しない事柄に対する教育	新しいものを受け入れる姿勢	学習

出所：Rees & Edwards [2010], p. 173.

3.2 グローバルリーダーシップ開発プログラム

　グローバルリーダーシップ開発プログラムは，ブリティッシュ・エアウェイズやIBM等のグローバル企業で活用されています。通常，プログラムの内容は，グローバル戦略，リーダーシップスタイルと行動，文化と組織能力

等のテーマが取り上げられています。また，異文化教育や多国籍チームの構築等を重視するプログラムもあります。この点については後述します。

これらのプログラムを提供する目的は，参加者の認知地図（個人のイメージしている情報の図式化）を再構成するよう動機付け，各人の経験上にプログラムで学んだアイデアを取り入れる機会を提供し，異なる文化的背景を持つ同僚との出会いを生むことにあります。

しかし，このようなリーダーシップ開発プログラムは，コストがかかるため，組織の一部の人材のみがこのようなプログラムの提供対象者となっているといわれています。しかし，近年海外ビジネスに従事する人材が増加してきていることから，どのようにコストの問題に対処するかを考えることは多国籍企業にとって重要な検討課題となっています。

4 国際人材育成プログラム

4.1 異文化訓練

1990年代以降，海外派遣数は拡大してきましたが，一方で，短期間での海外派遣を行う傾向がみられると指摘されています。その理由として，海外派遣の失敗や**カルチャーショック**が主な要因として指摘されています。カルチャーショックは，通常，派遣先国に到着した後の初期のハネムーン期の後に起こるといわれています（第11章参照）。それは，派遣者が経験するホスト国の文化への不満，つまり，これまでの派遣者の行動がホスト国ではうまく受け入れられず，かといってどのような行動が望ましいのかもよくわからない状況から引き起こされると考えられています。

したがって，このような状況に陥らないようにするためにも，派遣前の**異文化訓練**が重要な役割を果たします。一般的に，異文化訓練は，国際人材を海外拠点に派遣する際にいかにホスト国の文化に適応するのかを学ぶ重要な手段の1つとして考えられています。しかし，異文化訓練は，ホスト国の文

化に適応することだけではなく、派遣された人材が効果的にホスト国で仕事を遂行するうえでも重要な手段にもなっています。海外派遣の失敗は、早期の本国帰還のコストだけではなく、海外拠点とのプロジェクト立ち上げの遅れ、派遣先拠点の低い生産性、現地国籍人材との破壊的な関係、企業イメージの損傷、機会損失等によっても測定されます。これらの諸問題を回避するうえで、派遣前、派遣中、帰任後に異文化訓練を提供することが重要となります。

図表7-4は、異文化訓練プログラムの概要を示しています。このような異文化教育は、海外派遣者だけでなく、他国の海外子会社と連携を図る業務に従事している本国籍人材にとっても必要となります。また、異文化コミュニケーション、多国籍チーム、異文化交渉、地域特殊的ビジネス等のより専門化された教育訓練を提供することも重要となることが指摘されています。

図表7-4 ▶▶▶異文化訓練プログラム

内容
一般的および国特殊的異文化理解
派遣先国の地域、歴史、地理、政治、経済等の学習
文化的差異の理解および評価に関するフレームワーク
成功を収める海外派遣の計画
派遣先国で効果的に働くための異文化ビジネススキル
地域責任者に求められる文化多様性への理解
ホスト国のビジネスや社会的慣習
海外派遣とストレスマネジメント
カルチャーショックマネジメントとライフスタイルの調整の実践的アプローチ
日常生活に関わる諸問題の情報
パートナーや家族の海外帯同に伴う諸問題
帰任に伴う諸問題
教育訓練の方法
ファシリテーター(現地国籍人材および最近帰任した国際人材)から構成される多国籍チーム主導による教育訓練
学習者中心、各個人の学習スタイルを考慮した教育訓練
異文化認知を高める教育訓練
ケーススタディ、シミュレーション、ロールプレイ等の相互作用的な教育訓練
メンター(現地国籍人材または最近帰任した国際人材による)
派遣後にエグゼクティブコーチに指導を受ける機会の提供

出所:Rees & Edwards [2010], p. 176.

4.2 多国籍チームワーク

　ジョイント・ベンチャー（合弁企業）や提携等を行う機会が増加するにつれ，多国籍企業—例えばユニリーバやIBM等—において，**多国籍チーム**が積極的に活用されるようになってきています。多国籍チームとひと口に言っても，そのあり方（チームの活動期間やその構成，活動拠点等）は，企業によってさまざまです。本社がある国または海外拠点をベースに多国籍チームは活動するかもしれないし，そのチームのあり方はバーチャルな形態やトランスナショナルな形態をとるかもしれません。いずれにせよ，マネジャーは異なる状況のなかで，異文化の人材とのコミュニケーションプロセスを理解し，それに対処することが求められます。多国籍チームにおける意思決定，仕事の割り当て，調整された仕事のあり方等も多様なため，これらのあり方が問題を引き起こす可能性があります。

　また，多国籍チームは，多文化的背景を持つ人材から構成されるため，時間に対する考え方や姿勢（時間厳守，正確さ），会議の進め方，どのように業績が評価されるのか，どのように対立が解決されるのか，どのように交渉を進めるのか等への考慮や対応も重要な課題となります。このように，多国籍チームのチームワークには，コミュニケーション，モチベーション，意思決定等において異文化への理解が求められます。こうして，標準的なテクニックの開発が求められる一方で，共通理解に達するプロセスが徐々に求められるようになりました。

　多くの多国籍企業が抱えている問題は，チーム開発がその場のやり方で実行される傾向にあるということです。加えて，高度なICTの拡大等は，多国籍企業が多国籍チームを立ち上げ後すぐに機能させることができると考えられています。しかし，望ましいチームメンバーの質—例えば，適応力，コミュニケーション能力，チームメンバーへのコミットメント，他者への寛大さ，幅広いビジネスコンテクストの理解—は，初期の集中的なコミュニケーションや定期的なフォローアップ会議等を通じて開発され，醸成されると考えられています。

さらに，多国籍チームは，リーダーのあり方に大きな影響を受けると考えられています。とくにチームがコアビジネス以外の一時的な組織で運営される場合には，リーダーを注意深く選別し開発する必要があります。多国籍チームのリーダーには，洗練されたグループマネジメントスキルやチームメンバーの模範として行動する能力が求められます。加えて，チームの外部環境，例えば，チームのマネジメントスポンサーや本社の異なる事業部等との関係構築をマネジメントする能力も求められます。

4.3　経営幹部を対象とした開発プログラム

　経営幹部を対象とした開発プログラムは，現在行われている経営幹部教育や企業内のさまざまな職務へのマネジャーの配置等を通じて，マネジャーにさまざまな経験をさせ，1人1人の全体のスキルのレベルを高めるように設計されます。これらの開発プログラムは，組織全体の生産性や企業内の経営資源の質を高めることが企図されており，戦略のツールとして多国籍企業で活用されています。

　トランスナショナル戦略を追求する企業では，本社－海外子会社間，海外子会社間での高度な調整と管理を必要とするため，統一された強力な企業文

Column　知識移転と人材交流ネットワークの構築

　多国籍企業の拠点間での知識移転が容易でないことはこれまでも指摘されてきました。しかし，スウェーデンの通信機器メーカーであるエリクソンは，拠点間の協働を通じて，ノウハウやコア・コンピタンスを親会社から海外子会社へ，海外子会社から親会社へ，さらには海外子会社間で移転するための仕組みを構築し，拠点間での知識移転に成功を収めています。エリクソンでは，拠点間の協働を促進するために，本社－海外子会社間で大規模な人材を異動させています。エリクソンは50名から100名程度から構成されるエンジニアチームやマネジャーを当該拠点から他の拠点に1～2年間送り込みます。このように，同社は人材交流のネットワークを構築しています。この人材交流ネットワークは，同社において共通の文化を構築し，グローバルに分散した拠点間を調整することに貢献しているといわれています。

化や拠点間の調整と管理を支援するインフォーマルなマネジメントネットワークを必要とします。加えて，トランスナショナル企業のマネジャーは現地適応への圧力を察知すること，すなわち，ホスト国の文化を理解することが求められます。経営幹部を対象とした開発プログラムは，新しいマネジャーを企業の規範や価値システムに適合させることにより，統一された企業文化を醸成することに役立ちます。企業内・企業外教育訓練プログラムは団結心，すなわち共有された経験やインフォーマルネットワークを醸成することができると考えられています。もしかすると，専門的なコンピテンシーを開発するのと同様に，企業内での言語や専門用語も団結心を醸成することに貢献するかもしれません。これらの教育訓練には，ピクニックやスポーツイベント等の従業員の一体感を促進するイベントも含めて考えることができます。

これらの統合に向けた諸慣行には，各国の文化は取り除かれ，企業で統一された文化等の慣行が含まれるかもしれません。それは，個人にとって時には，企業のやり方を押しつけられている，と感じることになるかもしれません。マネジャーを合宿研修などで長期間にわたって1カ所に集めたり，複数の国の異なる職務に配置転換することは企業がインフォーマルなマネジメントネットワークを構築するうえで役立つと考えられています。このようなネットワークは企業内で価値のある知識を移転するパイプとして活用されています。

Working　　　　　　　　　　　　　　　　　　　　　　　調べてみよう

1. 関心のある日・米・欧多国籍企業を選定し，それら企業において教育訓練プログラムが提供される際，どのように文化的差異，教育スタイルの差異が考慮され，工夫されているのか，また企業の出身国によって，マネジメントにどのような違いがみられるのかについて調べてみよう。
2. 関心のある多国籍企業において，国際人材の育成に向けてどのようなリーダーシップ・モデルやコンピテンシーが開発され，活用されているのか調べてみよう。
3. 本社−海外子会社間，海外子会社間で知識移転・知識共有を行うために，多国籍企業においてどのような取り組みが行われているのかについて調べてみよう。
4. 多国籍企業でどのように多国籍チームがマネジメントされているのかについて調べてみよう。その際に，複数の国籍からなる人材をマネジメントするメリット，デメリット（その難しさ）について調べてみよう。

Discussion　　　　　　　　　　　　　　　　　　　　　　　議論しよう

1. 多国籍企業がグループとしての競争優位を高めるうえで，国際人材の育成，活用は差し迫った課題となっているが，国際人材を対象とした教育訓練プログラムは，現地化アプローチ，統合アプローチ，あるいはその中間を取るアプローチのどれを採用するべきだろうか。あるアプローチを採用する理由や決定要因はどのようなものだろうか，議論しよう。
2. 近年，多国籍企業において積極的に多国籍チームが活用されるようになってきたといわれているが，同時にその難しさも指摘されている。多国籍企業が多国籍チームの活用を通じて生産性や競争力を高めるためにはどのような取り組み，マネジメントを行うべきだろうか，議論しよう。

▶▶▶さらに学びたい人のために

- 笠原民子［2014］『日本企業のグローバル人的資源管理』白桃書房。
- 白木三秀［2014］『グローバル・マネジャーの育成と評価―日本人派遣者880人，現地スタッフ2912人の調査より』早稲田大学出版部。
- ドミニク・テュルパン［2012］『なぜ日本企業は「グローバル化」でつまずくのか―世界の先進企業に学ぶリーダー育成法』日本経済新聞出版社。
- McCall, M. W. [1998] *High flyers: Developing the next generation of leaders*, Harvard Business Press.（金井壽宏監訳『ハイ・フライヤー―次世代リーダーの育成法』プレジデント社，2002年）

参考文献

- Alldredge, M. E. & Nilan, K. J. [2000] 3M's leadership competency model: An internally developed solution, *Human Resource Management*, Vol. 39, No. 2-3, pp. 133-145.
- Briscoe, D. R. & Schuler, R. S. [2004] *International human resource management: Policy and practice for the global enterprise*, (2nd ed.), Psychology Press.
- Morrison, A. J. [2000] Developing a global leadership model, *Human Resource Management*, Vol. 39, No. 2-3, pp. 117-131.
- Rees, C. & Edwards, T. (Eds.) [2010] *International human resource management: Globalization, national systems and multinational companies*, Financial Times/ Prentice Hall.
- Somaya, D. & Williamson, I. O. [2011] Embracing turnover: moving beyond the 'war for talent', In. H. Scullion & D. G. Collings (Eds.) *Global talent management* (pp.75-86). Routledge.
- Yeung A. K. & Ready, D. A. [1995] Developing leadership capabilities of global corporations: A comparative study in eight nations, *Human Resource Management*, Vol. 34, No. 4, pp. 529-547.

第8章 国際報酬

Learning Points
- ▶国際報酬マネジメントの基本的な考え方を学ぶ。
- ▶国際報酬マネジメントと文化の関係性について学ぶ。
- ▶国際報酬マネジメントとグローバル・タレント・マネジメントについて学ぶ。

Key Words

グローバル統合　現地適応　海外派遣者　公平性　地域・現地化アプローチ
普遍的・戦略的柔軟性アプローチ　非金銭的報酬

1 国際報酬マネジメントとは

1.1 国際報酬制度の定義，役割とその目的

　本章では，多国籍企業における報酬および業績マネジメントについて学びます。多国籍企業における報酬マネジメントは**国際報酬マネジメント**と呼ばれます。国際報酬マネジメントとは，基本給，福利厚生，諸手当，長期・短期のインセンティブ（報奨）等を含めた金銭的，**非金銭的報酬**の提供であり，フェンウィック（Fenwick, M.）によると，多国籍企業の業績への相対的な貢献に応じて従業員を評価することと定義されます。その目的は，広義には，現在および将来にわたって各多国籍企業で求められる人材を引きつけ，企業内に引き留め，動機づけることにあります。

　人材は，多国籍企業にとって重要な価値を創造することに貢献する持続的競争優位の源泉として捉えられているため，人材が他企業へと流出することは，その企業の持続的競争優位が喪失することを意味します。したがって，適切な報酬マネジメントを実践することが多国籍企業にとって重要な戦略的

課題として認識されるようになりました。

　また，多国籍企業は，多くの国々に海外子会社を所有していますが，文化的，地理的距離が大きくなるほど，本社の意図する戦略や，その遂行に向けて従業員を動機づけることは難しくなるともいわれています。本社と各国海外子会社が同じ多国籍企業グループとして活動し，その戦略の達成に向けて，適切な行動をとるように従業員を動機づけるうえでも報酬マネジメントは重要な役割を果たします。

　公平性を担保することは，報酬マネジメントの基本的な原則です。ただし，従業員によって担当する職務やその企業における職務の重要度は異なります。したがって，企業は，職務評価を通じて公平性を担保しようとします。職務評価とは，従業員のスキルや身体的・心理的要求や，多国籍企業における個人の職務上の役割や多国籍企業の業績への貢献等の諸責任を決定するための手段です。この職務評価を通じて，企業における各職務の重要度や役割が決定されます。

　しかし，公平性の原則を多国籍企業全体で担保することは容易ではありません。なぜならば，本社と海外子会社間，海外子会社間で地理的，経済的，文化的な距離があり，そのうえ，多国籍企業では，多様な人材が同じ職場でともに働いているケースが少なくないためです。このような状況にあるからこそ，多国籍企業は何らかの手段を用いて，国籍，人種，年齢などの違いを超えて公平性を担保する必要があります。なぜならば，国籍等の属人的要素によって人材を評価することは雇用差別としてみなされ大きな問題に発展する可能性があるためです。

1.2　国際報酬マネジメントのフレームワーク

　国際報酬マネジメントのあり方は，内的要因，外的要因の影響を受け決定されると考えられています（**図表8-1**）。

　まず内部環境からみていきます。目標志向性とは多国籍企業の使命や目標を反映したものと考えられます。目標とは，実現できるか否かにかかわらず

図表 8-1 ▶▶▶国際報酬マネジメントのフレームワーク

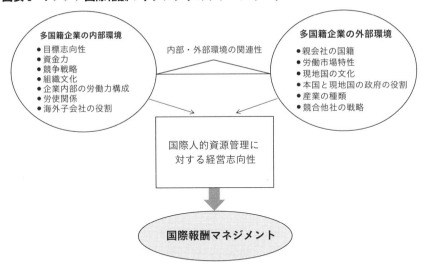

出所:Fenwick [2010], p.311.

多国籍企業が将来どのようにありたいかに関するイメージです。使命や目標は国際報酬マネジメントの役割を定義する際の骨格となるものです。

　次に資金力です。資金は無限ではないため,多国籍企業は公平で公正な報酬を提供するための資金に制約を持っています。したがって,多国籍企業は,資金的制約の中で,従業員の報酬をマネジメントし,提供しなければなりません。

　競争戦略は多国籍企業の国際人的資源管理に影響を及ぼすと考えられているため,国際報酬のあり方にも多大な影響を与えます。例えば,従業員の生活を保障するという人事政策(国際人的資源管理上の全般的な考え方)を掲げる企業では,従業員が創出した成果よりも,従業員の年齢やその企業での勤続年数が報酬を決定する際の重要な基準となるといわれています。他方,市場の原理を重視する人事政策を掲げる企業では,従業員が創出した成果を基準として報酬を決定するという報酬マネジメントがとられる傾向にあります。このような人事政策の下では,基本的に高業績を収める人材にはそうで

ない人材よりも高い報酬を提供する傾向にあることが確認されています。これは，次の組織文化にも関わってきます。

組織文化は，多国籍企業グループとしての積立金や国際報酬の要素となる現金での報酬や福利厚生，諸手当，従業員持ち株制度等への従業員の考え方，価値観，信念に深く関わります。とくに，国際報酬は従業員をどのように評価するのか，例えば年功に基づいて評価するのか，個人の業績に基づいて評価するのかという考え方や方針に影響を及ぼし，これらの考え方や方針は企業の組織文化に強い影響を受けます。

企業内部の労働力構成，すなわち年齢や教育レベル，資質や経験といったさまざまな従業員から構成される労働力や，労使関係，つまり多国籍企業内の労働組合への関わりの程度によって国際報酬のあり方は異なると考えられます。最後に，各海外子会社の戦略的役割の変化に伴い国際報酬のあり方も変わる可能性があります。

以上の内部要因に加えて，以下に述べる外部要因も国際報酬マネジメントに影響を及ぼしています。

文化の観点から考えると，本国親会社の国籍は，報酬政策や諸慣行への価値観や考え方に強い影響を与えると考えられています。現地国の文化は，社会的な価値観，規範，考え方，信念を通じて国際報酬マネジメントに影響を与えます。例えば，業績，家族関係，性別に基づく報酬マネジメントの相違や，経営幹部層と一般従業員との報酬の相違の程度や，奨励金や福利厚生といった特定の報酬形態を使用する傾向性などに影響を与えます。

また，需要と供給に関する労働市場の特性や，教育，技能レベル，年齢，経験等の人材の需要と供給は労働市場の特性として考えられ，これも国際報酬制度のあり方に影響を与えます。本国および現地国政府は，労働市場および報酬や雇用所得を含めた雇用関係に関する政府規制のあり方に影響を及ぼします。

オドネル（O'Dnell, S.）は，ポーターの競争戦略論の類型を援用して，国際報酬マネジメントのあり方は産業によって異なるだろうとの見解を示しました。彼女の研究によると，マルチドメスティック産業に属する多国籍企業

よりも，医療機器等のグローバル産業で競争する多国籍企業は，海外子会社の業績よりも，企業全体や地域の業績に基づいて報酬を配分する傾向があることを指摘しました。また，バトラー（Butler, M.）は，産業部門に応じて，国際報酬の規範や諸慣行も異なる，例えば，サービス業やハイテク産業に属する企業は，製造業企業と比べてストックオプション等の証券投資型オプションを国際報酬に組み込む傾向が高いとの見解を示しています。

　また，多国籍企業が立地している国や地域には職務に関する市場価格が想定されていますが，それよりも低い報酬を提供することは，競合他社との競争により価値のある従業員を喪失することにつながります。なぜならば，どの企業で働くかは各従業員の判断によるためです。したがって，優秀な人材を維持し，確保するうえで魅力的な国際報酬マネジメントの実践が欠かせません。

　これら多国籍企業の内的，外的要因は，各多国籍企業が採用する国際人的資源管理に対する経営志向性を決定すると考えられています。経営志向性とは，パールミューターによって紹介された本国志向，多極志向，地域志向，世界志向を指します（詳しくは，第6章第2節を参照）。経営層が国際人的資源管理に対してどのような経営志向性を持っているかによって国際報酬マネジメントのあり方も変わります。例えば国際人的資源管理に対して本国志向の考え方を持つ企業では，本社からの派遣者を海外子会社の経営層に配置する傾向があると指摘されています。他方，世界志向の考え方を持つ企業では，国籍等にかかわらず優秀な人材を各国海外子会社の主要ポジションに配置し，活用すると考えられています。

2 国際報酬マネジメントと文化

2.1 国際人材を対象とした国際報酬マネジメント

　最近まで，国際報酬の研究は主に**海外派遣者**のマネジメントに焦点が当てられてきました。多国籍企業にとって海外派遣者の活用は，本社の戦略やマネジメントノウハウを海外拠点に移転する手段として重視されてきたためです。通常，海外派遣は，3年～5年の単位で行われています。**図表8-2**は，イギリスのある企業でヨーロッパ，中東，アフリカに経営層を1年間派遣する際にかかるコストを示したものです。3年間を通してかかる総額は約105万ドル（1億円）を超えます。しかも大企業になると海外派遣者の数も膨大になります。

　このように，海外派遣者を活用するコストは高く，多国籍企業にとって海外派遣者を削減し現地人材の活用へと切り替えていくことは差し迫った課題となっています。海外派遣者の報酬の基本的な考え方は，海外派遣者の本国

図表8-2 ▶▶▶海外派遣にかかる諸経費

経常コスト	単位：USドル	経常外コスト	単位：USドル
基本給	100,000		
ボーナス	20,000	準備金	10,000
年金・保険等	20,000	転勤・引越費用	25,000
宿泊手当	50,000	仮住まい費用	5,000
教育費	25,000	赴任手当	15,000
旅行費用補助	10,000	帰任・引越費用	25,000
住宅手当・駐在手当	10,000	帰任手当	10,000
源泉徴収税	75,000		
総額	320,000	総額	90,000
3年間総額	960,000		

出所：Fenrick [2010], p. 313.

での生活水準と同等の水準を派遣先国で維持することを保証すること（派遣先国での購買力平価の保持）にあります。これを実践するために，多国籍企業では**バランスシート・アプローチ**が採用されています。バランスシート・アプローチは，同一国籍を持つ海外派遣者間および海外派遣先国間での公平性を維持することを目的に活用されています。詳しくは第11章で説明します。

しかし，バランスシート・アプローチは，本国籍人材と第三国籍人材間，またそれら人材と現地国籍人材間での報酬格差や不平等を生み出しているともいわれています。例えば，ある海外子会社に海外派遣者と同様の職務を遂行している現地国籍人材や第三国籍人材がいた場合，海外派遣者にはさまざまな手当が支払われます。しかも，その諸手当が派遣先国での実際の生活にかかるコスト以上に支給されている可能性も否めません。これらのことから報酬格差，不平等が生じると考えられます。そこで，バランスシート・アプローチの代替手法として，現地国や地域の特性を踏まえた海外派遣者の報酬マネジメントもあります。

現地国の特性を踏まえた報酬マネジメントは，**現地化アプローチ**（localized approach）と呼ばれます。現地化アプローチでは，本国での公平性よりも現地国での公平性を重視し，現地国の水準で海外派遣者の報酬を決定しようとします。このアプローチは，長期にわたる海外派遣に適していると考えられています。しかし，アメリカ等に代表されるいくつかの国では，課税や社会保障等の報告要件（義務）があるためにこのアプローチを適用することは難しいと指摘されています。また，もし本国の給与が現地国の海外子会社の給与よりも低い場合には，帰任の際に新たな問題を引き起こす可能性もあります。

他方，**地域アプローチ**（regional approach）は，ある特定の地域内にある国々に同様の報酬マネジメントを適用するという考え方です。このアプローチは，報酬や税金の考え方等についての文化の同質性を重視します。いくつかの多国籍企業では，ユーロ圏に属する国々を同様の報酬を提供する地域としてみなし始めています。しかし，このアプローチは，ユーロ圏以外の国々の地域をどのように定義するかという点で難しさを抱えています。例えば，

オーストラリアは地理的にアジア諸国に近いですがアジア諸国とは大きな文化的距離があります。

2.2 文化と国際報酬マネジメント

　効果的な報酬マネジメントの実践は，多国籍企業の戦略の遂行を促進し，従業員の職務満足や多国籍企業の掲げる目標に向けて従業員を動機付けることに貢献すると考えられています。しかし，国際報酬マネジメントをどのように設計し，実践するかという問題は，**グローバル統合**，**現地適応**という国際人的資源管理研究で考察されている2つのバランスを考えることにつながります。つまり，多国籍企業は，国際報酬マネジメントは，各国文化の差異を重視して行うべきなのか（現地適応），それともそれらの差異よりも，多国籍企業グループとして標準化し運用するべきなのか（グローバル統合），という問題を考えなければなりません。この問題は次のアプローチから検討されてきました。

　第1は，**普遍的アプローチ**（culture-free approach）です。このアプローチをとる研究者，例えばミルコビッチ（Milkovich, G. T.）とブルーム（Bloom, M.）は，国際報酬マネジメントは，各国の文化を反映して多少の修正が必要だが，各国文化の差異を超えて標準化して活用することができるとの見解を示しています。

　一方で，文化の差異は，各国の違いを考慮して異なる報酬マネジメントを活用する必要があるとの見解を示す研究者もいます。ブラッドリー（Bradley, P.）らによると，国際報酬マネジメントの実現可能性を考える際には，文化の同質性や異質性，産業や企業の特性を含めて考えるべきであると指摘します。彼らの指摘と親和性がある考え方として，近年国際報酬マネジメントで注目され始めた第2のアプローチである**戦略的柔軟性アプローチ**（strategic flexibility）があります。これは，各国の文化的差異を利用し，多国籍企業の組織文化を発展させ，1つの多国籍企業で複数の報酬システムを運用することに焦点を当てたアプローチです。

ミルコビッチとブルームは，次の３つの視点から国際報酬マネジメントのモデルを提案しました（**図表 8-3**）。ここで，報酬マネジメントは，単に給与やボーナスといった金銭的な報酬だけではなく，海外派遣等による非金銭的な報酬や動機付けも含まれています。

　第１の視点は，企業の**グローバルマインドセット**です。グローバルマインドセットとは多国籍企業の中で共有される価値観や考え方，すなわち企業理念として捉えることができます。また，報酬マネジメントの中核をなすものとして捉えられています。彼らは，特定の報酬プラクティスは現地の環境に応じて異なるが，基本的にそれらのプラクティスは企業の企業理念と一致させる必要があると指摘しています。

　第２の視点は，各国海外子会社は，それぞれのビジネス環境で持続的な競争優位を獲得するために重要であると思われる報酬プラクティスを全体の報酬オプションの中から選択することができる，とする各国海外子会社の環境を反映した報酬システムのカスタマイズを重視するという視点です。例えば，上海ではより居住支援（ローン，住宅手当，社宅の提供）が必要となるかも

図表 8-3 ▶▶▶ ミルコビッチとブルームの国際報酬マネジメントのモデル

（同心円の図）
- 最外周：選択（海外派遣，株式の購入，課税猶予，福利厚生の選択）
- 中間：カスタマイズ（トレーニング，基本賞与・ミックス型賞与（インセンティブ等），柔軟なスケジュール設定，ストックオプション）
- 中心：中核
  - 競争的な金銭的報酬
  - 福利厚生
  - 業績ベースの評価
  - エンプロイアビリティ

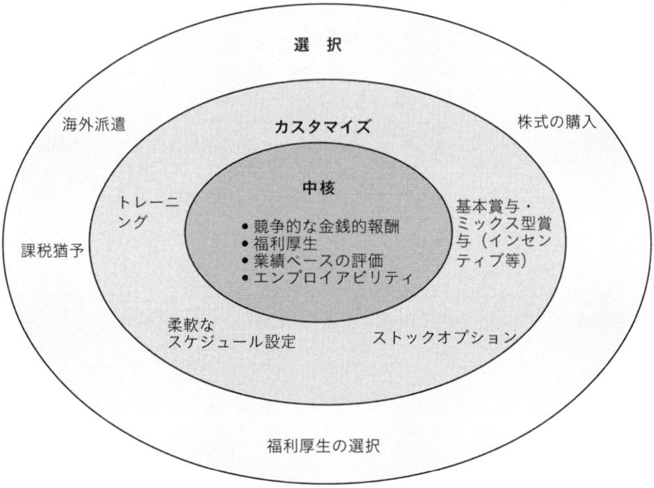

出所：Milkovich & Bloom［1998］, p. 22.

しれませんし，東京やロンドンでは，より通勤支援が必要とされ，重視されるかもしれません。

　第3の視点は，多国籍企業が提供するすべての報酬オプションから，各従業員がそれぞれの状況に応じて必要であると考えるものを全体の報酬オプションから選択する，という視点です。例えば，海外で活躍するために必要な知識を習得することを目的とした教育を受けるために一時的に会社を離れることを許容するオプションを選択することができる等です。

　このように，戦略的柔軟性アプローチでは，各国海外子会社が全体の報酬システムの中から各国の状況に合わせて報酬オプションをカスタマイズすることができる機会を提供すること，同様に従業員にも報酬オプションの選択権を提供することを提案しています。**図表8-1**で示したように，国際報酬マネジメントは内部・外部要因の関連性バランスをとると考えられていますが，それは，多国籍企業が国を超えてグループとして一貫性や公平性を担保するためです。しかしながら，国際報酬マネジメントの戦略的役割は十分に評価されていない，との指摘もあります。近年のグローバル競争の高まりとともに，優秀な人材をどのように引きつけ，獲得し，活用し，保持するか，ということが多国籍企業にとって戦略的に重要な課題となっています。

　これまで，主に金銭的報酬に焦点を当てて考察してきましたが，優秀な人材を保持するうえで，非金銭的報酬の役割が重視されるようになってきています。以下では，グローバル・タレント・マネジメントに注目し，非金銭的報酬のあり方についてみていきます。

3 国際報酬マネジメントと グローバル・タレント・マネジメント

3.1 グローバル・タレント・マネジメント

　グローバル・タレント・マネジメントは，グローバル競争の高まりとともに，2008年頃から国際人的資源管理の研究分野で注目され始めました。その背景には，第1に，多国籍企業グループ全体のグローバル戦略を遂行する人材（タレント）が不足しており，グローバルな競争優位を構築するうえでそれら人材を育成し，活用，保持することが多国籍企業にとって喫緊の課題になっているという現状があることが指摘されています。しかし，このような議論の前提には，第2に，1990年代からドラッカー（Drucker, P. F.）によって指摘されてきたように，私たちが住む社会が工業化社会から**知識社会**へと移行している，という認識があります。工業化社会の時代には，企業は生産設備や土地等の有形資産を獲得し，運用することによって競争優位を構築してきました。他方，知識社会では，人材が保有する知識等の無形資産が企業の競争力を形成するようになってきています。しかし，企業は人材を有形資産のように所有することはできません。人材は，機会があれば，自らの意思で他の企業へ異動する選択肢を持っています。

　ソマヤとウィリアムソンの研究によると，中国を対象とした近年の調査では，毎年43％のシニアマネジャーやリーダーが自主退職によって組織を離れている現状にあることが報告されています。また，多国籍企業がもっとも探し求めている25歳から35歳の中国人の在職権を持つ従業員は，1年〜2年で企業を去るとの調査結果があります。これらの結果は，企業間の移動が，従業員にとってキャリアパスの一環となっていることを示唆しています。

　人材が移動することは，彼らが保有する知識等も併せて他企業へ移動することを意味します。多国籍企業にとって，優秀な人材を失うことは競争力の喪失を意味します。だからこそ，多国籍企業は，自社にとって価値ある人材を引きつけるだけではなく，活用し，"維持する（引き止める）"ことを重

要な戦略的課題の1つとしてみなしています。

　ここで，優秀な人材の定義について少し触れておきます。どのような人材を優秀と捉えるかは，研究者がグローバル・タレント・マネジメント研究のどのアプローチに依拠するかによって変わってきます。

　グローバル・タレント・マネジメントには主に次の2つのアプローチがあると考えられています。第1は，多国籍企業で働く従業員を対象とするインクルーシブアプローチ（inclusive approach），第2は，多国籍企業の競争力に直接的に関わる優秀な人材（ハイポテンシャル人材，ハイパフォーマー）を対象とするエクスクルーシブアプローチ（exclusive approach）です。

　タリク（Tarique, I.）とシューラー（Schuler, R. S.）は，多国籍企業がグローバルな競争優位を構築するうえで次の3点が重要であると指摘しています。①あるスキルを必要とする多国籍企業グループの拠点に，適切なスキルを持つ人材をスムーズに配置すること，②最新の知識やベスト・プラクティスを多国籍企業グループで共有すること，③多国籍企業グループの中で将来幹部として活躍する人材を早期に識別し，彼らの能力を開発することです。

　優秀な人材を保持するうえで，金銭的報酬が注目を集めますが，それは1つの要素に過ぎません。ストール（Stahl, G. K.）らは，金銭的報酬では，仕事のやりがいを感じさせることや，長期的なキャリア形成を考えさせること，優秀な人材を感動させる企業の使命や企業文化を伝え，共感を得ること，成長する機会を与えることは難しいと指摘しています。したがって，企業は適切な金銭的報酬を与える必要はあるが，それ以上に，学習する機会や成長する機会の提供，昇進可能性の提示，自社の企業文化の伝達，それへの共感，人材を感動させ，鼓舞することのできる目標の提示等の非金銭的報酬を提供することを考える必要があるといえます。

　ゼネラル・エレクトリック（GE）やIBM等をはじめとするグローバル企業では，自社の優秀な人材の知識や専門能力を高めることを目的に，世界的に有名な大学や教育サービス機関と協働し，最高水準の教育訓練センター等を設立しています。

筆者が調査を行ったある外資系知識集約型企業では，サクセッションプランニングの観点から，有望な人材を対象に，米国本社にて年2回，教育訓練を行っています。参加対象者は，全世界の拠点の，将来経営幹部としての活躍が期待される経営幹部層と，現行の経営幹部であり，参加対象者は本社によって決定されます。現行の経営幹部人材は，プログラム参加前に，コンピテンシー・マネジメントの観点から，現在の状況と理想とする状況のギャップを認識することを目的に360度評価を受けます。プログラム開催時には，どのようにギャップを埋めるかを考えるためのワークショップ等に参加し，プログラムが終了した後，参加者には，各国海外子会社で働く人材（他国の子会社社長）がメンターとして割り当てられ，受講後のサポートが定期的に行われています。

　他方，経営幹部候補者を対象とした教育訓練プログラムでは，経営幹部と

Column　国際報酬と評価の公平性

　1990年代以降，日本の多国籍企業において職務等級制度やコンピテンシー・マネジメントを導入し，実践する企業が増えてきました。職務等級制度とは，従業員の遂行する職務を重視し，企業におけるその職務の重要度に基づいて，評価，処遇等を行う仕組みです。他の職務との相違点や，その職務を完遂するために必要な要件を明らかにする職務分析を通じて，職務内容が決定され，職務記述書として明示されます。なかでも，ヘイ・コンサルティング・グループによって提供されているヘイ・システムは，多くの多国籍企業で活用されています。ヘイ・システムは，ノウハウ，問題解決，アカウンタビリティの観点から企業における職務の重要性を明示している点に特徴があります。

　ヘイ・システムが多国籍企業で活用されている理由は，第1に，組織における給与の公平性を評価するために設計されていることです。仮にある企業において不公平な給与が提供されていれば，どの職種，どの部門において給与の不一致があるのかを確定することが可能となると考えられています。第2に，競合他社の給与体系と比較するための報酬水準サーベイ（世界65カ国で実施）データベースを保有しており，ヘイ・グループを活用している企業は各職務の給与水準や競合他社の給与レートを把握することができます。第3は雇用機会均等法の遵守という観点からの理由です。ヘイ・システムは，特定の保護されるべき従業員層の活用状況の監視や職務内容に適した報酬を提示することを保証しています。ヘイ・システムを活用することは，公平な給与システムがその企業で採用されているという信頼性を従業員に対して高めることができると考えられています。

同様に，座学研修を受けますが，経営幹部のように，メンターが割り当てられることはありません。しかし，参加者は，学習する機会を享受するだけではなく，将来その企業の経営幹部として活躍することを期待されている他国の子会社からの参加者と"同じ場で同じ経験"を共有する機会を持つことができ，それが参加者に，プロフェッショナルとしての意識付け，動機付けを促す，すなわち，プロフェッショナルとして成長する機会となっています。つまり，このように，本社で教育訓練を受ける機会，成長する機会を与えることは，参加者がこれまでその企業に貢献してきた努力に報いるという意味を持つとともに，その企業が参加者の将来を期待していることを示す重要な手段にもなっています。

またこの企業では，海外子会社のポストに空席が生じた場合，イントラネットにてその職務に求められる要件を公開し，興味を持つ希望者が応募する仕組みを採用しています。応募者は，"自らの意向"に従って，滞在期間（1年以内，2年以内，2年以上），派遣先国等を選ぶことができます。このように自らのキャリアを自身で形成できる機会を提供することも，非金銭的報酬であり，優秀な人材を維持するうえで重要な役割を果たしています。

Working
調べてみよう

1. 多様な人材を雇用する多国籍企業で，実際にどのような報酬格差が生まれているのか調べてみよう。
2. 外資系多国籍企業と日系多国籍企業において，報酬マネジメント，業績マネジメントにどのような違いがあるかについて調べてみよう。

Discussion
議論しよう

1. グローバル市場でビジネス活動を展開する多国籍企業が，報酬マネジメントや業績マネジメントを実践するにあたり，グローバルに標準化して行うべきだろうか。それとも各国海外子会社の環境を踏まえて行うべきだろうか。またその決定要因はどのようなものだろうか，議論しよう。
2. 多様な国籍を持つ人材を雇用する多国籍企業は，市場原理を重視した報酬・業

績マネジメントを行うべきだろうか。それとも従業員の経験，生活を重視した報酬・業績マネジメントを行うべきだろうか，議論しよう。

▶▶▶さらに学びたい人のために
- 安室憲一［1992］『グローバル経営論』千倉書房。
- 笠原民子［2014］『日本企業のグローバル人的資源管理』白桃書房。
- Cappelli, P. [1999] *The new deal at work: Managing the market-driven workforce.* Harvard Business Review Press.（若山由美訳『雇用の未来』日本経済新聞社，2001 年）
- McCall Jr. M. W. [1998] *High flyers: Developing the next generation of leaders.* Harvard Business Review Press.（金井壽宏監訳『ハイ・フライヤー——次世代リーダーの育成法』プレジデント社，2002 年）

参考文献
- 笠原民子・西井進剛［2006］「知識集約型企業のグローバル人的資源管理」『多国籍企業研究』第 6 号，19-41 頁。
- Bradley, P., Hendry, C. & Perkins, S. [1999] Global or multi-local? The significance of international values in reward strategy, In C. Brewster & H. Harris (Eds.) *International HRM: Contemporary issues in Europe*（pp. 120-142），London: Routledge.
- Butler, M. [2001] The worldwide growth of the employee ownership phenomenon, *Worldatwork Journal*, second quarter, pp. 32-36.
- Drucker, P. F. [1993] *Post-capitalist society*, HarperBusiness.
- Fenrik, M. [2010] International compensation and performance management, In. A.W. Harzing & A. Pinnington (Eds.) *International human resource management*（pp.307-332）. SAGE Publications Ltd.
- Heenan, D. A. & Perlmutter, H. V. [1997] *Multinational organization Development*, Reading, Addison-Wesley.O'Donnell, S. [1999] Compensation design as a tool for implementing foreign subsidiary strategy, *Management International Review*, pp. 149-165.
- Milkovich, G.T. & Bloom, M. [1998] Rethinking international compensation, *Compensation and Benefits Review*, Vol. 30, No. 1, pp. 15-23.
- Stahl, G. K., Björkman, I., Farndale, E. Morris, S. S., Pauuwe, J., Stiles, P., Trevor, J. & Wright, P. M. [2012] Six principles of effective global talent management, *ePub WU institutional repository*, pp. 1-39.
- Tarique I. & Schuler, R. S. [2010] Global talent management: Literature review, Integrative framework, and suggestions for future research, *Journal of World Business*,

Vol. 45, pp. 122-133.
- Tung, R. [1982] Selection and training procedures of US, European and Japanese multinationals, *California Management Review*, Vol. 25, No. 1, pp. 57-71.

第9章 国際人事評価

Learning Points

- ▶人事評価の基準や評価方法，フィードバックの方法などについての地域間・文化間の相違について知る。
- ▶多国籍企業の国際人事評価システムの基本的な考え方について理解する。
- ▶異なるタイプの人材に対する人事評価のあり方について理解する。

Key Words

能力評価と業績評価　評価基準　フィードバック　評価面接　360度評価　バランススコアカード

1 国際的な人事評価指標の必要性

　これまでの章でも学んだように，人的資源は，企業がマネジメントすべき重要な経営資源の1つです。そのため企業は，他の経営資源である「モノ」「カネ」「情報」などと同様に，「ヒト」に関しても，企業に必要な資源かどうか，また活用方法の見直しや改善を図る必要があります。その際，人的資源をどのように評価するかは非常に重要なポイントとなります。

　一般的に，「カネ」「モノ」「情報」は，評価の際に具体的に数値化しやすい対象であり，より客観的に評価することができます。そのため，問題点もより明確に示すことができ，改善の取り組みに迅速に着手できます。一方で人的資源は，評価対象が個々の生きる「ヒト」であり，それぞれが企業において異なる働き方をしているため，一律に数値化することが困難です。

　同一の企業やオフィス内で人事評価をすることも容易ではありませんが，多国籍企業ではより一層困難といえます。なぜなら，多国籍企業は，世界各地に拠点を持つため，それぞれの拠点の仕事環境や仕事の量・重要度が異な

る可能性があるからです。さらには，企業が従業員を，本社から海外拠点，また海外拠点から本社へ一時的に出向させるシステムを導入している場合は，出向期間中の評価を誰がどのように行うかなども問題になります。

このように，多様な人材を統一基準により評価することは非常に難しいですが，当然のことながら，人は公平に評価されることを望みます。そのため，多国籍企業における人事評価は，1つの大きな課題となっています。本章では，国家間，地域間，文化間の違いに基づいて，多国籍企業で必要な人事評価の基準や頻度やフィードバックの方法などを考えます。また，評価内容に基づく多国籍人材の能力開発や企業家精神の開発方法についても検討します。

2 人事評価の方法と実践に関する国際比較

2.1 人事評価の種類

人事評価の方法は，国や地域，文化によって異なりますが，大きく分けると次の4つの種類があります。すなわち，①**情意評価**，②**能力評価**，③**業績評価**，④**コンピテンシー評価**です。下の図表9−1は，これら4つの方法それぞれの特徴を示したものです。なお，第3章では，この4つの他に職務評価にも触れましたが，第8章でも説明したとおり，職務評価は日本以外では

図表9−1 ▶▶▶ 評価方法の主な種類と特徴

方法	特徴
情意評価	仕事中の姿勢や態度や，自己管理能力，協調性，チャレンジ精神があるか，などに基づく評価
能力評価	判断力や企画力，指導力など，職務を遂行するために必要な知識・技能・能力に基づく評価
業績評価	与えられた仕事の量や目標の達成度，アウトプットとしての成果に基づく評価
コンピテンシー評価	成果を生み出すために必要な能力としての行動特性を示しているかに基づく評価

報酬設計の一部として用いられることが一般的です。

　特定の文化圏でどれか1つの評価方法を採用しているわけではありませんが，国や地域によって，いずれかの方法が顕著な傾向があります。一般的に日本では，会社に必要な人材を集めたうえで個々の人材に職務が付与されます（**メンバーシップ型の雇用**）。一方で海外では，ほぼ一様に，まず会社が行うべき職務を明らかにしたうえで，それを遂行できる人材が配置されます（**ジョブ型の雇用**）。このような雇用形態の違いにより，企業が行う人事評価の形態も大きく異なります。本節では，日本と海外の人事評価方法の違いについて，事例を挙げながら考えていきましょう。

2.2　日本企業における人事評価

2.2.1　年功序列制度の名残による情意評価と能力評価

　日本の大企業では，伝統的に**終身雇用**（実際には長期安定雇用）や**年功序列**の制度が採用されてきました。1990年代以降，能力を重視した人事に移行しつつありますが，日本式の人事を重んじる日本企業も少なくありません。そのような企業では，人事評価も年功序列や終身雇用に根ざした方法で行われる傾向にあります。

　企業が終身雇用を前提とする場合，従業員の昇進は年功序列的になりやすいといえます。そのような企業は，従業員が高等教育を終えた直後から定年を迎えるまで勤続するものと捉えているため，全勤続期間のうち，いつ，どのポストに就かせるかを概算して，ある程度予測しておきます。

　そのため，人事評価は主に，企業側の予測が従業員の実際の状況や働きぶりと合致するかを確認する作業となります。この場合，人事評価は「チームでうまくやっていけるか」などの情意評価や，「今後企業でどのように才能を発揮してくれそうか」という能力評価の方法で行われやすくなります。また，人事評価はあくまで企業のためのものなので，評価基準や評価結果が公開されないこともあります。

日本企業の伝統的な人事評価についてもう1つ特徴的な点は、評価基準や方法が曖昧であるということです。評価方法が情意評価の場合は、評価項目が感情や情緒的な側面に関することであるため、おのずと曖昧になります。また、能力評価の場合も、上司または人事から評価対象者への今後の期待に関する評価であるため、企業の短期・中長期の目標やビジョンが明確でなければ、評価基準は不明瞭なものとなります。

　一般的に日本企業では、入社時に担当職務の内容を詳細には示さず、従業員の働きぶりを観察しながら徐々に担当部署や職務内容を決定します。入社時の担当部署や職務内容が明確でないため、詳細な評価基準も設けていません。また、評価方法もまちまちで、たいていは直属の上司が行います。そのため、評価が主観的で恣意的になる可能性もあります。

2.2.2　人事評価システムを見直す日本企業

　一方で、人事評価の基準や方法を曖昧にする要因ともいえる年功序列制度の廃止を試みる日本の大手企業も少なくありません。例えば、日立製作所は、2014年の9月に日立グループ全体で人事評価制度を整備することを発表しました。また、2000年度からフランスの自動車会社ルノーの傘下となった日産自動車は、以降、課長以上のマネジャー層で年功序列制度を廃止し、2004年以降は一般従業員にも適用しました。今後、ソニーやパナソニック、ユニクロを展開するファーストリテイリングなども、マネジャー層レベルから年功序列の廃止を進める意思を示しています。

　このように日本企業が年功序列を廃止する傾向にある重要な目的の1つは、近年企業が採用枠を拡大している外国人や中途採用者の意欲を向上させることです。世界中から優秀な人材を引き寄せるためには、どの国の人材にも理解しやすい、明確で公平な評価基準を設ける必要があるからです。また、年功によらず業績を積めば比較的早い段階で課長や部長に昇進できる見込みも生じるため、日本人、とくに若手従業員の意欲向上も期待できます。そのため、このような場合には、従来の情意評価や能力評価よりも、業績評価の方法が顕著に用いられるようになります。

2.2.3　日本の企業風土への業績評価導入における課題

　一部の日本企業が年功序列制度の廃止に着手する一方で，廃止に懸念を示す日本企業も多いため，業績に基づく人事評価はいまだ根づいていません。これには，いくつかの理由があります。

　1つ目の理由は，日本企業では長い歴史を通じてチームワークの精神が息づいており，特定の業務をチーム単位で行う慣習があるからです。複数のメンバーで1つの仕事を遂行した場合，それぞれが業務のどの部分をどれほど担ったかを客観的な方法で明らかにすることは非常に困難です。

　これまでの日本企業では，チームワークの精神ゆえに，チーム内では上司から部下，先輩から後輩へ知識や経験の共有や引き継ぎが良心的に行われてきました。しかし，もし成果主義が適切に導入されなければ，従業員が皆ライバルとなってしまい，情報共有の出し惜しみなどにつながる可能性もあります。このような消極的な職場環境は，従来の日本企業の強みである，従業員による企業への忠誠心の構築を阻害する要因にもなりかねません。

　もう1つの理由として，日本企業が従来，年功序列に基づく長期雇用を推進してきた背景を持つことです。この場合，企業は一般的に，毎年同じ時期に日本国在住の日本人を一括採用し，長期的な視野で人材育成を目指しながら，同期入社の従業員間で相対評価を行います。これは，企業が従業員を長期雇用する意思があり，企業を構成する従業員の劇的な変化を予期していないため，採用者全体の中で組織を維持しようとするからといえます。

　しかし，企業が国際化した場合は，さまざまな文化圏の人材を採用するため，必ずしも同時期に一括採用できるわけではありません。そのため，入社時期が一定していないために年功序列での人事評価や昇進は困難となります。また。入社する者が必ずしも企業に長期就業するかわからないため，他の従業員との間での相対評価をする意義は希薄になります。

　業績評価の導入に対する懸念は，雇用される側からも示されることがあります。例えば，業績で人事評価を行う場合，その時点で人材が発揮している能力や積み上げた業績がきちんと評価されなければ，昇進も給与額の上昇も

実現しないという点です。また，日本企業に特徴的な人事異動やジョブ・ローテーションなどのシステムが存続する場合は，異動前の部署で優秀な従業員であっても新しい部署では慣れるまで大きな成果が見込めないため，評価が下がってしまう可能性があるとの懸念もあります。

2.3 海外の企業における人事評価

2.3.1 海外の企業に多くみられる業績評価

2.2.2で例として挙げた日立グループは，人事評価の見直しの際，長年にわたって提携関係にあるアメリカのゼネラル・エレクトリックや，同じく重電分野の競合メーカーであるドイツのシーメンスなどの人事評価システムを参考にしたとされています。これら2社を含め，北米やヨーロッパでは，一般的に，年功よりも担当部署や業務の重要度によって人材が評価されます。このような手法は，**図表9−1**における「業績評価」に当てはまるといえます。この手法は，一般的に「**成果主義の人事評価**」とも呼ばれ，日本の年功序列の人事評価と対比的に言及されます。

成果主義の人事評価とは，「どんな仕事をしたか」，また「何を成し遂げたのか」という観点で従業員を評価することです。この手法は，「どんな人柄か」や「どのような能力やスキルを持っているか」という観点で従業員を評価する傾向のある日本企業の手法と大きく異なっています。成果主義での人事評価を行う傾向の強い北米では，「企業は従業員のパフォーマンスに対して給料を支払っている」という感覚が強く，多くの企業では成果を査定する際の厳格な基準が設けられています。また，良好なパフォーマンスをもたらす要因として人材がどのような一連の行動を示したかを観察し，コンピテンシーの観点から評価を行う場合もあります。

アジア諸国においても，中国では，一般的に成果に基づいて人事評価が行われます。中国では，従業員がお互いに給与額やボーナスの額などを教え合うことがよくあるため，同じような業績を持つ者の間で給与額が異なれば企

業側が従業員から説明責任を求められることもあります。そのため，企業はできるだけ明確で透明性の高い人事評価基準を構築する必要があります。

中国や，華僑の影響力の強い国々（シンガポールやタイなど）では，成果主義による人事評価が通例ですが，日本を含む他のアジア地域では，年功序列による賃金制度と人事評価が採用されている場合も少なくありません。たとえばインドでも，日本と類似した年功序列制で人事評価が行われています。そのため，昇進に関して担当者と交渉する慣習を持つインドでは，一定期間特定の部署で経験を積んだ従業員が自ら昇進を打診する場合もあります。

このように，アジアにおいては年功序列の概念が垣間見られるものの，そのような文化的背景にあって人事評価システムの調整を試みる企業もあります。例えばサムスン電子は，年功を重んじる慣習のある韓国において，成果型の人事評価を推進しています。幹部クラスの従業員には1年に1回の厳格な業績評価が実施され，評価結果によって給与やボーナスが増減します。また，早い段階で業績を積んだ従業員は30代で部長に昇進することもあり，一般従業員にも成果次第で「飛び級制度」が適用されます。

このような変化は，技術主導の変化の激しい昨今の経済状況によるものと考えられます。時代の変化に素早く対応できる技術の必要性が先行するため，経験に基づく熟練の意義が薄れ，評価の際も，技術や職務内容が着眼点となりやすいためです。

2.3.2 成果に基づく人事評価の長所と短所

成果主義での人事評価は，人材が評価の時点で「行っていること」に着目しているため，企業の中の必要な部署にその人材を配置でき，すぐに活用することが可能になります。そのため，例えばある部署で急に退職や辞職者があっても，企業はそのポジションを補う人材を迅速に採用・配置でき，人材側も，配置された部署で即戦力となって仕事を行うことができます。

一方，成果主義による人事評価の短所が指摘されることもあります。主な点は，「成果」とは一体何なのかが必ずしもはっきりとは特定できないということです。成果主義は，人事評価の透明性を高めることに貢献するといわ

れますが,「成果」を客観的な方法で種類分けしたり,完成度に関してレベル分けしたりすることは非常に困難です。

より一層透明度の高い人事評価を目指すためには,成果の査定基準の客観性を高める必要があります。パフォーマンスが正確に評価できなければ,「即戦力となる人材の配置と活用」という成果型の人事評価の強みを十分に発揮できないからです。そのため,人事担当者が成果の査定を行う際には,成果に至った経緯がわかるあらゆるデータやメモ,その他の資料を収集し,判断することが求められます。

2.4 多国籍企業における人事評価

日本企業が欧米で一般的である成果主義の人事評価に前向きでないとはいえ,国際化という時代環境の変化のなか,変化を強いられているのが現状です。成果主義の人事評価は,短期的視野で会社を円滑に運営・管理するための人的資源管理には有用な方法といえます。即戦力となる人材を迅速に採用して適材適所を実現しやすく,不意の人材不足や補塡の際に効果的だからです。一方,日本企業での伝統的な情意評価や能力評価は,一定の養成期間中に人材の潜在能力を引き出し,同時にチームワーク精神も育むことができるため,長期的視野に立つと企業にメリットをもたらすといえます。

国際化を目指す企業は,アジア諸国に特徴的な情意評価や能力評価と,欧米で一般的な業績評価やコンピテンシーそれぞれの長所を活かしながら,各企業の理念に沿った複合的な評価制度を構築する必要があります。次の節では,これからの多国籍企業に必要な人事評価システムについて検討します。

3 多国籍企業に必要な人事評価システム

人事評価の際は,評価の基準や頻度,評価する側とされる側の関係,さらには評価結果のフィードバックの方法などが明確であるべきです。本節では,

一定程度の統一性や，一貫性のある国際人事評価システムについて考えます。

3.1 「なに」について「いつ」評価するか

　評価の基準を設定する際にもっとも重要な点は，評価者が被評価者に期待する達成目標を明確に定めることです。また，目標の達成のために踏むべきステップや身につけるべき知識や技能も把握しておくことも必要です。これらの点を客観的で妥当な内容また程度に設定しておくことにより，評価内容の分析をより公平に行うことができます。

　評価者が被評価者に期待する達成目標を設定する際，企業における被評価者の職務や職位によって目標内容は異なります。多国籍企業の場合，企業が自国の従業員と外国人従業員の役割の間に線引きをしていない場合は，両者に達成目標に関する大きな異なりは表れません。一方，企業によっては，外国人従業員を，その出身国にある支社と本社との間の橋渡しの役割として，一般従業員とは異なる枠組みで雇用することがあります。このような場合には，評価者が評価項目を調整する必要があるかもしれません。

　従業員が成し遂げた成果を評価基準とする際には，一般的な業績評価の方法の他に，**バランススコアカード**（balanced scorecard：**BSC**）が導入されることもあります。BSCとは，業績を測る際に，数値などの目に見える側面以外にも着目するシステムです。この場合，ある目標に向けてビジョンや戦略，関係者の予測と管理などを設定したうえで取り組んだ仕事を評価するため，具体的に残した業績以外に関係するあらゆる努力が評価対象となります。そのため，従来の業績評価との併用によってよりバランスのとれた評価を行うことが可能です。

　一方でBSCは，評価する側とされる側の認識が異なっている場合には効果的に機能しないため，導入の際は，経営者と従業員が目標やビジョンについての理解を一致させておく必要があります。

　評価項目が設定されると，被評価者が設定された目標に向けた取り組みを開始し，努力や達成に至るまで評価者が観察できるふさわしい期間を設ける

必要があります。この期間設定によって，人事評価の頻度が決定されます。一般的に，人事評価は半年に1回か，四半期に1回程度の頻度で実施されます。この頻度は，被評価者が従事する業務や役割によって異なるといえます。

例えば，評価者の設定した期待目標が，さまざまな段階を経てようやく客観視できる程度の成果を示すようなタイプの目標の場合は，観察期間を比較的長期間にわたって設ける必要があるため，評価頻度が低くなります。または，日々の比較的小さな業務を積み重ねていくことに重点が置かれるような部署の被評価者に対しては，評価頻度が高くなる可能性があります。

3.2 誰が誰を評価するか

人事評価を実施する際には，評価者と被評価者の関係も重要な考慮ポイントです。とくに，多様な背景を持つ人材を雇用する多国籍企業では，評価の公平性を維持するため，被評価者と評価者との関係は重要です。同じ人材であっても，異なる評価者がそれぞれの指標で評価をすれば，当然評価結果は異なります。評価結果は各人材の給与やボーナス，昇進に直接関わるものであるため，評価の実施方法はできる限り公平なものであるべきです。

日本を含め多くの国の企業では，一般的に，人事担当者と直属の上司の2者が中心となって部下の評価がなされてきました。しかし最近では，評価者の意見の偏りを防ぎ，客観的に分析可能な評価を行うため，被評価者を取り巻く複数の評価者が評価を行うよう見直しが図られています。

例えば，ビーエムダブリュ（BMW）は，「ディスカッション・ラウンド」というシステムにより各部門のマネジャーが集まり，互いに隣接する部署の部下について評価し合う方法を採用しています。また，グーグル（Google Inc.）では，マネジャーの評価よりも同僚間での評価が重視されており，1人の従業員に対して3〜8人の同僚が評価を行うといわれています。このようにして，評価の恣意性を抑えるための評価方法が目指されています。

このような複数の評価者による人事評価は，「**360度評価**」を推進する目的で行われています。360度評価とは，評価の際に，直属の上司以外にその

従業員に関わるあらゆる人が評価を行うことです。この場合，従来の上司からの評価に加え，同じ部署内の同僚や，業務上関わりのある他部署の上司，さらには被評価者本人も自分自身に対して評価を行うことがあります。このような複数の評価者の観察に基づいて，被評価者の業務態度や成果について，より正確な評価を行うことが目指されています。

多様な人材を雇用する多国籍企業での人事評価においても，多方面からの評価が有効であり，場合によっては必須であるともいえます。多国籍企業が本社と海外拠点の間で従業員を行き来させる制度（出向など）を有する場合には，出向期間中に滞在する本社や拠点においても評価者が必要になります。また，異なる拠点間で特定の従業員の評価を行う場合は，出向元の拠点と出向先の拠点とで従業員の評価基準やチェックポイントを共有し，両拠点の評価者が十分にコミュニケーションをとることも重要です（**図表9-2**）。

さらに，異文化ゆえに特定の行動や振る舞いに対する評価が異なる可能性もあります。例えば，ある文化では上司に反対意見を述べることが反抗的な態度としてネガティブにみられる一方，異なる文化では，同じ態度が積極性のある部下としてポジティブに評価される場合があります。そのため，多国籍出身の従業員を雇用する企業では，評価者も複数の多国籍出身者で構成することにより，文化差による評価時の偏りを調整しやすくなります。

図表9-2 ▶▶▶多国籍人材の評価体制

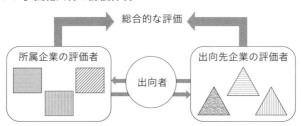

3.3 フィードバック

公平で客観性の高い人事評価ができたとしても，評価結果をきちんと被評価者にフィードバックできなければ，従業員の態度や能力の向上につながりません。**フィードバック**（feedback）とは，もともと科学用語で，アウトプットとしての結果をインプット時の原因に戻す過程を指します。人事評価におけるフィードバックは，被評価者（原因）を観察して得られた評価情報（結果）を被評価者に「戻す」意味で用いられます。また，「戻す」際は，被評価者のやる気を高め，今後の取り組み方を改善させることが目的とされます。

フィードバックは，一般的に面接形式で，数十分程度の時間をかけて行われます。面接は，被評価者の特性や性格を考慮したうえで，個人の勤労意欲を高める機会にする必要があります。そのため，多国籍企業に雇用されているさまざまな背景の従業員に対して行う場合には，一辺倒な方法では効果が得られない可能性があります。欧米や中国などの文化背景を持つ従業員であれば，フィードバック面接を昇進や昇給のための交渉の場と捉えている場合があります。そのようなケースでの面接担当者であれば，評価結果の通達だけでなく，被評価者の考えや意見を傾聴する姿勢も求められるかもしれません。

4 国際人材としての能力開発を目指した人事評価

国際化を迎えた時代にあって，国際的なマインドを持つ人材の育成は日本企業にとって急務です。とくに日本の多国籍企業は，従来の日本式の人事評価による長所を活かしながら国際水準とのすり合わせを行う必要があります。世界中にビジネスの可能性を拡大する多国籍企業では，日本の枠組みにとらわれない，広い視野でチャレンジできる人材の育成が求められます。そのため，人事評価やフィードバックは，就業部署に必要なスキルに加えて，企業家精神を養うことも考慮したシステムであることが必要でしょう。

より広い視野で可能性を広げられる人材は，自分自身が現在成し遂げている業績を熟知しておかなければならないため，業績評価は一定程度まで有用であるといえます。とはいえ，単純に数値化された業績だけで人材を評価することは，人材の多様性の度合いが高くなるほど困難になります。そのため，評価は，特定の業績がアウトプットされるプロセスや経過を分析する指標も兼ね備えていなければなりません。そのため，従来の業績評価とコンピテンシー評価やバランススコアカード・システムとの併用も期待されます。

　企業の国際性の度合いが高まるにつれて人事評価の基準の統一性を保つのは困難になるため，今後，人事評価制度の一層の分権化が予想されます。さらなる国際化を迎えるにあたり，日本企業は，グループ全体に適用される柱としての評価基準・方法と，各支社や部門の担当者に委譲する評価基準・方法を明確にしたうえで，統制・平衡のとれた人事評価の推進が望まれます。

| Column | 公平な人事評価を目指した取り組み |

　近年の情報技術の発達によって，人事評価の方法そのものが大きく変化してきています。アメリカのフェイスブック（Facebook, Inc.）は，「ワーク・ドットコム（Work.com）」というシステムを導入して，従来の評価制度に加えてリアルタイムでの人事評価も実施しています。このシステムは，クラウドコンピューティング・サービスを行うアメリカの企業，セールスフォース・ドットコム（Salesforce.com）が提供するものです。これは，ソーシャル・ネットワーキング・システム（SNS）の活用により，企業内のあらゆる場面で接する従業員同士が常に互いの評価を行うシステムです。

　フェイスブックでは，これらの総合的な評価システムの活用により，企業全体で個々の従業員の観察・評価・承認を行い，文字通りの360度評価の実践が目指されています。また，評価結果がオンラインで素早くフィードバックされるため，フィードバック面接の時間の削減が可能です。さらには被評価者はすぐに自分自身の改善点や，能力を伸ばすための方法などを知ることができるため，人材育成や能力開発のスピードアップが期待できます。

　一般的に多方面から行う360度評価は理想的ではありますが，1人の従業員の評価に多くの評価者を配置する方法は，従業員数が多い企業であればあるほど実践が困難です。その点，SNSによる方法では，評価者に必要な人件費や評価にかかる時間を大きく削減することができます。そのため，不特定多数の評価者による個別の観察記録を適切に分析できるソフトウェアを活用すれば，高い効果が見込めます。

Working
調べてみよう

1. 図表9−1に4つ目の評価方法として示した「コンピテンシー評価」は,「情意評価」や「能力評価」「業績評価」とどのように異なるのか調べてみよう。
2. バランススコアカード（BSC）による企業での人事評価の事例に基づいて,数値には表れないどんな項目が評価対象になっているか調べてみましょう。

Discussion
議論しよう

1. 日本企業の人事評価システムが1990年代以降に成果主義に移行してきた背景には,国際化以外の理由もある。1990年代の日本経済の変動を整理したうえで,それと人事制度の変容との関係について話し合ってみよう。
2. 同じ部署に配属されている同期入社の,日本人従業員の山田さんとインド人従業員のビニートさんの人事評価を実施することになり,それぞれに対して,複数の評価者から以下のようなコメントが届いた。あなたは,本章第1節で示した4つの評価指標のうち,どれを重視して2人を評価するだろうか。また,より正確な評価のために,他に何か必要な情報があるだろうか。さらには,フィードバックの際にどんな褒め言葉やアドバイスを伝えるだろうか。人事担当者になったつもりで話し合ってみよう。

＜山田さん＞
直属の上司：月に何回か遅刻することがあり,罪悪感も感じていない様子。業務の締切はきちんと守るが,ケアレスミスが非常に多く修正を繰り返す。
同部署の同僚：明るい性格でチームから好かれている。ただ会議での集中力があまりないためチームでの結論に達するまでに非常に時間がかかる。
隣接部署の上司：楽観的で協力的であり,こちらの部署で手に負えない業務をいつも積極的に引き受け,自分の後輩にも協力を要請してくれる。

＜ビニートさん＞
直属の上司：頼んだ書類の提出がいつも期限間近で,上司として不安になる。ただし内容に不備はなく完成度は非常に高い。個人プレーを好む。
同部署の同僚：ムードメーカーとして,チームを盛り上げてくれる。チーム想いの優しい性格だが,業務はきっちり分業しないと気が済まない。
隣接部署の上司：部署間の業務調整の際,自分や部署が行う業務に強いこだわりがあり,調整案によく反論する。納得させるのに手間がかかる。

▶▶▶さらに学びたい人のために ────────────────
- 奥林康司・平野光俊［2014］『多様な人材マネジメント』中央経済社。
- 上林憲雄・平野光俊・森田雅也［2014］『現代人的資源管理—グローバル市場主義と日本型システム』中央経済社。

参考文献
- 古沢昌之［2008］『グローバル人的資源管理—「規範的統合」と「制度的統合」による人材マネジメント』白桃書房。
- Harzing, A.W. & Ruysseveldt, J. V. [2004] *International human resource management*（2nd ed.）, SAGE Publication.
- Stahl, G. & Björkman, I. [2006] *Handbook of research in international human resource management*, Edward Elgar.

第10章 国際労使関係

Learning Points
- ▶グローバル化と労働市場・労使関係の特徴について理解する。
- ▶各国の労働関係の法規制や労使関係の特徴の違いなどについて理解する。
- ▶日本の労使関係の特徴について理解する。
- ▶多国籍企業と国際労働機関との関係について理解する。

Key Words

労働組合　グローバル化　労働市場　労使関係　組織率　労働争議
アングロ・サクソンモデル　大陸ヨーロッパモデル

1 グローバル化と労働市場・労使関係の特徴

1.1 グローバル化の進展

労使関係とは，労働に関するさまざまな関係一般をいうのではなく，使用者と労働組合との関係，企業と労働組合との関係を指しています。このような労使関係や労働市場は，**グローバル化**の進展に伴いさまざまな影響を受けています。本章では，田端博邦による研究成果を中心に，国際労使関係について解説していきます。

グローバル化の拡大は，1989年のベルリンの壁崩壊以降のソ連邦の解体，中国の市場経済の導入等旧社会主義圏の経済システムの解体によって加速されました。つまり，計画経済から市場経済を中心とした社会経済システムへの改革，自由市場の導入が進められました。これにより，世界経済は単一の資本主義，市場経済の世界となると考えられました。**市場主義**とは，1対1の当事者が自由に取引する自由な市場がもっとも経済効率を上げるはずであ

るという考え方です。こうした考え方は，ネオ・リベラリズム，市場主義，新自由主義等と呼ばれ，それまでの社会経済システムのあり方を批判・否定する議論として台頭しました。

　市場主義においては，市場に対する政府の介入や市場に影響を与える労働組合は，自由な市場を害するものとして批判されました。つまり，市場経済は，規制緩和による市場メカニズムを拡大する市場化が正当な経済政策であるとの規制緩和の論理として世界に普及しました。また，労働市場における労働力の取引は，労働者と使用者との間の自由な取引としてなされなければならない（労使の個別的な取引に介入する労働組合は本来的に望ましくない存在である）との前提に立ち，労働組合を抑圧する論理として働いています。

　しかし，競争力を高めるために市場のメカニズムを拡大することが正しいのかという点については議論の余地があります。このような市場化を加速した要因として，グローバル化による国際競争の激化だけではなく，世界経済の枠組みそのものの市場化（**経済のグローバル化**）があります。**関税および貿易に関する一般協定（GATT**，後にWTO）の貿易交渉や日米構造協議のような2国間交渉の結果，自由貿易と投資の自由化が促進され，市場のルールに適さないとみなされた国内制度の見直しが進められました。また，途上国においては**国際通貨基金（IMF）**の融資を受け入れる条件として国内制度の市場化が強制されました。このような経済のグローバル化の進展に伴い労働市場の市場化も急速に進みました。

　労働市場の市場化は，国際競争の激化に伴い企業の競争力を高めるための手段として議論されました。1980年代に，労働市場の柔軟性が主張されました。この主張の前提は，生産の必要に応じて雇用量を調節できるような数量的柔軟性や複数の仕事をこなせる技能を作り出す機能的柔軟性が必要であるというものでした。近年では，労働時間の柔軟性や賃金の柔軟性等も議論されるようになりました。このように，量的，機能的に柔軟な労働供給を可能とすることにより余剰人員等の無駄をなくすことが可能となると考えられたのです。こうした柔軟性の考え方は，企業の生産の効率性の観点から議論が進められ，労働者側の雇用の保障や労働条件の改善という視点は十分に取

り入れられていませんでした。

このような市場主義への改革はイギリスから始まったといわれています。イギリスには，成文憲法が存在しないため憲法上の団結権の保障がありませんが，労働者の生活や労働条件の質・水準を保障することが必要であり，そのためには社会保障や**労働組合**等の社会的制度が必要であるという考え方（戦後体制または戦後コンセンサスと呼ばれる）が存在しました。しかし，1970年代後半から1980年代の石油危機後，先進国経済はインフレが解消しないだけでなく，インフレ下の高失業というスタグフレーションが生まれました。これに対し，サッチャー政権は，経済効率のための市場機能の回復を第一義的な政策課題に据え労働組合の権利や自由を制限する法律を制定しました。イギリスで始まった市場主義への改革は，アメリカ，ニュージーランド等のアングロ・サクソン諸国だけでなく，日本や大陸ヨーロッパ諸国を含む広い世界に波及しました。

1.2 グローバル化と多国籍企業

経済のグローバル化が進展し，市場経済の地理的拡大が進み，資本の国際移動や企業の多国籍化が進展しました。企業は本国での競争優位を基礎とし海外市場に進出します。これまで本国で行ってきた生産・販売等のビジネス活動の一部あるいは多くを海外に移転し，多様な国でビジネス活動を行うようになると，国内市場はメインではなくなり，グローバル市場の一部とみなされるようになります。日本を代表する多国籍企業，例えばホンダは，2013年6月時点で海外売上高比率が88.1％，ソニーは67.6％となっており，海外市場での売上高がどれだけ高いかがわかると思います。このようにグローバル市場で競争を繰り広げる多国籍企業にとって，労働組合と協調して高い生産性と良好な賃金を国内で実現するというインセンティブは低下する一方で，高い生産性を目指し，維持しつつ，賃金コストを含む生産コストが抑制できる最適な場所でビジネス活動を行おうとするインセンティブが働くようになります。

1990年代以降，日本企業で導入された成果主義人事は，一時給与引き下げの手段として活用されたケースもありました。しかし，グローバル競争への対応という観点から考えると，国内外の競合他社に劣らない人的資源管理を行うことは，人材の獲得，育成，活用という点で競争優位を創出する重要な要件となります。つまり，特定の国，例えば日本の企業や社会において理解され，通用するような特殊な制度や慣行，例えば人的資源管理のあり方は，多国籍企業として海外で活動をするうえで不利な条件となり，また海外の人材を雇用し，活用するうえで大きな障害となる可能性が高くなるということを意味します。

　多国籍企業は，グローバルな規模でベストプラクティスを広め，多国籍企業間でのマネジメントや労使関係のあり方を収斂させるのか，それとも異なる国の優位性を利用し，各国の特殊性に対応するという分権化の方向へ向かうのかという議論が国際経営分野で重ねられています。マージンソン（Marginson, P.）とミアード（Meardi, G.）は，労使関係という観点からこの課題を捉え，次のような点を指摘しています。

　各国海外子会社が異なる製品を生産している多国籍企業では，拠点間での事業活動の統合が弱いため，拠点を超えて共通の労使関係諸施策を活用する傾向は低い，他方，拠点間で半製品を作り，完成品を生産するという事業を行っている多国籍企業では，各国海外子会社のビジネスのあり方が相互に影響を及ぼすため，共通の労使関係諸施策を活用する傾向が高いといわれています。また，標準化された製品の生産を行う多国籍企業では，各国拠点を市場への近接性という観点から比較する必要があり，共通の労使関係諸施策を適用する可能性が上述した2つの特徴を持つ多国籍企業よりも高いだろうと指摘されています。つまり，多様な国でビジネス活動を展開する多国籍企業では，従来のように一国内での労使関係のあり方を追求し，考えることの意味が薄らいできており，グローバルな規模で労使関係のあり方を考える必要に迫られるようになってきたということができます。

2　各国の労使関係の構造と特徴

2.1　資本主義の多様性と労使関係の多様性

　前節では，グローバル化の進展という観点から市場化が加速化し，各国に普及している現状をみてきました。このような状況に対して，1990年代から資本主義は1つのシステムに収斂するのか，それとも多様なシステムで発展していくのかという議論が展開されました。少なくとも現状では，資本主義のシステムは国や地域によって大きな多様性を持っており，多様性がグローバル化しつつある自由市場の圧力の中で変化しつつあると捉えられています。

　ハイマン（Hyman, R.）によると，多様な資本主義として，組織された市場経済あるいは調整された市場経済と自由主義的市場経済があるといわれています。これらの市場の違いは労働市場の構造にあるといわれています。まず，前者の市場経済は，法律，習慣，倫理的価値観によって維持される諸制度の深いネットワークを持ち，それらは経済主体である個人の意思決定を集団的，規範的なものとするという特徴があるといわれています。また，強力な労働組合と産業別の団体交渉による賃金決定が特徴とされています。他方，後者の市場経済は，対照的に非市場的な制度や社会的関係性が重視されるため，市場への参加者の自主性は高いと考えられています。また，弱い労働組合のもとで企業の側が賃金決定の権限を持っているという特徴があるといわれています。

　労使関係にも多様性があることを前提に，以下の2つの基本的なモデルがあると考えられています。1つは**アングロ・サクソンモデル**，もう1つは**大陸ヨーロッパモデル**です。この2つのタイプの労使関係は，労働組合の強さと政府の介入度や法規制の強さという点でほぼ対照的な特徴を持っているといわれています。

2.2 アングロ・サクソンモデル

アングロ・サクソンモデルの特徴は，団体交渉という市場取引を中心とする点にあるため，法律規制や政府介入が弱いという特徴があります。イギリスでは，労働組合の力が非常に強く，労使関係の大部分は法律の関与しない労使自治の世界として形成されてきました。したがって，労使関係に国家や法が関与しないとする「**集団的自由放任**」の考え方が支配的でした。この背景には，**クラフト・ユニオン**という組織形態が採用されてきたことがあります。一定の職種の地域労働市場を支配するクラフト・ユニオンでは，19 世紀まで賃金・労働条件のあり方は，労働組合が一方的に決めるという一方的規制をとっていました。そのため，組合が設定した賃金率に違反したり，非組合員を雇用する使用者がいた場合，組合員によるボイコットが行われました。このようなクラフト・ユニオンを中心とする労働組合は，**トレード・ユニオニズム**（産業社会内における自治的運動）と称されました。

また同一職種で働く熟練職人については組合への加入を強制する**クローズド・ショップ**がとられました。クローズド・ショップは地域の労働市場を規制するという機能があります。そのため，労働条件についても組合が決める側面が強く，一方で経営者の決定権限は小さいものとなりました。20 世紀に入ると，一方的規制は団体交渉へと変わりましたが，クローズド・ショップは慣行として定着しています。他方，使用者側は，強力な労働組合に対抗して，使用者の利益を守ることを目的に使用者団体を作りました。これは，使用者間の競争を可能な限りなくし，賃金が無制限に上がることを防ぐことを目指していました。個別の労働契約関係は市場の一般ルールである**コモン・ロー（不文法）**によって規律され，集団的労働関係は最小限のものにとどまり，法的には自由市場のルールが保存されてきました。

このような労使関係のあり方は，サッチャー政権下で多くの規制緩和が行われ，**労働組合の組織率**も 1979 年から 1997 年の間に 55％から 29％にまで低下しました。労働組合の弱体化に伴い伝統的な産業別団体交渉の基本的な枠組みも衰退しました。この背景には，使用者団体の組織率が低下したとい

う状況があります。1980年代の失業率の上昇は，個々の使用者に単独で安価な労働力を手に入れることができるようにし，また，同時代に進出した日本をはじめとする各国の多国籍企業の多くが使用者団体に加入せず独自の労務管理を実践するという状況が生まれたことが，使用者団体の組織率の低下をもたらしました。以上のような状況から，イギリスの特徴とされていた集団的自由放任型労使関係システムも事実上衰退したといわれています。

　アメリカの場合は労働組合の力が弱かったため，**反トラスト法**（1890年のシャーマン法）によって長い間労働組合は弾圧されました。これは自由市場の考え方からみると，労働組合も企業と同様に市場を支配する不当な組織とみなされたためでした。したがって，労働組合の団体交渉を社会的に定着させるために，**ワグナー法**（1935年）による不当労働行為制度等の法律が制定されました。ワグナー法は，労使対等の交渉関係を定着させることを目的にしています。そのため，労働組合に入らないことを雇用の条件とする契約や，組合活動家を解雇する等の差別待遇，労働者組織を経営者が支配すること等を「**不当労働行為**」として禁止しました。しかし実際には，選挙期間中に活動的な組合員が不当に解雇され，またそれに対する救済措置も不十分であったことが指摘されています。

　他方，経営レベルでの労使対等の交渉を実現するために，労働者の代表（通常は組合）を選挙で決定するという交渉単位制を作りました。交渉単位の交渉代表が決まれば使用者は団体交渉を拒否することはできないというのがワグナー法の交渉制度の仕組みです。あくまでも法は，交渉の場を作ることにあり，団体交渉の内容は労使の自治に委ねられています。アメリカの労働組合は，その任務を賃金，労働条件等の経済的問題に限定していたため，戦後の労働運動は，**ビジネス・ユニオニズム**と称されていました。アメリカにおいて，賃金交渉は労働と資本との間の一種の市場取引として捉えられ，労働争議はその駆け引きの手段という側面を持っていました。

　このように，団体交渉関係が労使当事者だけの自治的な関係によって労使関係が完結するという点ではイギリスの集団的自由放任と似ています。しかし，アメリカの団体交渉の制度的な枠組みは，**全米労使関係法**（National

Labor Relations Act：NLRA）という法律によって規制されており，使用者に交渉応諾義務が課せられるという点でイギリスのそれとは根本的に異なっています。NLRA は，**全米労使関係局**（National Labor Relations Board：NLRB）が決定する交渉単位において交渉することを義務づけており，また交渉単位において過半数を得た組合のみに交渉権（排他的交渉権）を認め，その他に組合があってもその組合との交渉はできないという仕組みになっています。このように，交渉の手続きは法律によって厳格に決められています。また，イギリスやその他ヨーロッパ諸国と異なる点として，交渉単位が産業別ではなく，工場単位や企業単位であることです。地域の職種や産業が単位となることもありますが，例外的だといわれています。

個別労使関係は，コモン・ローによって規律されていますが，「**随意雇用原則**」と呼ばれる非常に自由市場的な規範に基づいて行われています。これは，実質的には使用者に労働契約の即時解約を認めるものであり，先進諸国の中でも極めて例外的なケースであるといわれています。しかし，組合が**先任権ルール**を確立している企業では，任意の解雇は実際にはできません。

図表 10-1 は，これまでみてきたアングロ・サクソンモデルの労使関係および労働組合の概要を，イギリスとアメリカに分けて記したものです。

図表 10-1 ▶▶▶アングロ・サクソンモデル

	イギリス	アメリカ
労働組合活動の基本的な考え方	市場的な労使関係（自治的な団体交渉）法規制，政府介入の程度は弱い	
労使関係の基本的な考え方	集団的自由放任	随意雇用原則
労働組合組織率（％）	29	13
労働組合の基本組織	産業別組合	
労働組合活動の基本的単位	産業単位	企業・事業所単位

注：労働組合組織率は田端 [2007]，115 頁から抜粋している。
出所：田端 [2007]。

2.3 大陸ヨーロッパモデル

大陸ヨーロッパは，特定の国というよりも，一般的に労使関係が公的社会的な制度としての性格を持つモデルとして考えられています。公的というのは，労使関係のさまざまな局面で法的な裏打ちや政府介入がなされており，社会的とは，労使関係の当事者を超えた社会的規範が存在していることを意味します。

ドイツやフランスの**労働協約法**では，個別の労働者や使用者の意思に関わりなく自ら加入する労働組合と使用者（団体）が締結した協約が強制的に個別契約に適用されることになっています。これは，組合員でない労働者や使用者団体の構成員でない使用者にとって，外在的な規範が賃金や労働条件を決定することを意味します。そのため，一定の地域や産業に適用される公的な規範を労働協約によって設定し，労働組合はその労働協約策定の主体となるという仕組みが取られています。この背景には，労働は社会的なものであり，労働の対価も社会的に（非市場的に）決められるべきであるという考え方があるといわれています。

ドイツやフランスでは，地域別・産業別労働協約の法的効力は労働条件の最低限度を規定するものとみなされているため，労働協約が設定する技能ごとの賃金水準は各社会における労働者の技能資格のあり方と実際の賃金水準を強く規定しており，企業横断的な職業資格水準が社会的に定着しています。このように，ヨーロッパで国家介入型の労使関係システムが形成された背景には，強い労働運動が形成されるなかで国家介入が必要になったという状況がさまざまな局面であったためとの見方があります。

ここで，ドイツの労使関係について少し説明したいと思います。

ドイツの労使関係の特徴として，利益代表の二元性，すなわち労働組合と従業員代表組織の2本立ての労使関係が指摘されています。これは，ドイツでは，原則として労働組合が地域ごとの産業レベルで行う団体交渉・労働協約の制度と企業（事業所）レベルで従業員代表組織が行う協働決定，協議などの制度が，完全に区別された二元的な構成をとっていることを意味します。

労働組合は原則として，企業外に産業別に組織されており，任意加入の団体です。従業員代表組織である事業所委員会は，従業員全員の利益を代表する組織で，全従業員の投票によって委員が選出されます。労働組合が交渉相手とするのは通常使用者団体で，交渉を行うための争議の権利を持ちますが，従業員代表組織が相手とするのは個別使用者で，争議を行うことは禁止されています。ドイツの労働組合の組織率は30％となっています。

　以下では，先進諸国のなかでも特徴的な労使関係を持つスウェーデンについてみていきます。

　スウェーデンの労使関係は，理想型として捉えられてきましたが，先進諸国の中でも特殊なタイプの労使関係を形成していたために，通常の国が模倣することが難しいともいわれています。スウェーデンの労使関係の特徴は，労働組合の組織率が80％を超える，労使間の信頼関係が強く労使関係が安定している，完全雇用政策が成功し失業率が低い，国際的な産業競争力が強く所得水準が高い，非常に集権的な賃金交渉システムが成立している，連帯賃金政策によって労働者間の賃金格差が小さい，連帯賃金政策は収益率の低い産業を淘汰することにより産業の高度化をもたらす効果を持つ，社会保障と社会福祉制度が整備され女性の労働力率が高い等が指摘されています。

　このような特徴を持つスウェーデンの労使関係の起源は，1938年の労使の全国団体間の協定（**サルツフェバーデン協定**）にあるとされています。この協定はストライキやロックアウト（使用者側が労働者の就業を禁止すること等）に代わって労使協力を労使関係の基本とすること，労使関係への国家介入を最小限にするために労働法によらずに労使間の合意を基本とすることを取り決めています。

　スウェーデンでは，1870年代から1880年代に労働組合運動が始まったといわれています。1989年に労働組合の全国組織であるLO（Landsorganisationen i Sverige：スウェーデン全国労働組合連盟）が設立され，1902年に**スウェーデン経営者連盟**（Svenska Arbetsgivareföreningen：SAF，現在はSvenskt Näringsliv：SN）が設立されました。LOとSAFは対立的な関係にありましたが，協力的な労使関係が構築されるようになりました。スウ

ェーデンで労使自治的な交渉関係が成立した最大の理由は，労働組合の力が強かったことでした。強すぎる労働側の力を自制し，経営者に安心感を与えるものが，サルツフェバーデン協定で合意された資本主義的経営の自由，経営者の経営権限の保障という原則でした。労働組合の組織率が80％を超える理由として，失業保険が労働組合管理になっている点，職場では同一職種に1つの労働組合しかないため組合に加入しやすい点，職場の労働組合組織がしっかりしている点が指摘されています。

また，スウェーデンの労使関係の特徴の1つとして，集権的な賃金交渉システムを取り上げましたが，これは労使の**中央賃金交渉**を指します。これは，全国的でかつ全産業を横断した交渉です。労使全国組織によって賃金水準がコントロールされることにより，政府の経済政策はこれに連動して企画することができました。中央賃金交渉は，**連帯賃金政策**と深い関わりがあります。それは，労働者間の賃金格差をできるだけ小さく抑える労働組合の政策です。産業や企業を超えた同一労働同一賃金と低賃金労働者の賃金と高賃金労働者のそれとの格差を縮小することが目指されました。

もう1つの特徴として，スウェーデンの労使関係では，企業や産業の縮小・整理に伴う失業は前提として組み込まれています。そのため，産業構造の変化によってもたらされる雇用変動，すなわち職業転換のための制度，例えば手厚い失業手当や公共的な職業訓練制度が準備されました。

しかし，このような特徴を持つスウェーデンの労使関係は，1980年代に入ると，中央賃金交渉が崩れ，**産業別団体交渉**へと移行しました。その背景には，第1に，製造業からサービス産業（公共部門の成長）へのシフトに伴い，労働運動における公共部門のウェイトの高まりが，輸出志向型の製造業の労使関係とは異なる関係を生み出したこと，第2に，企業の多国籍化が進み，輸出割合の高い産業にとって賃金のフレキシビリティを高めることが国際競争上重要な関心事となったことが指摘されています。

図表10－2は，大陸ヨーロッパモデルと称される労使関係および労働組合の概要について，本節で取り上げたスウェーデンとドイツの2カ国についてまとめたものです。スウェーデンは，労使協力を基本とする労使関係のあり

図表10−2 ▶▶▶ 大陸ヨーロッパモデル

	スウェーデン	ドイツ
労働組合活動の基本的な考え方	・非市場的，公的または社会的な性格を帯びた労使関係 ・国家介入型労使関係システム	
労使関係の基本的な考え方	労使協力，労使間の合意	利益代表（労働組合と従業員代表組織）の二元性
労働組合組織率（％）	79	30
労働組合の基本組織	産業別組合	
労働組合活動の基本的単位	基本的には産業単位	

注：労働組合組織率は田端［2007］，115頁から抜粋している。
出所：田端［2007］。

方を採り，産業別組合を基本単位とし，産業別交渉を行う点にも特徴があります。労働組合組織率は3カ国の中でも最も高く79％にのぼるといわれています。他方，ドイツでは，基本的に労働組合と従業員代表組織の2本立ての労使関係が存在する点に特徴があります。ドイツの労働組合は，基本的には「組合員」の利益を代表するものと捉えられています。また，ドイツでは，産業別交渉を基本としており，労働組合組織率はスウェーデンに比べると30％と低い数値となっています。

3 日本の労使関係

　日本企業の労使関係の特徴は，**企業別労働組合**を採用している点にあるといわれています。戦前日本の労働組合は，職能別組合や産業別組合が形成されており，組合組織は企業外組織と位置づけられていました。しかし，第2次大戦後，日本の労働組合は企業別組合を中心として組織されるようになりました。企業別労働組合とは，労働組合が企業別に組織され，団体交渉も企業別に行われるために，労働組合の上部団体や産業別の経営者団体などが正規の交渉団体としての権限を持っていないことを意味します。企業内に組織される組合は，企業の枠を超えて組織を広げにくいという側面を持つため，

先進諸国の中でも低い労働組合の組織率（2006年時点で18％台）や，労働協約の適用率に至っているといわれています。

また，日本企業の労使関係の特徴として，労働組合が唯一の労働者側の代表組織になるという**一元的労使関係**になっている点を挙げることができます。日本の企業別労働組合は，労働組合の機能（賃金・労働条件の交渉）と従業員代表組織（人事や経営に関する協議）の機能が合体しています。通常，前者は団体交渉，後者は労使協議という役割を持つ場合が多いですが，近年では，賃金交渉なども労使協議という名の下に協議・交渉が行われるケースが多いといわれています。

企業別労働組合は，戦後，各企業や事業所で自然発生的に組織されたといわれています。これは，戦後の日本の労働市場のあり方（**封鎖的労働市場**）と深い関係があります。封鎖的労働市場には2つの意味があるといわれています。1つは，大企業の労働市場が企業ごとに閉じられていた，すなわち新卒採用を行い，企業内での教育訓練を通じて人材を育成し，定年まで雇用し続けるという雇用のあり方が閉鎖的であったことを指します。もう1つは，大企業の底辺を支える中小企業では人材移動は流動的に行われていたが，大企業への経路は閉ざされていたということを意味します。このような封鎖的労働市場を前提として，主に大企業の製造職場を中心にして企業別労働組合が組織されました。企業別労働組合の下では，賃金等の交渉は企業別に行われるため，賃金はより強く企業の収益力に依存して決定される傾向にありました。

春闘は，企業の枠を超え，産業ごとに賃金の引き上げや労働時間の短縮等の労働条件の改善を目的とする団体交渉です。春闘は，戦後の激しい労使の対立の後，企業別組合の弱点を克服するために用いられた手段であるといわれています。春闘は，組織労働者の賃上げのみならず，その波及効果によって日本の賃金水準全体を引き上げることに貢献しました。その結果，労働組合は社会への強い影響力を持つようになったといわれています。当然ながらこの背景には，日本の経済が高度成長を果たしていたという状況があります。

しかし，日本の労使関係は，1973-74年の石油危機後に第1の転換期を迎えました。高度成長に陰りが見え始めたこの時期，日本の労働組合はインフ

レの抑止と企業経営の存続を重視した賃金抑制（賃金自粛）政策を選択しました。1975年の春闘相場は，政府，政財界，労働界の連携によってかなりの低水準で決着したといわれています。この年の春闘は，1960年代半ばから進められた貿易自由化，資本自由化の対外的な経済状況を踏まえて，鉄鋼，造船，自動車等の基幹産業の労働組合が中心となって賃金自粛が行われました。これら産業の労働組合は，産業や自らの企業を守るために，労使の協調が必要である，すなわち賃金自粛が必要であるとの認識を持ったとの見方がなされています。その結果，労使関係は従来の対立的なものから協調的な関係へと変化したといわれています。

図表10-3は，これまでみてきた日本の労使関係および労働組合の特徴をまとめたものです。このような特徴を持つ労使関係のあり方は，1990年前後の第2の転換期を迎え，変化したといわれています。

第2の転換期は，1990年前後といわれています。1990年代，日本企業の国際競争力はバブル崩壊とともに衰え，1990年代は，「失われた10年」などと呼ばれました。日本国内で規制緩和が進められるなか，日本企業は海外進出を進め，国際市場でどのように競争力を高めるかが，日本企業にとっての重要な課題となりました。その結果，1980年代に世界から称賛された**日本的経営**，**日本的雇用慣行**は，非効率で，国際競争力を持たないとの見方がなされるようになりました。

このような状況の中で日本企業は，国際市場を念頭に置いた本格的な人事制度改革に着手し始めるとともに，外部市場から優秀な人材を採用し活用し

図表10-3 ▶▶▶日本モデル

労働組合活動の基本的な考え方	労使対立から労使協調へ
労使関係の基本的な考え方	一元的労使関係
労働組合組織率（％）	20
労働組合の基本組織	企業別労働組合
労働組合活動の基本的単位	企業単位

注：労働組合組織率は田端[2007]，115頁から抜粋している。
出所：田端[2007]。

ようとする動きも多くみられるようになりました。この時期の労働組合は，労使協調の関係を重視し，組合員の雇用を維持するために，使用者側の賃金抑制という主張に対して決定的な反論を十分に行わなかったといわれています。

4 多国籍企業と国際機関

多国籍企業の影響力が増すなかで，とくに欧州連合内で顕著にみられるような**国家横断的労使関係規制**の制定が進められるようになりました。多国籍企業に関する行動規範や提言等は，国連の「グローバルコンパクト」，国際労働機関による「多国籍企業に関する原則の三者宣言」，OECD の「多国籍企業行動指針」等の国際機関によって公表されてきました。これらの資料は，結社の自由や団体交渉を支持する条項を含んでいますが，それらの実行は事実上任意とされているため，さまざまに制限され，いくつかの国によって拒否され，あるいは先進国の多国籍企業のみが対象とされる等の問題もあります。

他方，地域レベルでも国境横断的労使関係規制は進められています。たとえば，北南米での北米労働協力協定やメルコスールの社会的労働の宣言では，

Column 新興国市場における労使問題

2012 年 7 月にインドのスズキの子会社マルチ・スズキのマサネール工場で従業員の待遇をめぐって工場敷地内で暴動が起き，建物が放火されて人事担当幹部 1 名が死亡しました。その結果，スズキは約 1 カ月間の操業停止に追い込まれました。2014 年 3 月にはインドのトヨタ・キルロスカ・モーターの 2 工場でもインド人労働者約 4,200 名による労働争議が起こりました。賃上げ額をめぐり労使間で合意に至らず，一部の従業員が監督者を脅迫し，生産活動の妨害を行いました。これに対しトヨタはロックアウトを行い，もっとも破壊的な行動をとったとする従業員 30 人を停職処分にしました。労働争議を受け，これらの工場では生産台数は最大能力の 3 割以下にまで落ちたといわれています（フジサンケイビジネスアイ公式 Web サイトより）。このように新興国市場でビジネス活動を行う多国籍企業にとって労使対策は重要な課題となっています。

労働者の人権や，国家横断的苦情処理の手続き等が取り上げられています。しかし，多国籍企業の国家横断的労使関係における最も重要な制度的な試みは欧州連合で行われています。1994年に共同体規模企業および共同体規模企業グループにおける従業員への情報提供および協議を目的とする**欧州従業員代表委員会**（European Works Council：**EWC**）が設立され，その実施に向け取り組みが進められています。それまでは，労働者やその代表者は国家横断的な経営意思決定組織へアクセスする権利を持ちませんでした。EWCは，欧州従業員代表委員会指令により，EU域内で1,000人以上を雇用し，かつ加盟国2カ国以上でそれぞれ150人以上の従業員を雇用する企業には設立義務があるとされていますが，現在もこの条件については議論が重ねられているようです。

　マジソンとミアード（Maginson & Meardi）によると，EWCは，EU域内に本社を持つ多国籍企業だけではなく，域内に海外子会社を持つ米系海外子会社，日系海外子会社でも設置が進められてきていることが指摘されています。他方，国際枠組協定（International Framework Agreements：IFAs）またはグローバル枠組協定（Global Framework Agreements：GFAs）のように，多国籍企業のグローバルなビジネス活動に伴い，国を越えて労使関係のあり方を捉えようとする動きもみられます。IFAsまたはGFAsとは，多国籍企業と通常，国際産業別労働組合組織（Global Union Federations：GUFs）間で締結する協定であり，当事者間の継続した関係を構築し，多国籍企業が活動するあらゆる国で同様の基準を順守しようとすることを目指すものです。

Working　　　　　　　　　　　　　　　　　　　　　調べてみよう

1. 各国多国籍企業でどのような労使関係マネジメントが行われているのかについて調べてみよう。
2. 本章で取り上げることのできなかったフランスやドイツの労使関係マネジメントの特徴について調べてみよう。

Discussion　　　　　　　　　　　　　　　　　　　　議論しよう

1. 国際労使マネジメントは市場化の影響を受けているが，それが多国籍企業にもたらす利点・欠点とはどのようなものだろうか，議論しよう。
2. 多国籍企業がビジネスを行ううえで，国家横断的な労使関係の枠組みや提言等はどのような意義や，影響があると考えられるか，議論しよう。

▶▶▶さらに学びたい人のために ─────────────────────────

- Milanovic, B.［2012］*The haves and the have-nots: A brief and idiosyncratic history of global inequality*, Basic Books.（村上彩訳『不平等について』みすず書房，2012 年）
- Sandel, M. J.［2010］*Justice: What's the right thing to do?*, Farrar Straus & Giroux.（鬼澤忍訳『これからの「正義」の話をしよう──いまを生き延びるための哲学』早川書房，2011 年）

参考文献

- 笠原民子［2014］『日本企業のグローバル人的資源管理』白桃書房。
- 田端博邦［2007］『グローバリゼーションと労働世界の変容』旬報社。
- フジサンケイビジネスアイ公式 Web サイト［2014］「慎重さ求められる労使問題」http://www.business-i.co.jp/featured_newsDetail.php?5370（2015 年 3 月 4 日確認）
- Hyman, R.［2010］*Varieties of capitalism, national industrial relations systems and transnational challenges*, In. A.W. Harzing & A. Pinnington（Eds.）*International human resource management*（pp.307-332）. SAGE Publications Ltd.
- International Labor Organization（ILO）［2008］*International framework agreements: A global tool for supporting rights at work.* http://www.ilo.org/global/about-the-ilo/newsroom/features/WCMS_080723/lang--en/index.htm
- Marginson, P. & Meardi, G.［2010］*Multinational companies: Transforming national industrial relations?* In.T. Collings & M. Terry（Eds.）*Industrial relations*（pp.207-230）, John Wiley & Sons.

第11章 海外派遣者のマネジメント

Learning Points

- ▶海外派遣の目的や種類,海外派遣者の役割について理解し,マネジメントの重要性と難しさについて理解する。
- ▶海外派遣者の適性,海外派遣者の選抜方法や事前研修の内容について知る。
- ▶海外派遣者の赴任時の適応プロセス,報酬パッケージや業績評価の方法について知る。
- ▶海外派遣者の帰任後の再適応,および知識共有における課題について理解する。

Key Words

海外派遣　受け入れ出向　本国帰任　長期派遣　短期派遣
越境通勤型出向　文化的知性　相場アプローチ　バランスシート・アプローチ
逆カルチャーショック

1 海外派遣者マネジメントの重要性

1.1 国境を越えた人材移動の意義

　国際人的資源管理が国内での人的資源管理と異なる大きな特徴の1つとして,国境を越えた人材移動のマネジメントというのがあります。なぜ国際人的資源管理において国境を越えた人材の移動が必要なのかについては,大きく3つの理由があります。1つ目の理由は,多国籍企業内での**適材適所**の実現です。例えば,海外子会社のある現地で,特定の職務を遂行できるだけのスキルを有した従業員がいない場合に,本社や別の国から人材を派遣することによってその職務を担当してもらうという場合が当てはまります。また,本社と子会社との密接なコミュニケーションが必要な場合に,本国籍人材を

169

子会社に派遣するという例も当てはまります。

2つ目の理由は，**マネジャーの育成**という目的です。本社で働く人材を海外子会社に出向させることによって，国際感覚の取得や異文化理解を促進させたり，多様な人材を相手にしたマネジメントやリーダーシップ能力を身につけさせるというケースが当てはまります。また，海外子会社の現地国籍人材を本国に出向させることにより，企業理念や企業文化を肌で実感してもらったり，本国での仕事の仕方を学んでもらったりするというケースも当てはまります。

3つ目の理由は，多国籍企業全体の**組織開発**です。多国籍企業全体において，世界中に散らばる拠点の活動のコーディネーションやコントロール，多国籍企業内における国境を越えた知識の共有や技術や経営手法の移転，海外における新たな市場の模索のための国際的な共同作業などについては，異なる国の人材同士が国境を越えた移動を通して一緒に働いたりすることが効果的なのです。

1.2　海外派遣の種類

ひと口に海外派遣といっても，さまざまな種類があります。まず，主に本国籍人材を海外子会社に派遣する場合や，海外子会社から他の海外子会社に人材を派遣される場合は，**海外派遣**（expatriation）と呼び，派遣される人材を，**海外派遣者**（expatriate）と呼びますが，海外子会社から現地国籍人材や第三国籍人材を本国に招き入れるかたちで出向させるような場合，これを**受け入れ出向**（inpatriation）と呼び，派遣される人材を**受け入れ出向者**（inpatiriate）と呼びます。なお，出向していた人材が任務を終えてもともと自分が所属する国に戻ることを**本国帰任**（repatriation）と呼びます。

次に，海外派遣の期間の長さによっても，異なるタイプに分かれます。一般的に，数カ月，3カ月以内の**短期派遣**があります。短期派遣とほぼ同じような役割や仕事内容でありながら，短期派遣を延長して1年近く滞在するケースもあります。次に，1年から5年くらいの期間で海外に派遣される**長期**

派遣があります。海外派遣といえば伝統的には長期派遣を指す場合が多く，短期派遣の場合よりも現地において時間をかけて取り組むべき任務を持っており，かつ重要な職務を担当します。

短期派遣，長期派遣の他にも，近隣諸国の海外子会社などに，1週間に一度もしくは数週間に一度，出張して仕事をするようなかたちで赴任する**越境通勤型出向**というタイプもあります。また，海外，本国，海外，本国と，海外派遣と帰任を繰り返す**ローテーション的派遣**というのもあります。特定のプロジェクトを国際的に行うために，本人の居住地は変わらず，所属のみが海外子会社などに変化し，情報技術を駆使してコミュニケーションをしながら仕事を行う**バーチャル型海外派遣**という形態もあります。その他，海外派遣とは異なるものの，1年を通じて頻繁に外国の子会社などに出張する，**国際出張族**もいます。

1.3　海外派遣者，受け入れ出向者の役割

多国籍企業において，海外派遣者や受け入れ出向者はさまざまな役割を担います。海外派遣者については，とくにそれが本社から子会社のマネジメント層への出向の場合，本社の側から海外の子会社を支配したり，コントロールしたり，監視したりする役割を担っていることが多くあります。また，本社からの海外派遣者が，本社の企業理念や企業文化を海外子会社に伝達したり，本社にある技術や知識を移転したりする役割を担ったりすることもあります。さらに，海外派遣者は，多国籍企業内の国際的な人材のネットワークを構築する役割を担ったり，本社と子会社，子会社と子会社の言語上やコミュニケーション上の橋渡し役となったりすることもあります。とくにこのような人材を，**ブリッジ人材**とか**バウンダリー・スパナー**（境界連結者）と呼ぶこともあります。

現地国籍人材や第三国籍人材が本社に出向するような受け入れ出向の場合，受け入れ出向者は，現地国のマーケットの状況や知識などを多国籍企業の本社に伝達したり，本社において企業理念や企業文化，業務の仕組みなど

を学んで現地国に持ち帰ったりする役割を担います。受け入れ出向者が上級マネジャーの場合，本社の役員の1人として多国籍企業の経営に参画することで，本社のトップ・マネジメントの国際性を高め，国際的な視野からの経営を実践するのに貢献するという役割を担うと思われます。

2　海外派遣者マネジメントの困難性

　多国籍企業にとって，人材を海外に派遣することは非常にコストがかかります。本人が国内で働く場合にかかる人件費の数倍はかかります。しかも，海外派遣が失敗に終わるケースもあり，その場合は，企業からみれば大きな損失となります。実際，海外派遣者本人は，国境を越えた地で仕事をすることになるため，国内で働くよりも多くの困難を伴います。それを克服するために，本人の資質への考慮と，企業からのサポートが欠かせません。

　海外派遣が失敗するケースとしては，派遣途中での業務遂行不十分な状態での帰国，海外派遣途中での辞任，離職などが挙げられます。例えば，海外派遣途中での離職は，国内で働く社員が離職するケースよりも2倍ほど多いといわれています。

　調査によると，先進国に派遣されたアメリカ人の派遣者の16%から40%が，早期帰国となり，発展途上国に派遣されたアメリカ人の70%が早期帰国をしています。タン（Tung, R. L.）の研究では，アメリカの多国籍企業においては，マネジャーの海外派遣が失敗する理由を重要度の高いものから挙げると，①配偶者の不適応，②マネジャー本人の不適応，③その他の家族問題，④本人の個人的・情緒的な未成熟，⑤派遣先の重責への不適応，となります。一方，日本の多国籍企業の場合，①派遣先の重責への不適応，②新たな環境での困難さ，③個人的・感情的問題，④技術的スキルの不足，⑤配偶者の不適応，となります。一般的に，アメリカやヨーロッパの多国籍企業では，配偶者の不適応が，海外派遣失敗理由の上位に位置づけられます。

　図表11-1に，タンの研究に基づく多国籍企業での海外派遣失敗率の比較

図表11-1 ▶▶▶海外派遣失敗率

海外赴任者の早期帰国比率	該当する多国籍企業の比率
アメリカの多国籍企業	
20-40%	7%
10-20%	69%
10%以下	24%
ヨーロッパの多国籍企業	
11-15%	3%
6-10%	38%
5%以下	59%
日本の多国籍企業	
11-19%	14%
6-10%	10%
5%以下	76%

出所：Tung [1982] (Hill [2015], p.676から引用).

を載せています。古いデータなのですが，当時は，アメリカの多国籍企業の海外派遣失敗率が高く，ヨーロッパや日本の多国籍企業の海外派遣失敗率は相対的に低かったことがわかります。

3　海外派遣のプロセス

3.1　海外派遣者の選抜

　海外派遣者や受け入れ出向者といった海外派遣の対象者を選別する際には，通常の国内における昇進や配置転換とは異なる要素も考慮しないといけません。タンは，海外派遣に関する諸研究に基づき，海外派遣を成功させるためには，一般的にみて以下の4つの要素が重要だと指摘します。

　1つ目は**技術的視点**で，国内での昇進や配置転換と同様に，職務そのものを効果的に遂行できるだけの技術や能力を保有していることです。2つ目は**性格および人間関係的視点**で，職場の上司や同僚とうまくやっていくことができる性格や対人関係能力を有していることです。3つ目は**環境的視点**で，異なる文化的環境，ビジネス環境，労働環境などにおいて生じる困難性にう

まく対処できる能力を有していることです。4つ目が**家族的状況**で，海外派遣者の配偶者や子供などの家族が一緒に任地に同行する場合に，異なる環境に適応できることです。

　同様に，メンデンホール（Mendenhall, M.）とオドウ（Oddou, G.）は，海外派遣者が効果的に現地で適応するために必要な要素を，次の4つにまとめています。1つ目が**自己志向的次元**で，海外派遣者自身の自尊心，自信，精神的健康に寄与するような活動や心構えを指します。2つ目が**他者志向的次元**で，海外子会社において現地国籍人材と効果的にかかわり合うことを促進するような活動や心構えを指します。3つ目が**知覚的次元**で，現地国籍人材がなぜそう振る舞うのかなどについての適切な理解を深められる能力を指します。4つ目が**文化的思慮深さの次元**で，海外派遣者の所属する文化と，派遣先の国の文化の違いが強いほど，派遣者が経験する困難性が高いため，上の3つの要素がより重要となります。

　海外派遣者の異文化への適応という視点に焦点を当てるならば，**文化的知性**（cultural intelligence：**CI**もしくは**CQ**）の概念が役に立ちます。文化的知性とは，異文化に効果的に適応できる度合いを示す個人の能力を指します。文化的知性は，**認知次元**，**動機付け次元**，**行動次元**の3つの次元からなります。認知次元は，どれだけ異文化的環境を頭で理解することができるかを示し，動機付け次元は，どれだけ異文化で暮らし，異文化的環境に適応したいかというモチベーションを示し，行動次元は，異文化的環境でどのように行動すればよいのかを理解し，実際に行動できるかを示します。

3.2　海外派遣者への事前研修

　海外派遣者が決定すると，派遣準備としての事前研修が必要になります。海外派遣の失敗要因として，海外派遣者本人のみならず，家族の不適応なども挙げられるため，海外派遣者およびその配偶者などに対する教育研修が重要となってきます。とくに重要なのは，**異文化適応研修**，**言語研修**，**海外生活実践研修**です。

異文化適応研修では，異文化環境に適応するための一般的なスキルの習得に加え，派遣先の国や地域の文化を理解し，現地国籍人材と効果的に関わり合うための知識やスキルを習得します。言語研修では，国際的な共通語としての英語力の強化のみならず，派遣される現地での生活を円滑にするために，現地の言葉を学ぶことが必要な場合があります。海外生活実践研修では，派遣される国や地域についての一般的な知識や情報の習得および，実際の生活で必要となる知識やスキルを学ぶことになります。実際に現地国に下見に行って状況を確かめる場合もあると思われます。

3.3　海外派遣者の現地適応およびサポート

　海外派遣者が任地に赴くと，彼らの感情は，**図表11-2**のようなステージで移り変わるといわれています。赴任直後から1カ月程度は，新婚生活のように海外での新しい環境や生活に胸躍らす**ハネムーン期**を迎えます。しかしまもなく，新たな環境での不快さや孤独感などに襲われる**カルチャーショック期**を経験します。しかし，それに負けず，新たな環境や新たな文化についての学習を続け，現状への理解が深まってきたり，サポートしてくれる人々との関係が構築できたりすれば，**リカバリー期**を迎えることとなり，さらに，海外派遣者の語学力の向上や，新たな環境への快適さが増すことにより，**適応期**に至ります。

図表11-2 ▶▶▶海外派遣者の感情的変化

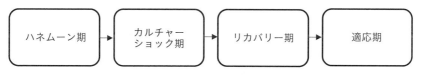

出所：Flanja [2009] (Noe et al. [2014], p.484 から引用).

3.4　海外派遣者の報酬パッケージ

　海外派遣者はこれまでとは異なる国で働くことになるため、彼らの赴任中の報酬をどう決定するのかは重要かつ難しい問題です。例えば、派遣者が属する国と派遣先の国とで通貨が異なれば、為替レートの問題が生じますし、支払うべき税金の種類や額も国によって異なります。生活スタイルや物価も異なる場合が多いため、これらを考慮したうえで報酬パッケージを設計しなければなりません。海外派遣者のための報酬パッケージは、おおまかには、**基本給与**、**諸手当**、**福利厚生**に分かれます。

　海外派遣者の基本給については、これまでの本人の実績や、実際に行う職務内容に応じたものであることに加え、通常は海外に派遣されることに伴う割り増し分が加算されます。諸手当については、物価の違いを反映した手当、所得税の税率が異なる場合の調整手当、住居関連手当、子供の教育手当のほか、引越手当、一時帰国手当などが含まれます。福利厚生については、海外派遣者の属する国で行われているもの、例えば、年金や健康保険など、を現地国の状況を考慮したかたちで提供します。

　海外派遣者の報酬パッケージを設計する際の代表的なアプローチとして、**相場アプローチ**と**バランスシート・アプローチ**があります。相場アプローチは、海外派遣者の報酬を、現地の相場に合わせようとするアプローチです。具体的には、派遣先の国における現地国籍人材の給与相場、そこで働く外国人の給与相場などを調べ、現地での相場に合わせた報酬パッケージを設計するアプローチです。相場アプローチは比較的シンプルで、現地国籍人材との格差が生じにくいという利点がありますが、海外派遣者にとっては、派遣される国によって報酬水準が異なってしまうという欠点があります。

　バランスシート・アプローチは、海外に派遣されても、そこでの購買力が、本国での購買力から変化しないように報酬パッケージを設計しようとするアプローチです（図表11-3）。具体的には、海外派遣者が属する本国と派遣先の国において購買力水準を調査し、両国で差があれば、その差額を調整します。バランスシート・アプローチは、海外派遣者の立場からすれば、どの

図表 11-3 ▶▶▶ バランスシート・アプローチの図

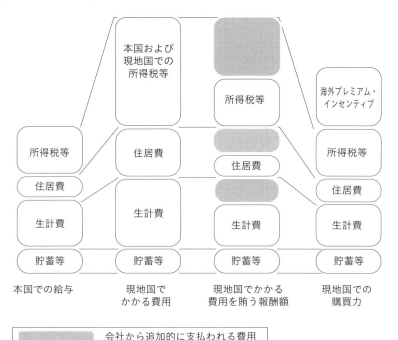

注：海外派遣者本人に経済的に過大な損失や利益が生じることのないよう，本国の同年収・同家族人数の社員と同等の購買力を補償するという基本コンセプト。本国と同額の給与に海外プレミアム・インセンティブを上乗せしたうえで，両国での購買力の違いを調整する。
出所：Noe *et al.* [2014], p. 496.

国に派遣されても，そして帰国後も，報酬水準は購買力の観点からほぼ同じであるため，納得感が得られやすいという利点があります。一方，同じ子会社で働いている間柄でも，異なる国からの出向者，そして海外派遣者と現地国籍人材との間で格差が生じやすいこと，そして報酬パッケージの設計が複雑で難しいといった欠点があります。

3.5 海外派遣者の業績評価

　海外赴任者の業績評価は，多国籍企業の本社から海外子会社に出向しているような人材の場合，派遣先の現地国籍人材のマネジャーと，派遣元となる

本社の本国籍人材のマネジャーの両方が行うというケースがしばしばみられます。しかし，どちらの場合も，業績を評価する際に偏った見方に陥る可能性があります。例えば，現地国籍人材のマネジャーは，自国の文化や制度を基準に本国籍人材である海外派遣者の業績を評価しようとするでしょうが，それが必ずしも，本国で行われている業績評価の基準と同一であるとは限りません。一方，本国籍人材のマネジャーは，海外派遣者本人の日常の仕事ぶりを直接観察することができないため，業績評価の際，報告されてくる書類やデータに頼らざるを得ず，的確なかたちで業績評価ができない可能性があります。したがって，実際の業績評価では，現地国籍人材のマネジャーに対しては，本人が海外派遣中に達成すべき目標や業績評価基準の理解を徹底するなど，偏った見方に陥ることを防ぐ工夫をし，本国籍人材のマネジャーに対しては，海外派遣の前任者からの情報やアドバイスを参考にするなどの対策が有効だと思われます。

4 海外派遣終了後のキャリア

4.1 海外派遣者の帰任プロセス

海外派遣を終えて帰国する際も，さまざまな課題が出てきます。海外派遣から帰任した従業員は，そこで得た経験を他社で生かすため，あるいは帰任後の処遇に不満が生じるために，一般的な従業員よりも離職しやすいといわれます。海外派遣終了者の離職が多い理由としては，本人が自分自身のキャリアアップのために，次の海外派遣のチャンスをくれそうな企業に転職しようとすることや，帰任後の国内での仕事に魅力を感じることができず，より魅力的な仕事を探そうとする傾向があることなどが挙げられます。

一般的に，海外赴任から帰任する際には，職場に戻ったときに自分の居場所があるのか，すなわち自分に適した職位に就くことができるのか，海外赴任をしていたために自分の存在感が薄れていないだろうか，海外派遣前と比

べて職場の状況が大きく変わってしまったのではないだろうかといったさまざまな不安を抱きます。また，海外赴任先の国の文化に慣れてしまったために，帰任後に**逆カルチャーショック**を経験することもしばしばあります。

実際に海外赴任から帰任した際に起こりうる問題としては，新たな配属となった職位や仕事内容が，海外赴任時よりも責任が軽く，仕事が簡単であったりするために，物足りなさを感じたり，海外派遣で得たスキルや経験を生かされないという思いを抱くことが挙げられます。それに関連して，職場では自分の海外経験が軽んじられていると感じることもあるでしょう。仕事以外の要素としては，配偶者や子供が帰任後の本国での再適応する際に困難が生じる可能性，海外派遣中に国内での人間関係が弱まってしまう可能性，共働き夫婦で相手の海外派遣に同行した場合には，新たに仕事を見つける必要があるなどの困難性が挙げられます。

そのため，海外派遣者が帰任する際のプロセスも適切にマネジメントすることが求められます。とくに，帰任準備として，本人の帰任後の職位，処遇，今後のキャリアの方向性などについて事前に通知し，出向元である職場との

> Column **サムスン電子の「地域専門家制度」**
>
> 韓国発の多国籍企業であるサムスン電子は，1990年から，「地域専門家制度」という人材育成制度を取り入れています。同社の真の国際化を目指し，社員に海外の文化や習慣を習熟させて，その国の「プロ」となる人材を育てる目的で開始した制度といわれています。
>
> この制度では，入社3年以上の従業員のうち勤務成績が優秀で国際化マインドを有する人材を毎年約200人選抜し，彼らを「地域専門家」として1年間，世界各地に送り出します。いったん派遣されると，1年間は帰国が許されません。しかし，彼らに仕事の義務はなく，現地の大学の短期プログラムに参加したり，独自に調査を行ったり，まったく自由に活動して，その国の文化を肌で感じながら，人脈を築くことが任務だといわれています。
>
> 帰国後は，さらなる語学力アップや業務スキル向上を目指す研修などの機会が用意され，希望すれば選考を得て対象となる国に再派遣されます。この場合の派遣期間は通常では5年以上と長く，海外子会社トップに向けたリーダーシップ研修なども時間をかけて段階的に行われます。この制度によって，20年間でのべ4,000人前後のサムスン電子の社員が海外に派遣されたといわれています。

コミュニケーションの機会を作ることが重要です。また，帰任者向け研修，帰任に伴う不安などに対処する各種カウンセリング，帰任準備のための一時休暇の許可，帰任者に対する感謝のメッセージの通達などを通じて，帰任のプロセスを円滑に行うための支援をするのも効果的です。

4.2 帰任後のキャリア

　帰任後の海外派遣者は，多国籍企業にとっても重要な人的資源となりえます。例えば，本社から海外子会社に出向した場合には，現地のマーケットの知識や現地の情報を本社と共有できる機会が広がります。また，海外派遣の目的の1つに人材育成があったことからも，本社において，海外派遣で得たスキルや経験を生かして，多国籍企業全体の経営に携わる幹部候補としてのキャリアが期待されることもあるでしょう。

　多国籍企業は，先で述べたように，海外派遣経験者が，帰任前後に経験するさまざまな不安や困難を取り除き，彼らが海外赴任で身につけた知識を今後も活用していくことができるようなサポートを行っていくことが求められるのです。

Working　　　　　　　　　　　　　　　　　　　　　　　　　調べてみよう

1. 興味のある多国籍企業を選び，その会社の海外赴任前の準備プログラムが，どのような特徴を有しているか調べてみよう。また，その企業の社員募集要項やパンフレットなどで，海外派遣の可能性についてどれくらい触れられているか調べてみよう。
2. 多国籍企業のトップ・マネジメントを占めるメンバーのうち，海外赴任経験者がどれくらいいるか，調べてみよう。

Discussion　　　　　　　　　　　　　　　　　　　　　　　　議論しよう

1. 共働きでお互いに異なる業種，企業で仕事をしている夫婦がいるとする。そのどちらか一方に対して会社から海外赴任の打診があった場合，どのようなプロセスを経て，どのような意思決定をするだろうか，話し合ってみよう。
2. 海外の多国籍企業から日本の子会社などに派遣された外国人は，日本での仕事や私生活においてどのような問題を抱えているだろうか，話し合ってみよう。

▶▶▶さらに学びたい人のために

- Black, J. S., Gregersen, H. B., Mendenhall, M. E. & Stroh, L.［1999］*Globalizing people through international assignments*, Addison-Wesley.（白木三秀・梅澤隆・永井裕久・国際ビジネスコミュニケーション協会訳『海外派遣とグローバルビジネス―異文化マネジメント戦略』白桃書房，2001年）

参 考 文 献

- 李兌賢［2014］「サムスン電子のグローバル人材戦略」『商経学叢』第60巻第2号, 289-310頁。
- Dowling, P., Festing, M. & Engle Sr, A. D.（Eds.）［2013］*International human resource management*, Cengage Learning.
- Earley, P. C. & Ang, S.［2003］*Cultural intelligence: Individual interactions across cultures*, Stanford, CA: Stanford University Press.
- Hill, C.W.［2015］*International business: Competing in the global marketplace*, McGraw-Hill Higher Education.
- Mendenhall, M. & Oddou, G.［1985］The dimensions of expatriate acculturation: A review, *Academy of Management Review*, Vol. 10, No. 1, pp. 39-47.
- Noe, R. A., Hollenbeck, J. R., Gerhart, B. A. & Wright, P. M.［2014］*Fundamentals of human resource management*, (5th ed.), McGraw-Hill Inc.

- Tung, R. L. [1982] Selection and training procedures of US, European, and Japanese multinationals, *California Management Review*, Vol. 25, No. 1, pp. 57-71.

第 III 部

スペシャル・トピックス

第 12 章
戦略的国際人的資源管理

第 13 章
社内言語・コミュニケーション

第 14 章
国際的M&Aと人的資源管理

第 15 章
新興国発多国籍企業の人的資源管理

第 16 章
日本企業の国際人的資源管理

第12章 戦略的国際人的資源管理

Learning Points
- 企業の国際人的資源管理が企業競争力につながるメカニズムとその条件について理解する。
- 戦略的国際人的資源管理を考えるうえで用いられる主要なパースペクティブを理解する。

Key Words
戦略的人的資源管理（SHRM）
戦略的国際人的資源管理（SIHRM）　資源依存理論
資源ベース理論　ソーシャル・キャピタル理論　内生的要因　外生的要因

1 戦略的国際人的資源管理という視点

1.1 戦略的人的資源管理

1990年代以降，人的資源管理（HRM）の考え方に「戦略」という視点を含めた「**戦略的人的資源管理**」（strategic human resource management：**SHRM**）という新しい考え方が，企業の経営者や人事に携わる実務家および経営学者の間で広まっています。元来，人的資源管理とは組織の中の「人」の採用・選抜，教育，評価，報酬などの機能を持つ企業の活動として理解されてきました。これらに「戦略」の視点が組み込まれるとは，どのようなことでしょうか。

「**戦略**」という言葉は，抽象的な用語で，また文脈によってもさまざまな使われ方がなされます。その意味で，人の数だけ戦略の定義があるといえるかもしれません。シェンデル（Schendel, D.）とホファー（Hofer, C. W.）は，

経営学における広義な意味での戦略を「企業が特定の市場において他社と競争する方策」と定義しています。すなわち，企業が市場で競争力を高めるにはどうしたらよいかをそれぞれの企業が考え実践する手段を指します。

したがって，従来の人的資源管理に戦略の視点が組み込まれるようになったということは，企業における人材およびそのマネジメント手法が「競争力を獲得する手段」として位置づけられるように変化していることを表しています。このように，人材という組織の**内部資源**をいかに企業の競争力向上につなげられるかという観点から，企業側が人的資源管理を考えていく発想を「戦略的人的資源管理（SHRM）」と呼び，1990年代以降注目を集めています。

この背景には，大きく2つの点が影響していると考えられています。1つは，時を同じくして，企業の「内部資源」に着目した競争戦略に関する新しい理論に世界中の研究者が注目したことです。1991年にアメリカの経営学者バーニー（Barney, J.）が発表した「企業の資源と持続的競争優位」と題する論文の中で展開された「**資源ベース理論**」（resource-based view of the firm：**RBV**）という考え方は，これまで企業の競争力は外的な要因に強く依存すると考えられていたアメリカの経営学会に大きなインパクトを与えました。

戦略的人的資源管理の考え方が芽生えたもう1つの背景として，1980年代後半における日本企業のグローバル市場での成功事例が挙げられます。なかでも，1984年に米国に進出したトヨタ自動車と米国最大手の自動車メーカー，ゼネラル・モーターズ（GM）とのジョイント・ベンチャー（合弁企業）であるNUMMI（New United Motor Manufacturing Incorporated）のケースは，世界中の企業経営者や研究者の目を惹きました。この合弁事業はトヨタ自動車とゼネラル・モーターズで資本金を折半し，経営面では生産における技術，製造はトヨタ自動車主導で行い，ゼネラル・モーターズは主に販売を担当するというものでした。

注目すべきは，トヨタ自動車との合弁事業以前は，従業員1人当たり年間約46台の生産台数であったものの，合弁事業後には，1人当たり年間100台の生産台数にまで生産性が向上した点です。トヨタ自動車の参入後，生産

図表 12-1 ▶▶▶高業績作業システム（HPWS）の構成要素

1	職務分析・職務デザイン	8	チームの活用
2	採用	9	業績評価
3	選抜	10	職務の安定（雇用保障）
4	教育・能力開発	11	従業員の発言機会・苦情処理
5	グループインセンティブ	12	内部昇進・キャリア開発
6	報酬制度	13	情報共有化とコミュニケーション
7	従業員参加・権限委譲		

出所：Lepak *et al*. [2006], pp. 258-267 をもとに筆者作成。

性が単純に考えても約2倍，要素を具体的に比較すると48.5％上昇したのです。この飛躍的な生産性向上の背後にあったトヨタ自動車のマネジメント手法に，研究者・実務家から注目が集まりました。とりわけ，現場でのチームワーク組織の導入，従業員による自発的な問題解決や改善提案の奨励，従業員への裁量の付与と経営参加，企業側の高い教育投資など，トヨタの人的資源管理が従業員の動機づけ向上やパフォーマンス改善に与えたインパクトに強い関心が注がれました。これらの施策の多くは**高業績作業システム**（high-performance work system：**HPWS**）と呼ばれる企業の業績向上に役立つ人的資源管理手法に含まれており，現在もなお業績向上のメカニズムに関する解明が進められています（図表12-1）。

　こうした日本企業のグローバル市場での活躍が人材を通じた競争力向上に大きく支えられていたという当時の解釈は，人材を競争力向上の源泉に据える戦略的人的資源管理の萌芽に大きなインパクトを与えたのです。

1.2　多国籍企業における戦略的人的資源管理

　人材を企業の競争力向上の源泉に据える戦略的人的資源管理の考え方は，決して国内でのオペレーションに限定している企業にのみ普及したわけでは

図表 12-2 ▶▶▶ 戦略的国際人的資源管理（SIHRM）の3側面

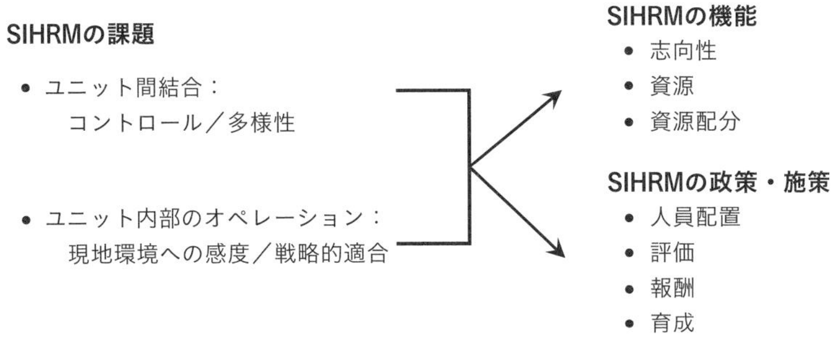

SIHRMの課題
- ユニット間結合：
  コントロール／多様性

- ユニット内部のオペレーション：
  現地環境への感度／戦略的適合

SIHRMの機能
- 志向性
- 資源
- 資源配分

SIHRMの政策・施策
- 人員配置
- 評価
- 報酬
- 育成

出所：Schular et al. [1993], p.722 をもとに筆者作成。

ありません。戦略的人的資源管理の考え方が広まった1990年代当時，日本を含む先進国に本社を持つ数多くの企業が，すでに国境を越えたビジネスを展開していました。その意味では，複数の国・地域に海外子会社を持ち，さまざまな国・地域の従業員を管理する多国籍企業において，多様な人材をいかに世界規模での競争優位につなげられるかは非常に大きな関心事でした。この多国籍企業経営の文脈における戦略的人的資源管理を「**戦略的国際人的資源管理**」（strategic international human resource management：**SIHRM**）といいます。

戦略的国際人的資源管理の考え方をいち早く紹介したシューラー（Schular, R. S.）らの研究によれば，戦略的国際人的資源管理とは「多国籍企業の戦略的な活動の結果として生じ，かつ企業の国際的な事業や目標に影響を与える人的資源管理の課題（issues），機能（functions），および政策・施策（policies and practices）」（p.729）と定義されています。注目すべきは，戦略的国際人的資源管理には，①課題，②機能，および③政策・施策の3つの側面が含まれるということです。**図表12-2**はそれぞれのポイントとその関係を図示したものです。

1.2.1 戦略的国際人的資源管理の課題

図表12−2をみると，戦略的国際人的資源管理の課題には，①ユニット間結合と②ユニット内部のオペレーションという2つのポイントが含まれています。ここでいうユニットとは，本社，海外子会社組織，地域統括会社など，多国籍企業を構成する細分化された事業組織を指します。

多国籍企業は，①各国で操業するユニット全体としての「**統合化**」（integration）と②個別のユニットがそれぞれの現地環境に感度を強めることで生まれる「**差異化**」（differentiation）という2つの相反するニーズのバランス調整を常に考える必要があります。すなわち，多国籍企業の本社は，自社の戦略や事業，種々の要因を勘案し，現地の各ユニットにどれだけの自律性を与え，全体としてどの程度多様性を許容することができるのか，あるいはそうした必要があるのかを判断する必要があります。同時に，現地の各ユニットの組織内のオペレーションにどの程度関与すべきなのか，また各ユニットはどの程度現地環境に適応しなければならないのか，全体として戦略的な適合をどの程度保つべきなのかを考えなければなりません。

統合化と差異化のバランスは，多国籍企業の全社的な人的資源管理の考え方や活動に大きく左右します。したがって，多国籍企業におけるこの重要な戦略上の意思決定は人的資源管理と不可分であり，戦略的国際人的資源管理の課題として捉えられています。

1.2.2 戦略的国際人的資源管理の機能

前述の多国籍企業における統合化と差異化のバランスに関する課題は，戦略的国際人的資源管理の機能面に影響を与えます（**図表12−2**）。これには，①内部人材に対する志向性（考え方），②本社国際人事部門の資源，③資源の地理的配分の3つの領域が含まれます。

まず，内部人材に対する志向性（考え方）について，統合化を重視する企業であれば，海外の各ユニットにおいて，本国本社との調整を重視し本国と同じような経営を実現できる人材が重要視される一方，差異化を重視する企

業であれば，現地の市場や商慣行に十分に浸透し，各国・各地域で独立した経営を実現できる人材が重要になります。統合化－差異化の枠組みの中でどの程度のバランスをとるかは企業により千差万別であるため，多国籍企業はそのバランスに応じた人材に対する考え方をとることになります。

　第2に，統合化－差異化のバランスは，本社国際人事部門にどの程度の資源（すなわち，時間やエネルギー，コストなど）を割り当てるかを規定します。例えば，統合化を志向する企業では，本国から大量のマネジャーを送り込むため，派遣者の人員配置や選抜，報酬，出向前教育や帰任プログラムなど，国際人的資源管理（IHRM）の諸施策を企画・実践する本社の国際人事部門に対し，十分な資源を割り当てる必要があります。一方で，差異化を重視する企業では，このような活動は最小限でよいかもしれません。したがって，統合化－差異化のバランスの程度は，本社の国際人事部門にどの程度資源を集中させるかの意思決定と連動すると考えられています。

　第3に，統合化－差異化のバランスは，資源の地理的配分にも影響を与えます。先ほどの2点目の裏返しにもなりますが，差異化を志向する企業では，人材に費やす時間やエネルギー，コストなどの資源は，現地の各ユニットに分散させる必要があります。このような企業でかつ製品や地域別の事業部制を採用している場合，事業部内の国際人事担当部門，さらにはその傘下にあるそれぞれの海外子会社の経営層や人事担当部門により大きな権限と裁量度を与えることが求められます。各事業，各ユニットが独自の人的資源管理政策・施策を構築するためには，それぞれの下部組織により多くの資源を分散させ割り当てる必要があるためです。したがって，選択する統合化－差異化のバランスの程度によって，多国籍企業がどの程度，各海外子会社の人的資源管理に要する資源を分散させるかは変化するといわれています。

1.2.3　戦略的国際人的資源管理の政策・施策

　統合化と差異化のバランスに関する課題は，戦略的国際人的資源管理の政策（policy）・施策（practice）のあり方にも影響を与えます（図表12-2）。多国籍企業が全体としてどのように人材を管理するか，また個別の施策をど

のようにデザインするかについての全般的なガイドラインが政策・施策の側面になります。

例えば、ある多国籍企業が、人材の報酬に関する政策として、「成果主義」を全社的（全世界）に打ち出したとします。海外の各ユニットがある程度自由にこの政策を施策に落とし込むことが許容されている場合、それぞれのユニットが現地の経営慣行や人々の価値観などを考慮し、独自の成果主義施策を策定・実施します。具体的には、同一の多国籍企業でも、現地での売上げが海外子会社の社長「個人」の報酬に結びつく報酬施策にするユニットもあれば、売上げが取締役以上のトップ・マネジメント「チーム」の報酬と連動する施策を実施するユニットもあります。

このような多国籍企業の戦略的なニーズや意思決定と関連する戦略的国際人的資源管理の政策・施策には、人員配置、評価、報酬、育成などの個別の領域が含まれます。したがって、これらを含む戦略的国際人的資源管理の政策と施策の両レベルにおいて、統合化と差異化のバランスを考慮した戦略的な意思決定が必要となります。

2　複数の理論的パースペクティブ

2.1　資源依存理論

前節にて、多国籍企業内部でのユニット間結合のあり方や海外ユニット内部のオペレーションに本社がどの程度関与するかは、戦略的国際人的資源管理の重要な課題であることを説明しました。この統合化と差異化のバランスの問題を、本社と海外子会社の間で交わされる資源の交換と勢力関係の観点から説明する理論が、**資源依存理論**（resource dependence theory）になります。

資源依存理論を提唱したフェッファー（Pfeffer, J.）とサランシック（Salancik, G.）によると、組織が存続するために必要なあらゆる資源（人・

物・金・情報など）を，組織が単独で生み出すのは不可能だといいます。むしろ，他の組織や行為者に依存し，資源の交換をしながら組織は機能しているというのです。同時に，組織は交換の対象となる他の組織や行為者に対しては，支配やコントロールを強めようと試みます。なぜなら，組織は自らの目標達成に向けて，対象となる組織から必要な資源を，より効率的，効果的，そして確実に獲得しようと試みるからです。これが資源依存理論のエッセンスです。

この理論を国際経営の文脈に応用したグプタ（Gupta, A. K.）とゴビンダラヤン（Govindarajan, V.）は，多国籍企業内部のユニット間で交換される資源の流出（outflow）と流入（inflow）の関係から，海外子会社の戦略的役割を**図表 12-3** のように4つの分類をしています。

① **グローバル・イノベーター**（global innovator）

重要な経営資源が多国籍企業内部の他の組織（本社や子会社）から当該海外子会社に集まる程度が相対的に低い一方で，当該海外子会社から多国籍企業内部の他の組織に発信する程度が相対的に高い海外子会社を指します。グローバル・イノベーターは多国籍企業内部で，資源や知識を拡散する役割を

図表 12-3 ▶▶▶ 本社と海外子会社間での資源（知識）の流出・流入の程度からみた海外子会社組織の戦略的役割

	低い	高い
高い（多国籍企業内の当該現地法人組織から他の組織（本社・子会社）への資源流出 knowledge outflow）	グローバル・イノベーター	統合的プレーヤー
低い	ローカル・イノベーター	実行役

多国籍企業内の他の組織（本社・子会社）から当該現地法人への資源流入（knowledge inflow）

出所：Gupta & Govindarajan [1991], p. 774 をもとに筆者作成。

果たしているため，本社機能に近い役割を担う地域統括会社などによくみられるタイプだといわれています。

②**統合的プレイヤー**（integrated player）

多国籍企業内部の他の組織から経営資源が当該海外子会社に集まる程度および，当該海外子会社から多国籍企業内部の他の組織に発信する程度がともに相対的に高い海外子会社を指します。多国籍企業内部での知識創造の役割を担う重要な海外子会社です。

③**実行役**（implementor）

本社や他の子会社など多国籍企業内部の別組織から入ってくる多くの経営資源をもとに，主に戦略の実行者の役割を担う海外子会社です。実行役は，研究開発やマーケティングなどの機能を持たず，現地での生産機能が中心の海外ユニットに多くみられます。

④**ローカル・イノベーター**（local innovator）

多国籍企業内部の他の組織との資源の交換が低く，あらゆる機能において新しいノウハウを現地で吸収している海外子会社を指します。フランチャイズの形態をとる多国籍企業（例えば，ケンタッキーフライドチキン（KFC）など）の海外子会社にこのようなケースが多いといわれています。

グプタとゴビンダラヤンは，この4分類のうち，多国籍企業内での資源の相互依存度がもっとも高い海外子会社は統合的プレイヤーであり，次いでグローバル・イノベーターと実行役がともに中程度で，もっとも低いのはローカル・イノベーターであると説明しています。また，本社の海外子会社へのコントロールとして，海外子会社の意思決定や経営プロセスなどの行動面に対しコントロールをより強く行使しようとするのは，新たな知識を創出する統合的イノベーターとグローバル・イノベーターに対してであるとしています。本社にとって重要な資源を交換する対象がどこかを考えれば，うなずける説明でしょう。

さらに，テイラー（Taylor, S.）らは，この考え方を戦略的国際人的資源管理に応用して，興味深い仮説を提示しています。具体的には，本国本社と

海外子会社との間で，人的資源管理システム（採用，評価，報酬，教育など各施策）がどの程度類似するかは，上記の４分類で異なるはずだと主張しています。もっとも類似度が高まるのは，資源の相互依存度が高い統合的プレイヤーで，次いでグローバル・イノベーター，実行役，ローカル・イノベーターの順に本国本社とは異なるタイプの人的資源管理システムを採用するとしています。これは，海外子会社の資源の交換度合いが高まることにより，本社が海外子会社に対するコントロールを強める結果，人的資源管理システムの移転が進むことを示唆しています。

2.2 資源ベース理論

本章 **1.1** 項で述べたとおり，資源ベース理論は，戦略的人的資源管理および戦略的国際人的資源管理の考え方が萌芽する契機となった経営戦略に関する理論です。前出の経営学者バーニーは，企業の**「持続的競争優位」**とは，単純に企業の競争力が暦の意味での時間的長さに基づいて評価されるべき概念ではなく，企業が競争他社によって模倣されない資源をどの程度蓄積しているかによって判断されるべきものと説明しています。企業が他社によって真似される可能性の高い資源ばかり持っていては，ライバル企業による追随を簡単に許すことになります。こうした企業は，遅かれ早かれ，市場競争の中で淘汰され，競争力を持続することは困難となります。よって，企業は他社に真似されないその企業固有の資源を持ち，それを自社の戦略の中心に据えるべきと主張しているのです。

バーニーは，企業が持続的競争優位を築くために有用な資源の性質は以下の４つに集約されるとしています。すなわち，①価値がある（valuable），②稀少である（rare），③模倣できない（inimitable），④代替できない（non-substitutable）性質を備えた資源です。換言すると，他社によって模倣されない異質（heterogenous）でかつ他社に特定・活用されない不可視の経営資源をいかに蓄積できるかが，持続的競争優位確立のカギだと唱えたのです。この見方は，経営資源は基本的にあらゆる企業においてほぼ同質

(homogenous) で，企業間で自由に移動可能なものというこれまでのアメリカ経営学の常識を大きく覆すものでした。この考え方のもと，多国籍企業はいかに企業固有の人的資源を採用・育成・活用し，企業の競争戦略に結びつけていくかが競争力の向上に重要であるという視点に発展していったのです。

2.3 ソーシャル・キャピタル理論

2000年以降になると，多国籍企業が持続的な競争優位性を確立するには，内部に**ソーシャル・キャピタル**を構築すべきだとする考え方が出てきます。ナハピエト（Nahapiet, J.）とゴシャールによると，ソーシャル・キャピタルとは，「一個人，ないしは複数の個人からなるユニットがもつ関係性のネットワークから生まれ，それを通じて獲得し，またその中に組み込まれている実際の，ないしは潜在的な資源の集積」を指します。具体的には，以下の3つの側面を含みます。

①構造的ソーシャル・キャピタル

個人が既知の人々のうち情報や支援を求めることができるネットワークを指します。個人がどれだけの紐帯（結びつき）を誰とどのように結んでいるかといった関係性の構造が重視されます。

②関係性ソーシャル・キャピタル

人々が相互作用を通じて互いに築いてきた個人的な関係性を指します。そこから生まれる信頼や絆なども含みます。

③認知的ソーシャル・キャピタル

ネットワーク内での相互作用から生まれる人々の共通したものの見方，解釈の仕方，また意味のシステムを指します。相互作用の結果メンバー間に共有される規範，価値観，目標などを含みます。

テイラーによると，上記3つのソーシャル・キャピタルは，多国籍企業が競争優位性を築くのに不可欠だと説明しています。多国籍企業内部に構造的，

関係性，認知的ソーシャル・キャピタルが多く蓄積されているほど，ユニット間での重要な知識の相互移転，ダイナミックな環境下での全社的な調整，また全世界での経営理念や価値・規範の共有を促進します。

3 戦略的国際人的資源管理のモデル

図表12-4は，シューラーらが提起した戦略的国際人的資源管理の影響過程を説明した統合モデルです。図の中心には，本章の**1.2**項で定義した戦略的国際人的資源管理の3側面（課題，機能，政策・施策）があり，それらに直接的に影響を与えているのが，「多国籍企業の戦略的要素」になります。この戦略的要素の中身は，本章の**1.2.1**にて詳細に説明しているので，ここでは割愛します。

3.1 外生的要因

外生的要因（exogenous factors）とは，企業を取り巻く外的環境を指し，①産業特性と②国・地域の特性が含まれます。ここでは，産業特性の影響に

図表12-4 ▶▶▶戦略的国際人的資源管理（SIHRM）のモデル

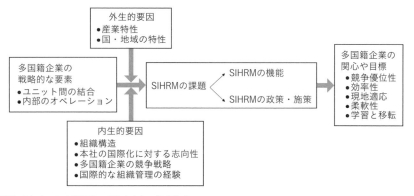

出所：Schular *et al.* [1993], p.722をもとに筆者作成。

ついて説明します。第2章で学習したとおり，ポーターは，多国籍企業が活動する産業を業態や事業の特徴から，大きくマルチドメスティック産業とグローバル産業とに分類しています。**マルチドメスティック産業**とは，多国籍企業の各ユニットがそれぞれ操業する国で競争を行い，その競争が他国の別ユニットでの競争から独立している産業（例えば，小売，流通，保険など）を指します。一方で，**グローバル産業**とは，各ユニットの操業や事業がそれ以外の国での事業や競争戦略に大きく影響し，世界規模でのオペレーションの連鎖としての競争優位を確立している産業（例えば，航空機，半導体など）を意味します。

この場合，マルチドメスティック産業に位置づけられる多国籍企業は，各国・地域を1つの独立した市場として捉えており，それぞれの国・地域における海外子会社レベルでの戦略や実行を優先します。したがって，この産業に該当する多国籍企業は，必然的に分散・分権型の戦略的国際人的資源管理の志向性を持つ傾向が強くなります。人的資源管理の政策・施策に関していえば，各国・地域のユニットにおいて，より現地式の政策・施策を運用しがちになります。

一方で，グローバル産業に位置づけられる多国籍企業は，全世界を統一体とみなした戦略の立案や子会社運営を行います。その場合，当該産業の企業は，本社が各海外子会社に対するコントロールと調整力を強め，集権的な戦略的国際人的資源管理の志向性を持つ傾向が強まります。したがって，この産業の多国籍企業では，より標準化された人的資源管理の政策・施策を各国に導入する傾向があります。

3.2 内生的要因

内生的要因（endogenous factors）とは，組織内の戦略や構造，あるいはトップ・マネジメントの考え方など，組織内の要因を指します。なかでも，①組織構造，②本社の国際化に対する志向性，③多国籍企業の競争戦略，および④国際的な組織管理の経験が，多国籍企業の戦略的国際人的資源管理に

影響を与えると指摘されています（**図表12-4**）。ここでは③「多国籍企業の競争戦略」について詳しくみていきます。

　まず，ユニットレベルでの競争戦略が，ユニット内の人的資源管理政策・施策に少なからず影響を与えることが既存の研究で指摘されています。例えば，現地において高品質をもとに他社と競争しているユニットは，価格やコスト削減を主たる競争手段にしているユニットよりも，参加的かつ，平等主義的で個人よりもチームを重んじた人的資源管理政策・施策を実践しているといわれています。また現地で製品の差別化を強調する海外子会社は，それを強調しない海外子会社に比べ，プロセス志向ではなく，成果主義を徹底するなど結果志向的であることも確認されています。

　一方で，本国の本社レベルと各国現地のユニットレベルとの競争戦略の一致度も現地での人的資源管理に大きな影響を与えます。具体的には，本国と現地のユニットで共通の競争戦略がある場合，そうでない場合に比べ，両国間での人的資源管理政策・施策は類似度が高くなるとされています。例えば，本国・現地ともに高品質化を競争の核に据えていれば，両国において高品質化に適した人的資源管理政策・施策を実施する傾向が強くなります。このように，多国籍企業の本社レベルとユニットレベルとの両者の競争戦略が，多国籍企業としてどのような戦略的国際人的資源管理政策・施策をとるかと関係しているといえるでしょう。

4　戦略的国際人的資源管理の実践ステップ

　戦略的国際人的資源管理を実践するには，戦略的経営（strategic management）の実践ステップを踏むことが重要になります。**図表12-5**はこの実践ステップを図示したものです。これには，組織の外部および内部の環境を定期的にモニタリングし，企業の上位にあるビジョン，ミッション，および目標に整合する資源の獲得や配置を行うなど，戦略的に計画し経営を実行するプロセスが含まれます。

図表 12−5 ▶▶▶ 戦略的経営プロセスの基本的要素

出所：Briscoe *et al.* [2011], p.31 をもとに筆者作成。

具体的には，企業内部の強み（Strength）と弱み（Weakness），企業の外的な機会（Opportunity）や脅威（Threat）のそれぞれの頭文字をとった **SWOT 分析** に基づき，当該企業を競争優位に導く戦略を立案し実行に移すというプロセスを経ます。その過程で，当該企業において求められる人材像

Column　大手食品メーカーにおける戦略的国際人的資源管理の事例

　大手食品メーカーのA社は，日本に本社を持つ多国籍企業で，食品事業では日本のほか主にアジアや南米を中心に調味料や調味料を加工した商品（スープ，即席麺，冷凍食品など）を製造・販売しています。A社食品事業の目標は，世界各国で「おいしさ No.1」を追求することであり，その強みはそれぞれの国・地域に根差した商品展開と隅々まで商品を行き渡らせる販売力にあります。とくにA社の提供する商品は，一般の家庭や町の飲食店でも頻繁に使用される商品のため，農村地域や小さな集落なども含め人の生活があるところには需要があります。こうした地域の消費者にも手が届く価格設定を行い網羅的な販売網を整備し，ライバル企業に対する強みを形成しています。

　現地に深く根差した商品展開や物流のチャネルを構築するには，現地の食文化にあった商品開発を担う人材と現地の市場に深く入り込む販売力を持った人材が重要な役割を果たします。A社はこのカギとなる業務をナショナル・スタッフ（現地人材）に担当させ，海外子会社にて採用，育成，活用しています。また，各国海外子会社のトップは，日本から派遣されるケースが多いですが，いずれも本国で現地語のトレーニングを受けてから派遣されます。

　以上のように，A社は全社的に，各国・地域での市場への適応を重視する差異化の戦略をとり，この戦略に応じた現地適応型の戦略的国際人的資源管理を実践し，競争優位性を築いています。また，A社の食品事業はその特徴から，マルチドメスティック産業に位置します。この外生的要因にも適合的な競争戦略と国際人的資源管理とを採用することで，高い競争力を発揮していることが考えられます。

が明確になり，どのような人材がどの業務に，どのポジションで，またどのタイミングで必要なのかを可視化する作業が戦略的国際人的資源管理の実践において重要となります。

　この一連のプロセスは，国内のオペレーションに特化した企業と複数の国・地域にまたがるオペレーションを伴う多国籍企業との間で大きな違いはないと考えられています。しかしながら，地理的にも文化的にも多様な人材をマネジメントする多国籍企業にとって，トップが決定した戦略を全世界の現場のフロントライン従業員の行動にまで落とし込んでいく作業は決して容易なことではありません。その意味では，合理的かつ戦略的な意思決定と同時に，その決定に対する各現場の従業員のコミットメントを引き出すリーダーシップの役割も軽視してはならない重要なポイントでしょう。

Working　　　　　　　　　　　　　　　　　　　　　　調べてみよう

1. 身近な多国籍企業1社を取り上げ，①その多国籍企業が属する産業の特徴はどのようなものか，②企業としての強みがどこから形成されているのか，③その企業のターゲットとなっている市場や顧客（BtoBであれば取引先企業）の特徴はどのようなものか，調べてみよう。
2. さらに，上記の企業の国際人的資源管理の政策や施策の特徴について調べてみよう。

Discussion　　　　　　　　　　　　　　　　　　　　　　議論しよう

1. Working の1. と2. の作業をもとに，取り上げた多国籍企業の経営環境や世界戦略と実施されている国際人的資源管理の政策・施策とはどのような関係にあるか考えてみよう。
2. 親企業で採用している人的資源管理政策・施策を海外の海外子会社に移転すべきかどうか判断する際，どのような点に留意すべきだろうか。戦略的国際人的資源管理の観点から考えてみよう。

▶▶▶さらに学びたい人のために

- Schuler, R. S., Dowling, P. J. & De Cieri, H. [1993] An integrative framework of strategic international human resource management, *International Journal of Human Resource Management*, Vol. 4, No. 4, pp. 717-764.

参考文献

- Briscoe, D. R., Schuler, R. S. & Tarique, I. [2011] *International human resource management: Policies and practices for multinational enterprises*, Routledge.
- Gupta, A. K. & Govindarajan, V. [1991] Knowledge flows and the structure of control within multinational corporations, *Academy of Management Review*, Vol. 16, No. 4, pp. 768-792.
- Lepak, D.P., Liao, H., Chung, Y. & Harden, E. [2006] A conceptual review of human resource management systems in strategic human resource management research, In J. Martocchio (Ed.) *Research in personnel and human resources management* (Vol. 25, pp. 217-271). Elsevier.
- Nahapiet, J. & Ghoshal, S. [1998] Social capital, intellectual capital, and the organizational advantage, *Academy of Management Review*, Vol. 23, No. 2, pp. 242-266.
- Porter, M. E. (Ed.). [1986] *Competition in global industries*, Boston: Harvard Business Press.
- Pfeffer, J. S. & Salancik, G. [1978] *The external control of organizations: A resource dependence perspective*, New York: Harper & Row.
- Schendel, D. & Hofer, C. W. (Eds.) [1979] *Strategic management: A new view of business policy and planning*, Little, Brown.
- Schuler, R. S., Dowling, P. J. & De Cieri, H. [1993] An integrative framework of strategic international human resource management, *International Journal of Human Resource Management*, Vol. 4, No. 4, pp. 717-764.
- Taylor, S. [2007] Creating social capital in MNCs: The international human resource management challenge, *Human Resource Management Journal*, Vol. 17, No. 4, pp. 336-354.
- Taylor, S., Beechler, S. & Napier, N. [1996] Toward an integrative model of strategic international human resource management, *Academy of Management Review*, Vol. 21, No. 4, pp. 959-985.

第13章 社内言語・コミュニケーション

Learning Points

- ▶ 多国籍企業内における言語環境，社内共通語などの実態について知る。
- ▶ ブリッジ人材の特徴，能力，役割などについて理解する。
- ▶ 多文化チームや多言語人材が集まった会議などで起こりうる現象とその対策について理解する。
- ▶ 多国籍企業の業績を向上させるための言語政策，コミュニケーション政策について理解する。

Key Words

社内共通語　リンガ・フランカ　ビジネス英語　異文化間コミュニケーション
多言語人材　多文化人材　ブリッジ人材

1 多国籍企業における言語使用の現状

　多国籍企業は，本社以外の海外の事業所にもマーケティングや製品開発の部門を設けています。このような企業では，本社から派遣された従業員が海外の事業所へおもむいて現地出身の従業員とともに業務を行うことが多いため，オフィスでは従業員どうしの使用言語の問題が生じやすくなります。

　本章では，多国籍企業で行われているの異文化間の言語使用の事例を示しながら，多言語環境で起こりうる問題について取り上げます。さらに，さまざまな文化背景を持つ従業員どうしが円滑にコミュニケーションを行う方法について考えていきましょう。

1.1　言語使用上の問題が起こりやすい企業環境

　製造を主たる業種とする企業は，コスト削減や製造の利便性などの理由で，製品の生産ラインを海外に移転させる場合があります。ライン生産方式で業務を行う際には，製造工程が比較的単純であるため，担当従業員への業務指導はさほど複雑ではありません。そのため，異文化出身の者どうしが共同で作用する場合でも，言語使用の問題が起こる頻度は低いと考えられます。

　一方，市場調査（マーケティング）や研究開発（research and development：R & D）を行う企業では，変化に対応するために断続的にコミュニケーションを行う必要があります。このようなコミュニケーションの内容や方法は，詳細にマニュアル化することができません。そのため，異文化出身者で構成されるチームでの業務の際は，メンバー全員が共通語を駆使しながら，状況に合わせて複雑なコミュニケーションを行う必要があります。

1.2　多国籍企業での言語上の取り組み

　異文化出身者どうしがコミュニケーションを行う場合にもっとも問題になりやすいのは，言語の壁です。異文化出身者で構成されるチームのメンバーが互いの話す言語を理解できなければ，業務はスムーズに進行しません。そのため，海外に事業所を持つ多くの企業では，現地へ派遣する本社の従業員や海外の事業所から本社へ派遣される従業員に，派遣先で必要な言語の訓練が行われています。また，さまざまな国の出身者が集まる本社に限り英語を共通語として用いる企業もあります。

　企業で英語などの共通語を導入する場合は，たいてい企業内で言語訓練コースなどが組織されます。企業が従業員の中から適任者を選んでインストラクターにする場合もあれば，外部の専門家やインストラクターを雇用する場合もあります。

　企業が組織的に行う従業員の言語訓練は，ある程度の成果を上げています。一方，言語訓練に専念させるためには，訓練期間中に従業員に職務を課すこ

とは困難です。この場合，企業は人材育成のコストとして付加的な投資を行わなければならず，リスクも伴います。逆に，すでに職務を持つ従業員が就業時間中に言語訓練に参加する場合，集中的に時間を割くことは難しいので，従業員の言語能力の向上に長い期間が必要です。

そのため，グローバル化が加速するなかで言語の壁の問題に効果的に対処するため，多国籍企業もさまざまな措置を講じています。次の節ではこの点を具体的に考えます。

2 多国籍企業における言語環境の整備

多国籍企業が多言語環境のコミュニケーションを円滑化させるために設ける措置は，大きく分けて2つあります。1つは，英語などの**社内共通語**を使いこなすことのできる者を採用または言語訓練によって集め，多国籍チームを形成する方法です。もう1つは，異文化出身者で構成されるチームに翻訳者や通訳者を配置する方法です。以下では，これらについて1つずつみていきましょう。

2.1 共通語を用いるチームの形成

異文化出身のメンバー間で言語使用の問題に対処するため，チーム内で全メンバーが共通して話すことのできる言語を使用する場合があります。例えば，チームのあるメンバーたちの母語（mother tongue）を他のメンバーたちも話すことができる場合，その言語が共通語になりえます。または，チームメンバー全員にとって母語ではない言語でも，全員がある程度その言語に習熟していれば，それを共通語にすることもできます。例えば，日本人と中国人で構成されるチームで，お互いの母語が話せない場合，チームメンバー全員がある程度の英語運用能力を持っていれば，英語をメンバー間の共通語として使用することが可能です。

2.1.1 共通語を導入した多国籍企業の事例

このような社内共通語の導入の例として，楽天は，2010年に社内共通語を英語とする旨を公表し，役員レベルの会議は英語で行われるようになりました。さらに，2年間の移行期間を経て，2012年7月から社内全体の共通語として英語が正式に導入されています。もう1つの例として，ユニクロなどを展開するファーストリテイリングでも，2012年3月から本社の会議や文書作成が英語で行われるようになりました。

実際に楽天でもファーストリテイリングでも，英語を母語としないアジア諸国出身者が採用されていますが，社内では英語でコミュニケーションが行われています。

2.1.2 リンガ・フランカとしてのビジネス英語の導入

共通の母語を持たない人どうしがコミュニケーションを行うために使われる言語は，**リンガ・フランカ**（lingua franca）と呼ばれ，とくにビジネス環境で話される共通語を指して用いられます。もともとのリンガ・フランカは，中世以降の東地中海地方で共通語として商人たちの間で用いられていた混成言語でした。その後，同じように異なる言語を話す者どうしがビジネス取引をする際に用いる共通語も，リンガ・フランカと呼ばれるようになりました。

例えば，インドでは各民族が母語を有するため，インド人の間でも英語で話される場合があります。また，現在マレーシアの公用語（official language）となっているマレー語は，もともと東南アジア一帯でリンガ・フランカとして形成された言語です。現代では，国際ビジネスにおいて多くの国で英語が用いられており，その場合の英語は**ビジネス英語**と呼ばれます。

多国籍企業のチームメンバーが共通語を用いてコミュニケーションを行うことができれば，翻訳者・通訳者を介すことなく情報共有が行えます。そのため，仲介者がいることによって生じうる情報の誤り（伝言ゲームのときのような）を回避しやすくなります。一方，メンバーのいずれにとっても母語でないので，文法的な誤りや語彙の不足が誤解を生むこともあります。その

ため,リンガ・フランカとしての英語でコミュニケーションを行う場合は,緊密な情報授受と重要事項をきちんと確認する姿勢が求められます。

2.1.3 共通語を使用するチームの課題

言語の壁は,共通語の使用のみによって解決できる単純な問題ではありません。ある日本企業で実際にあったケースをご紹介しましょう。この企業では毎朝,就業開始直後に全従業員で朝礼を行うことが重んじられています。あるとき,急に重要な案件を抱えた日本人上司が欧米人の部下に,「明日の朝,できるだけ早い時間にこの書類を届けるように」と完璧な文法での英語で指示しました。真面目なこの部下は,次の日の朝,就業開始と同時に書類を部下のもとへ届けると,日本人上司から叱られてしまいました。日本人上司は,「朝礼が終わってからいったん担当部署に戻って,それから書類を届けるものと思った」とのことでした。この欧米人の部下は,のちに友人の日本人にこのエピソードを話し,重要な書類の提出よりも毎朝行われる朝礼への参加のほうが優先順位が高いことを知って驚きました。

上記の欧米人の部下の出身国では,学校でも企業でも朝礼の習慣がなかったため,この部下は朝礼を行う意図や意義を知らなかったのです。日本企業で行われる朝礼は,一般的に従業員教育の一環として行われます。毎日個々の従業員があらためて企業の理念を確認し,1日の目標を持って有意義に働くための意欲を起こさせるものとされています。この意義を十分に理解していなかった欧米人の部下は,緊急かつ重要な顧客の案件にかかわる文書を届けることを優先することにしました。

このように,いくら社内で共通語でコミュニケーションをしていても,仕事のしかたやその意義が共有されていなければ問題は発生してしまいます。そのため,異文化の背景を持つ者どうしが一緒に働く場合はとくに,価値観の共有の徹底や言葉をつくしたコミュニケーションを心がけなければならないのです。

2.2 翻訳者・通訳者の活用と課題

　一般的に，企業で雇用される翻訳者や通訳者は，仲介するいずれの言語に関しても高い運用能力を持っています。しかし，翻訳者・通訳者には，高い言語能力に加えて，業務場面で必要になるあらゆる情報にも習熟しておくことが必要です。また，業務の専門用語にも精通しておくことが求められます。これらの知識がなければ，担当する業務場面で行われるコミュニケーションの内容を適切に理解したり伝えたりすることが難しいからです。

　このような周辺知識は，ある程度であれば担当者が独自に収集することが可能です。例えば，雇用する企業から提供される資料や，同様の業種を扱った雑誌や書籍，インターネットの情報を参照することができます。しかし，仲介を担当する場面に深く精通するためには，やはり当該の業務内容をよく知る必要があります。また，当該のチームがこれまでに行ってきた**コミュニケーションの文脈**を知っておく必要もあります。文脈を知っておくなら，チームメンバー間やチームと外部との間で問題が発生した際にその原因がわかりやすいからです。その場合の仲介も，効果的に行うことができます。

　この場合，翻訳・通訳担当者も，チームのメンバーとして参加することが可能であれば好都合です。しかし実情としては，多くの企業で，翻訳・通訳者はチームとは別に雇用されることが多く，必要と判断されるときに短期で雇用されることもしばしばあります。そのため，チームとして積み上げてきた業務遂行の歴史や文脈を共有していない翻訳者・通訳者が担当する際には，迅速で円滑な仲介が困難である実例もあります。この場合，チーム外に配置されている翻訳者・通訳者は，業務開始前に，十分にチームメンバーから情報収集しておく必要があります。

3 企業間の文化の橋渡しとしてのビジネスコミュニケーション

リンガ・フランカを用いて従業員どうしが直接コミュニケーションを行う場合でも，チームに翻訳者を導入する場合でも，コミュニケーションを行う者がそれぞれ異なる文化的背景を持つことに変わりはありません。そのため，たとえ使用言語に問題がない場合でも，文化や習慣の違いのために円滑なコミュニケーションが阻害されることがあります。本節では，ビジネスコミュニケーションの際に文化間の調整がいかに重要であるかについて考えます。

3.1 社内でのビジネスコミュニケーション

3.1.1 コミュニケーション

ビジネスコミュニケーションを考える前に，そもそもコミュニケーションとは何かについて考えてみましょう。**コミュニケーション**(communication)という言葉は，もともとラテン語のコムニス（communis）から派生しています。この語は，「共有する」また「共有物」という意味があります。つまり，コミュニケーションとは，情報の送り手と受け取り手の双方が同様の情報を共有することです。当たり前のことのように聞こえますが，実は2者が同様の情報をきちんと共有することはやさしいことではありません。情報の伝わり方について非常に簡潔に示した次の図をもとに考えてみましょう。

シャノン（Shannon, C.）とウィーバー（Weaver, W.）は，情報工学から**情報伝達**の仕組みをモデル化し，**図表13-1**のように表しました。この図を人間どうしの間の情報伝達に当てはめて解説すると，以下のようになります。

まず，ある情報が概念として送信者（information source）の頭の中でまとめられます。まとめられた情報はひとかたまりのメッセージ（message）となり，喉や口などのいわゆる送信機（transmitter）を介して受け取り手の理解できる信号（signal），すなわちことばやメロディに変換されます。こ

図表13-1 ▶▶▶ シャノンとウィーバーによる情報伝達のメカニズム

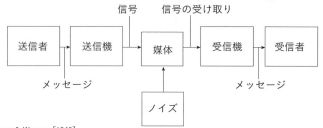

出所：Shannon & Weaver [1949].

のような音声信号は，送信者の肺から出た呼気が喉や口の中を通るときに巧みに操られ，口から外に出たときに特定の振動によって音となります。この一連の過程は，空気という媒体（channel）にのせられます。空気にのって送られた音声信号は，受信者の耳に届きます（received signal）。その後，受信機（receiver）すなわち受信者の耳に入り，信号は概念的メッセージとなって最終目的地（destination）である受信者の頭の中に届きます。

音声情報が媒体を介して受信者に送られる際には，必ずといっていいほどノイズ（noise source）の妨害を受けます。この場合のノイズとは，文字通りの雑音の場合もありますが，その他にもさまざまな形態があります。例えば，送信者の言い間違いや，情報の送信者・受信者それぞれが持つ背景知識の違い，物事の捉え方の違いによる受信者側の勘違いなどが挙げられます。なお，シャノンらの図は，人間が異なる人間に対して試みる一方向の情報伝達を示していますから，実際のコミュニケーションでは，両者が交互に（ときには同時に）この図のプロセスを繰り返すことになります。

コミュニケーションを行う2者は，まったく異なる脳で情報を処理しています。また，それぞれが育った環境などにより蓄積された知識や価値観も異なります。そのため，コミュニケーションの際にはノイズによる妨害を避けることができません。このことから，「コミュニケーションとは情報を共有すること」といっても，単純なものではないことがわかります。

3.1.2 ビジネスコミュニケーション

コミュニケーションのメカニズムは複雑であるものの,それでも私たちは何とか互いを理解しながら(したつもりで)日々,情報共有活動を続けられています。これは,コミュニケーションの目的が情報の完全な共有ではなく,情報送信者の意図の達成であるからといえます。仮に情報の受信者が送信者からの情報を完璧に受け取れていなくても,受信者が送信者の望む行動をとれば,送信者は情報共有の目的を達成したことになり,満足できます。

例えば,聞き手が話し手からの頼みごとの言葉を一語一句覚えていなくても,頼みごとがきちんと果たされれば摩擦が起こることはありません。また,聞き手が愚痴を聞き流していたとしても,適切なあいづちを入れるだけで話し手は満足する場合もあります。その場合,話し手の目的は聞き手が何らかのかたちで同意を示してくれることだからです。

このようなことは,コミュニケーションという大きな枠組みの中に位置づけられるビジネスコミュニケーションにも当てはまります。例えば,顧客訪問の際の営業の目的はたいてい顧客が製品について概要を理解してくれることです。また,ある人事担当者会議の目的は会社にふさわしい人材の採用を決定に持ち込むことかもしれません。つまり,ビジネスに関係するさまざまな活動の達成を目的とした情報の共有が,すなわち**ビジネスコミュニケーション**であるということです。

図表13-2に示すように,ビジネスコミュニケーション能力は,基本的なコミュニケーション能力に基づく専門的な言語能力です。同様に,大学などの学術的な環境で必要な能力や,アルバイト先で必要な能力も,それぞれ専門分野におけるコミュニケーション能力といえます。そのため最近では,すでに基本的なコミュニケーション能力を持つ者に対して,特定の目的や専門で必要な言語能力の養成を目指す教育機関や企業が増えています。これらの言語訓練は,**専門英語**(English for specific purposes:ESP)や**専門日本語**(Japanese for specific purposes:JSP)として提供されています。

図表 13-2 ▶▶▶ビジネスコミュニケーションの位置づけ

```
           ┌─────────────────────────────────────┐
           │ ビジネス場面でのコミュニケーション能力       │
           │ ●営業担当者として取引先と適切にやりとりができる │
           │ ●製品開発チームのメンバーと情報共有できる　など │
           └─────────────────────────────────────┘
                          ↑
  ┌──────────────────────┐    ┌──────────────────────────┐
  │ 大学生としてのコミュニケーション能力 │    │ アルバイトでのコミュニケーション能力     │
  │ ●授業内容を理解しクラス活動に参加できる │    │ ●店長や先輩の指示を理解し，行動できる   │
  │ ●サークルでの活動に参加できる　など  │    │ ●マニュアルに沿った対応ができる　など   │
  └──────────────────────┘    └──────────────────────────┘
           ↑                                ↑
  ┌──────────┐  ●常識に基づいてふさわしい判断ができる
  │ 基本的な    │  ●相手に感情移入できる
  │コミュニケーション能力│  ●使用言語が一定程度以上，運用できる　など
  └──────────┘
```

3.2　国際ビジネスコミュニケーションの必要性

　3.1項で示したように，多国籍企業のチームメンバー間のコミュニケーションには，各メンバーまたは翻訳者・通訳者の言語能力だけでなく，異文化間を橋渡しする能力，つまり**異文化間マネジメント力**も重要です。この場合のマネジメントとは，異文化ゆえに異なる方法で仕事を進めようとするチーム環境において，両者の方法を理解したうえで打開策を見い出し，両者が納得する方法を導入することです。このような能力を十分に発揮しながら行うコミュニケーションこそが，**国際ビジネスコミュニケーション**といえます。

　上記のような国際ビジネスコミュニケーションを行うためには，高い言語能力と**異文化理解能力**，**問題発見能力**，**問題解決能力**など，さまざまな能力を同時に発揮しなければなりません。この実践のためには，チームメンバー1人ひとりが企業就職前の大学教育などで基本的な能力を養っておく必要がありますが，現実はやさしいものではありません。企業が従業員に一定程度のトレーニングを提供することも可能ですが，業務の遂行を考えると十分な研修を実施することは困難です。

　そのため企業は，異文化間の仲介を専門に行う人材を多国籍チームに配置する場合があります。この人材の役割については，次の節で述べます。

4　ブリッジ人材

　第3節で述べたように、異文化間マネジメントを行いながらコミュニケーションの仲介を行う人材は、近年、日本において**ブリッジ人材**と呼ばれています。ブリッジ人材は、その名のとおり、異なる文化の出身者間や事業所・企業間の橋渡しを行います。本節では、ブリッジ人材の役割とその役割の重要性について説明します。

4.1　「多文化人材」としてのブリッジ人材

　ブリッジ人材は、主に、多国籍企業のチーム内、多国籍企業の支社間、また就業企業と顧客（顧客企業）の3つの環境に配属されます。ブリッジ人材の主要な役割は、翻訳者また通訳者として異なる言語間の仲介を行うことで、企業内の現地従業員でも外国人従業員でもなりえます。

　これまで、外国企業との商取引や多国籍チームを持続させるためには、**多言語人材**（multilingual employee）の役割が重要とされてきました。一方で、異文化どうしをうまくマネジメントしながらコミュニケーションを仲介するためにはそれぞれの文化への深い理解も重要であると解釈されるようになってきています。そのため、近年の多国籍企業は、当該の役割を果たす者が多言語人材であると同時に、文化にも精通する**多文化人材**（multicultural employee）であることも求めています。

　ブリッジ人材は、いわば「多文化人材」としてさまざまな文化や習慣に関する豊富な知識や理解を持っていなければなりません。また、それらの知識を活用しながら、その都度、効果的に関係者間の情報授受をサポートする必要もあります。そのため、ブリッジ人材は、企業の中の特定のチームのメンバーとして配属され、チーム内で行われる業務に参画します。

　この点は、特定のチームに所属せず必要に応じてその都度チームに派遣される翻訳者・通訳者とは異なります。また、従来の翻訳者・通訳者は、担当

箇所をできるだけ意訳せずに訳すことが求められることもありました。訳者の主観的な見解を含めることによって誤った情報を伝達しないためです。

　一方，ブリッジ人材の役割は，仲介する関係者間の業務遂行の円滑化なので，必要であれば言葉を付け加えたり，誤解を解きながら情報提供を行います。このように，ブリッジ人材は，仲介する複数の文化のメンバーたちの間で誤解や対立が生じないように事前に策を講じて必要な情報を提供したり，問題が生じた場合に対処方法を考えて適切に対応したりします。そのため，ブリッジ人材には，異文化間の問題発見能力や分析能力，積極的に解決策を提案する姿勢など，言語運用能力以外にも複合的な資質が求められます。

　なお，「ブリッジ人材」は役割の名称なので，企業では必ずしもこの役職名で雇用されているわけではありません。たいていの企業は，ブリッジ人材に必要な資質を持つ人材を「海外戦略部門」や「海外マーケティング部」，さらには「グローバル企画部」などの部署に配属し，従来の従業員と同様の処遇を設けています。

4.2　ブリッジ人材配置の意義と課題

　ブリッジ人材が多国籍企業やチームに配属されることにより，次の2つの点で効果が見込まれます。1つ目は，チームが段階的かつ着実に国際化していけるということです。近年，「企業のグローバル化が重要」という言葉をよく耳にしますが，実際のところ，「グローバル化」が一体何なのかはっきりしていないために，変化が難しい状況です。ブリッジ人材がチームで異文化間を取り持つことにより，より効果的に，自然な形でチームの多様性が維持できると期待できます。

　もう1つは，多様なチーム環境ゆえに，革新的なアイデアや方法が生まれやすくなるということです。通常，ある形式が定着すると，安定性が高くなり，円滑に物事を維持することができます。これも非常に重要ですが，チームの創造性の向上があまり見込めません。チームが多様な背景を持つメンバーで構成されていると，思いもよらないアイデアや解決策が生まれたりしま

す。有用なブリッジ人材は，このような活動を媒介し，促進する役割となります。

　一方で，ブリッジ人材が多文化に関する十分な知識を活用し，商取引やプロジェクトの円滑化に貢献するためには，文化についての豊富な知識だけでは不十分です。ブリッジ人材を含むチームが目指すのは，チームに課せられた業務を期限までに遂行することによって雇用企業の利益に貢献することです。そのため，ブリッジ人材が行う仲介も，この目的の達成を目指して行われなければなりません。

　このように，異文化による相違点を調整しながら業務上の目的を達成するためには，業務そのものに関する知識や能率的な業務の遂行方法を知っておく必要があります。また，上層部の意図を把握して，それに調和した方法で業務が進行するよう働きかけることも重要です。

Column　ブリッジ人材の役割

　タイのバンコクで働くピットさんは，日本企業のタイ支社で働いています。ピットさんの仕事は，日本本社で設計・開発されたパッケージを製造するタイ工場のパフォーマンスや製造品質の確保と向上に貢献することです。

　ある日ピットさんは，タイ工場から受け取った製品をチェックした日本本社の担当者から電話を受け，製品はすべて処分して作り直すようにと指示されました。届いた製品が本社の定める規定と合っていないことがその理由でした。ピットさんはすぐに工場へ出向き，工場長や現場の製造ライン担当者に事実確認をしました。話を進めるうちに，本社からの製造規程には，本社では「当たり前」として規程に明記されていない点がいくつかあり，今回の指摘はそれらの点に関するクレームであることがわかりました。

　明確に示されている規程には忠実に製造を行っていたタイ人と，品質に対する高い基準を持つ日本本社との間で板挟みにあったピットさんは，双方に働きかけることにしました。まず，タイ工場の担当者には，本社と顧客からの信頼度が高まることを指摘して本社の「当たり前」基準を説明し，従業員への徹底を求めました。次に，日本本社には，製造現場での作業能率の向上を意義として説明し，規程書に必要事項すべてをもれなく記載するよう求めました。両者はすぐに応じ，業務が大きく改善されました。

　ピットさんのような役割は「橋渡し」と言われ，この役割を果たす人は「ブリッジ人材」と呼ばれることがあります。ブリッジ人材は，異なる作業方法をすり合わせ，言葉になっていないものを言葉にしながら，本社と子会社，または事業所と工場などの間の橋渡しを行っています。

5　国際人的資源管理と言語・コミュニケーション

　これまで，国際人的資源管理における言語・コミュニケーションの重要性は多く指摘されてきました。一方で，企業で生じている問題やその解決策を具体的に分析する研究はそれほど多くありません。

　日本企業は長い間，同質の文化や言語習慣を持つ者でチームを構成してきました。そのため，人的資源管理を考えるうえで言語やコミュニケーションの要因は度外視する傾向にありました。しかし，今後，日本企業が本社や海外拠点などで多国籍の人材を積極的に雇用し，管理していく場合には，使用言語や従業員どうしの関わり合い方なども考慮しなければなりません。そのためには，企業内の日本人従業員に対する外国語教育や，国際的な考え方を身につける機会の提供が必要といえます。

Working　　　　　　　　　　　　　　　　　　　　　　　　調べてみよう

1. 近年の日本企業の国際化が反映される事例を調べ，どんな分野で異文化間のマネジメント力が求められそうか調べてみよう。
2. アメリカやカナダ，オーストラリアなどの多民族国家の企業でどんなコミュニケーションが行われているか，また，どんな異文化間の問題が起こっているか調べてみよう。

Discussion　　　　　　　　　　　　　　　　　　　　　　　議論しよう

1. 第3節で示したシャノンとウィーバーの情報伝達の図は，口頭以外のコミュニケーション方法にも応用して考えられる。ビジネス場面で必要なコミュニケーションのうち，音声としての言葉以外の方法でのコミュニケーション場面を挙げて，図をもとに話し合ってみよう。
2. 第4節で示したブリッジ人材の効果的な育成のために，企業はどんな取り組みができるだろうか。プログラムの内容や担当者，方法や期間などについて考えてみよう。

▶▶▶さらに学びたい人のために

- 西田ひろ子［2000］『異文化間コミュニケーション入門』創元社。
- Schein, E. H. [1999] *The corporate culture survival guide*, Jossey-Bass.（金井壽宏・尾川丈一・片山佳代子訳『企業文化―生き残りの指針』白桃書房，2004年）
- Hall, E. T. & Hall, M.R. [1990] *Hidden differences: Doing business with Japanese*, Anchor Books.

参考文献

- 戎谷梓［2014］「グローバルIT企業のブリッジ人材に必要なコミュニケーション能力―インド人・スリランカ人ブリッジ人材とその同僚への調査から」『日本労働研究雑誌』第651号 97-112頁。
- 近藤彩［2007］『日本人と外国人のビジネスコミュニケーションに関する実証研究』ひつじ書房。
- Hazing.com,
  http://www.harzing.com/ （2015年10月5日確認）
- Kameda, N. [2000] Communication competency of Japanese managers in Singapore, *Corporate Communications: An International Journal*, Vol. 5, No. 4, pp. 204-210.
- Shannon, C. & Weaver, W. [1949] *The mathematical theory of communication*, The University of Illinois Press.

第14章 国際的M&Aと人的資源管理

Learning Points
- ▶国際的なM&Aが失敗してしまう要因について理解する。
- ▶国際的なM&Aの際，それぞれの企業の文化的な違いがどのような影響を与えるか考える。
- ▶国際的なM&Aの実施後，統合された1つの組織として新たな組織文化を作るためにはどうすればよいかについて理解を深める。

Key Words

M&A（企業合併および企業買収）　企業文化　デューディリジェンス
企業統合

1 M&Aと人的資源管理

1.1 M&Aの特徴

　本章では，国境をまたぐかたちで実施される国際的な**M&A（企業合併および企業買収）**に関わる人的資源管理上の問題について解説します。これまで，M&Aにおいて重要なのは戦略と財務であるといわれてきました。そのため，合併や買収に関わる企業における心理的・社会的な要因や，企業風土の違いによる影響などはあまり考慮されてきませんでした。しかし，とりわけ国家や文化をまたがる国際的なM&Aが行われた後，統合された1つの組織として企業を運営・維持していくためには，合併・買収を行う企業が相手の**企業風土や文化**を理解することも非常に重要です。そのため，以下において，M&Aの際の国際人的資源管理について，異文化間マネジメントの観点から議論します。

企業合併と企業買収は，結果的に異なる複数の企業が1つの共同体となる意味では同じですが，それぞれのプロセスは異なります。まず，**合併**とは，2つ，もしくは2つ以上の企業が集まってまったく新しい企業になることです。それに対して**買収**とは，ある企業が別の企業を買い取り，自分の企業の一部とすることを指します。

　一般的に，合併と買収を扱った研究報告やレポートでは，戦略や財務に関する視点を中心に書かれます。しかし実際のところ，合併や買収される側の企業の従業員は，それらにさほど関心がありません。彼らのようなM&Aの当事者はむしろ，合併や買収後に行われる**組織再編**がどのようになされるのかに強い関心があるといえます。なぜなら，組織再編によって給料体系が変化したり，**リストラ**（**雇用調整**）が実施されたりする可能性もあり，それらが従業員の生活に直接的な影響を及ぼしかねないからです。

　これまでの研究では，合併と買収をしたケースの7割が失敗する可能性を持つと指摘されていますが，国際的な合併と買収の失敗率はもっと高くなる可能性があります。また，合併や買収が失敗する主な要因は，統合時における両社の企業文化的な相違であったり，戦略や人事などの問題であったりするといわれています。以下に，合併と買収の失敗につながる具体的な問題点を挙げます。

- 企業買収の場合に，買収する企業が買収される企業とのマネジメント上の適合性を過少評価する。そのため，例えば，買収する側のマネジメントからは情報があまり提供されないことがあり，買収される企業の従業員がそれを不快に感じる。
- 合併や買収の対象となる企業の従業員に，合併や買収後にリストラが実施される可能性があるという噂が流れて従業員が不安になることがある。
- 買収によって企業の経営方針に変更が生じ，コンサルティング企業やその他の提携業者への支払い報酬が減る場合，これらの業者との取引が中断される危険性がある。

1.2　日本での M&A ブーム

近年，日本では企業合併や企業買収がブームとなっています。この理由としては，市場や産業の変動，また政府の規制緩和などが挙げられます。**図表14-1**は，1986年から2013年までの，日本における合併や買収などに関する市場動向です。

図表14-1に示すように，1986年から2013年の間，全体的に企業合併や企業買収の件数が増加しており，2005年から2007年がピークになっています。また，2012年には515件の **IN-OUT の M&A（日本企業による外国企業の M&A）** が行われており，IN-OUT の M&A の件数が過去最多となりました。2013年には，499件の件数が確認されていますが，今後さらに件数が増加していくことが見込まれます。

1.3　M&A の 3 つのフェーズ

M&A には，3 つのフェーズがあります。すべての段階において人的資源

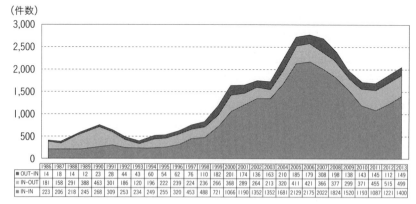

図表14-1　▶▶▶日本に関するM&Aの動向

年	1986	1987	1988	1989	1990	1991	1992	1993	1994	1995	1996	1997	1998	1999	2000	2001	2002	2003	2004	2005	2006	2007	2008	2009	2010	2011	2012	2013
OUT-IN	14	18	14	12	23	28	44	43	60	54	62	76	110	182	201	174	136	163	210	185	179	308	198	138	143	145	112	149
IN-OUT	181	158	291	388	463	301	186	120	196	222	239	224	236	266	368	289	264	213	320	411	421	366	377	299	371	455	515	499
IN-IN	223	206	218	245	268	309	253	234	249	255	320	453	488	721	1066	1190	1352	1681	2129	2175	2022	1824	1520	1193	1087	1221	1400	

注：OUT-IN：外国企業による日本企業のM&A。
　　IN-OUT：日本企業による外国企業のM&A。
　　IN-IN：日本企業同士の合併およびM&A。
出所：Recof [2014], p. 19.

管理が必要とされ，それらの段階は次のように説明できます。

最初のフェーズは，**デューディリジェンス**（due diligence）と呼ばれる手続きです。これは，合併や買収をするのにふさわしい会社を探し，その会社について詳しく調べることや，市場環境を戦略的に把握することです。

次のフェーズでは，買収価格を交渉します。このとき，買収する企業は買収される企業の値段を戦略的に決定します。したがって，買収する企業の戦略によって，買収する値段が違ってきます。この方法では，だいたいにおいて買収する企業が適切だと思う値段をつけますが，買収される企業にとってはリスクもあります。例えば，買収する企業が，買収後に，買収される企業の従業員数をリストラによって削減することがあります。これは，買収にかかる値段を節約するためだと考えられます。

最後のフェーズとして，合併や買収の相手企業との企業統合が行われます。合併や買収が成功するかどうかは，この段階がカギとなります。大切なのは買収する企業がどのように人的資源管理を行うかです。もし企業が過去にも合併の経験があれば，異なる企業文化をいかに統合していくかについてのノウハウがあるので有利です。そのノウハウを用いて，買収する企業は，買収される側の企業の従業員が納得できる方法で人的資源管理を行うことが可能となります。

2 M&Aにおける企業統合

企業統合とは，お互いに合併する企業，もしくは買収する企業と買収される企業を１つに結びつけることです。統合を成功させるためには，両社がどの程度強いきずなを構築すれば，円滑かつ長期的に結びつけられるのかを明らかにする必要があります。このように戦略的に行われる企業統合について，ミラヴィス（Mirvis, P. H.）とマークス（Marks, L. M.）は，企業買収をする側と買収される側が企業統合において変化する度合いに基づいて，**図表14-2**に示されるような４つのタイプに分類しました。

図表 14-2 ▶▶▶ 合併と買収における企業統合

買収される企業の変化		買収する企業の変化	
	低い		**高い**
高い	**吸収型**（absorption） 買収される企業が買収する企業のスタイルに合わせる 企業文化的にも吸収される		**変革型**（transformation） 両社が新たな道を選択する企業文化も変革される
低い	**維持型**（preservation） 両社が独立性を保ち続ける		**逆合併型**（reverse merger） 珍しいケース。買収する企業が買収される企業のスタイルに合わせる

出所：Marks & Mirvis [2001], p.85 をもとに筆者作成。

以下，これらの4つの戦略について，それぞれ詳しく説明していきます。

2.1 吸収型（absorption）

吸収型もしくは**吸収合併**の場合，買収される企業は買収する企業と同じ戦略をとるように働きかけられます。多くの買収のケースでは，少なからず吸収型の方法がとられます。一般的に，企業は，他の企業から横暴だと評価されたくないものです。そのため，他企業を吸収合併する企業はたいてい，買収される企業のマネジャーが依然として意思決定の権限を持っているとアピールします。しかしながら，実際には買収される企業のマネジャーの多くは，合併もしくは買収取引の成立後に意思決定の権限を持てなくなるのが現状です。吸収型の方法の一例として，パナソニックによる三洋電機の買収が挙げられます。その結果，三洋電機はパナソニックの子会社となりました。

2.2 維持型（preservation）

維持型の場合，買収する企業は買収される企業の独立性を保たせます。国際的な買収の際，買収する企業は，買収される企業に変更を求めない，または変更したくない場合があります。なぜなら，異国企業同士であるために，買収する企業のマネジャーが買収される企業の環境や従業員の状況を把握しにくいからです。このようなケースでは，買収する企業は基本的に，買収される企業の財務的なコントロールのみを行います。

維持型の方法をとったケースとして，ダイキンが挙げられます。ダイキンは，米国のグッドマンを買収した後，グッドマンの管理体制や従業員の雇用形態などをほとんど変更しませんでした。これはダイキンが，自身が米国市場の状況を把握して管理するよりも，グッドマン側に現地での運営をまかせたほうが効果的であると判断したためです。

2.3 変革型（transformation）

変革型の場合，合併や買収を行う双方の企業は新たな道を選択します。つまり，合併や買収後には新しい企業が誕生することになります。しかし，この方法は成功率が低いといわれています。その理由は，2つの企業それぞれが新しい企業として変化し，順応しなければならないからです。吸収の場合のように1つの会社にだけ変更がある場合はその会社のみに負担がかかりますが，両社とも変更する場合，合併や買収全体としての負担が強くなり，企業統合後の運営の困難度が高まります。変革型を成功に導くためには，両社が相手会社に対して献身的な姿勢を保つことが求められます。また，場合によってはどちらかが譲歩することも必要です。

変革型の例として，新日本製鐵と住友金属の合併があります。2社の合併当時，世界の製鉄市場に大きな変化が生じており，変換期を乗り切るには両社にそれまで以上の効率性が求められました。また，当時，両社のさまざまな商品が市場を独占していたため，公正取引委員会（Fair Trade

Commission）による規制も受けています。このような経緯で，両社は変革により新しい企業形態へシフトし，その後，さまざまな新しいビジネス分野に挑戦していくことになりました。

2.4　逆合併型（reverse merger）

逆合併型とは，吸収と逆の方向の変化を意味します。一般的な買収とは異なり，買収される企業が買収する企業に対して働きかけを行います。しかし実際には，この方法はほとんど実践されておらず，めずらしい方法であるといえます。

逆合併型による合併や買収は，合併や買収の手段として株式交換を用いるようなときに行われることがあります。このとき，買収する企業は買収される企業に代金を支払って，買収される企業の株式を購入します。その際，買収される企業が結果的に買収する企業よりもパワーを持つ場合があります。その場合，買収される企業が，買収する側の企業に働きかけをすることが可能となります。

2.5　両社にとってのベストを考慮したM&A

ミラヴィスとマークスによれば，もっとも望ましい合併と買収の方法は，両社がそれぞれの強みを活かして，既存のあるいは新しい領域に挑戦することです。一例として挙げられるのが，百貨店業界において，伊勢丹と三越が両社の強みを保ちつつ新たな会社を作ったことです。例えば，商品獲得の面では，もともと両社が有していたバイヤーの活用により，多くの製品を素早く調達できるようにしました。また，人的資源管理の面では，三越にサービス人材が足りない場合は伊勢丹に応援を依頼できるようにしました。このような取り組みにより，品揃えやコストダウンなど，経営のあらゆる面で効果がみられています。

3 M&Aと文化の関係

3.1 企業文化

「**文化**（Culture）」は，ラテン語の「クルトゥーラ」という言葉を語源としています。この原語によれば，「文化」とは「人々が一緒に何かを行う」ことを意味しています。一般的に「文化」という言葉は，人々の日常生活や伝統，宗教と結びつけられて用いられますが，文化的特色は企業にもみられます。以下では，企業に見られる文化や，国別の文化の違いについて説明します。

3.1.1 企業文化の評価

M&Aでは，文化に関連して大きく2つの課題があります。1つ目は，企業文化を評価することです。買収する側が自社の企業文化を適切に評価できなければ，買収した新しい企業が持つ文化との比較に基づいて調整を行うことが難しくなります。そのため，2社を統合するために必要なマネジメントを効果的に実践できません。

評価を適切に行うためには，企業文化の調査が必要となります。例えば，企業文化に関する以下のような項目について調査をします。

- 企業が成功するためにもっとも重要だと思うことは何か。
- ビジネス戦略は，伝統的あるいは革新的か。
- 企業の展望は，短期的あるいは長期的か。
- 意思決定は，根回しや相談に基づくのか，あるいは権威に基づくのか。

3.1.2 新しい企業文化をつくり出す

2つ目の課題は，どのようにして新しい企業文化をつくり出すかということです。そのためには，柔軟な原理が必要となります。新たな企業文化をつ

くり出すためにはスピードが大事です。たいていの場合，従業員は会社の展望が不明瞭になると不安になります。そのため，長い時間をかけて100％正しい決定を目指すよりも，短い時間でゆるやかな決定を行うことが望ましいと言えます。この点に関して，ビーア（Beer, M.）らは，以下の4つのポイントを示しています。

①知識を有する従業員の雇用を継続するためには新しい役割と責任が必要である。
②知識の発展のためにはコーチングとトレーニングが必要である。
③雇用の継続と報酬が重要であり，トレーニングを受けない従業員はリストラの可能性もある。
④企業の統合のためにはシステムの調整や手続きの公式化が必要である。

3.2 国民文化

文化は国や民族によって違います。第4章でも扱っているとおり，国別の文化（**国民文化**）の違いについて扱った研究には，オランダ人研究者のホフステードによるものなどがあります。国民文化の相違は，会社の人的資源管理のあり方にも影響を与えます。図表14-1では，日本企業が近年，外国企業の買収を活発化させていることを示しました。そのため，今後の日本企業は文化的課題に直面する頻度が高くなることが予想されます。

国民文化の違いに関連して，いくつかの仮説があります。例えば，自分の国から離れれば離れるほど，すなわち**文化間距離**（cultural distance）が大きいほど，お互いの企業間の文化的な違いが色濃く出るというものです。この仮説に基づいて考えると，あまりに文化的距離が大きい企業を買収すると問題点が多くなり，コストが高くなります。一方，文化的距離が小さい国の企業であれば，文化の違いが小さく，問題点も少なくなるため，結果的にコストも小さくなります。

しかし，文化的な違いがすべてデメリットになるわけではありません。文化の違いによるメリットもあります。例えば，文化の異なる企業を買収する

ことにより，買収する企業の多様性を高める機会になります。これにより，買収する企業は，買収される企業から新しい文化的な知識を学び，思わぬ製品の開発や品質の向上を実践できるケースもあります。

4 M&Aと人的資本の監査

合併と買収においては，買収される企業の**人的資本の監査**（human capital audit）も行う必要があります。人的資本の監査は，2つの要素に分けられます。**リスク（危険）**に関する監査と，**人材価値**に関する監査です。以下においては，リスクと人材価値に関する監査について説明した後，買収する企業側から派遣する可能性のある駐在役員に関する監査についても説明します。

4.1 リスクの監査

リスクの監査は，合併や買収後の経営統合で起こりうる人的資源管理上のさまざまな問題をあらかじめ予想し，それらへの対策を事前に準備するために行われます。リスクの監査の種類はさまざまで，例えば従業員へ年金が支払われているかどうか，従業員からの目立った不満はないか，従業員による訴訟があるかどうか，などについて調べる監査があります。また，買収される企業の報酬制度や福利厚生制度，雇用契約などが，買収する企業と比べてどの程度異なっているか，それが経営統合において問題を引き起こすことがないかなどを調べる監査もあります。

従業員が感じている**公正感**について調べることも重要です。公正さや正義感などに関する研究では，従業員が会社やマネジャーの行動をどの程度公正と感じているかが従業員の行動や態度に与える影響についての知見があり，自分が公正に扱われていると感じる度合いが強い従業員は，仕事への満足感や会社との一体感が高いことがわかっています。買収に伴うリスクを低減す

るためにも，会社が従業員を公正に扱うことは，従業員の行動や態度に良い影響を与えるために重要です。公正にもさまざまな側面がありますが，買収した直後のさまざまな手続きが公正であることは重要です。また，買収後の約6カ月間は，従業員に対する対人的な公正さも大切となってきます。

4.2 人材価値の監査

もう1つの監査は，人材価値に関する監査です。長期的にみれば，人材価値の監査のほうが合併や買収を成功させるためにはより重要だといえます。人材価値の監査は，ひと言でいえば買収した企業の人材の価値を知るための監査です。買収する企業は，買収に伴う新しい戦略の実行を可能にする人材が，買収される企業に十分に存在するのかを把握する必要があります。また，買収される企業が有する人材の強みと弱みを把握しておく必要があります。したがって，買収される会社の組織構造や業務構造だけでなく，「誰がどのような仕事ができるか」という点に関しても情報を集めることになります。そのためには，従業員が何に対してどのような価値を持っているのかを調査する必要があります。

人材価値の調査の際の調査項目の例として，ピューシック（Pucik, V.）らは，以下のようなものを示しています。

- 従業員が持つユニークな知識。
- 買収される企業の従業員と自社の従業員のクオリティの違い。
- 買収される企業の役員の経歴。
- 経営者やマネジャーが突然辞めた場合にどうなるか。

4.3 駐在役員の監査

買収する側の企業の人材についても監査が必要な場合があります。その例として，国際的な合併や買収に伴う**駐在役員**に関するリスクや人材価値の監査を説明しましょう。国際的な合併な買収では，一般的に，本社が駐在役員

を海外の新しい企業に派遣します。駐在役員の派遣の主な目的は，本社と海外企業のコミュニケーションの仲介です。しかし，第8章でも学習したとおり，駐在役員の派遣に伴う問題点もたくさんあります。駐在役員は優れた専門的技術を有するものの，海外勤務の際に言葉の問題や家族の問題を抱えることがあります。

例えば，日本人の駐在役員が海外に行くと，さまざまな文化的な困難を経験します。同じように，海外企業が日本企業に駐在役員を派遣する場合も，日本語を理解できる者でなければシステムの管理が困難であるといえます。人的資本監査では，駐在役員の人材価値の把握と，駐在に伴うリスクの把握を行うことになります。

なお，駐在役員の派遣はコストを伴います。そのため最近では，駐在役員を派遣することよりも，本社の主要言語と現地語を両方話せる人材を海外企業が現地で調達する場合が多くなっています。このような人材は，言葉の問題も少なく，現地の市場の動向も知っているため人気が高まっています。こ

Column　国際的 M&A 以外の可能性

現在，国際的な M&A はブームになりつつあります。しかし，過去には日本人になじみがありませんでした。2000年代に入って国際的 M&A が増加するにつれて，それらの良い点と悪い点が見えてきました。良い点では，フランスのルノー（Renault）が日産自動車を買収しましたが，日産自動車の業績が改善されました。悪い点では，ドイツの旧ダイムラー・クライスラーが三菱自動車を買収しましたが，業績が悪化しました。

企業が海外で成功するためには，いろいろな方法があります。合併と買収は失敗する可能性がある一方で，それ以外にもっと安全な方法が考えられます。例えば，ジョイント・ベンチャー（合弁企業）です。この方法では，2つの企業が新しい企業を設立して海外市場へ参入します。日本企業は中国市場に参入するときに，この方法を選びます。例えば，東芝が中国のLCD市場へ参入するために，中国のグリーンテックと合弁企業をつくりました。他には，マツダは中国のチャング・ドング自動車と合弁企業をつくったことで，中国で車を販売することができます。

ジョイント・ベンチャー（合弁企業）は，特別な部門を拡大させるためにつくられることがあります。シーメンスと三菱重工業は，製鉄業界において世界のマーケット・リーダーになるために合弁企業を設立し，2015年1月に営業を開始しました。

れにより，常に駐在する人材は現地で調達して，本社は短期間に何度か自社の人材を子会社に派遣し，海外子会社の管理を行うことも可能です。

Working　　　　　　　　　　　　　　　　　　　　　調べてみよう

1. 自分の会社が買収されたとき，従業員にはどのような変化が求められるだろうか。会社には，さまざまな従業員がいるが，例えば，新入社員と一般社員，若い従業員と高齢の従業員ではどう違うだろうか。調べてみよう。
2. 国際的な買収が行われる際，買収する企業の取締役会が開かれる理由はどのようなものがあるだろうか。調べてみよう。

Discussion　　　　　　　　　　　　　　　　　　　　議論しよう

1. 自国の文化と似ている国の企業を買収する場合，買収する企業にはどのようなメリットとデメリットがあるだろうか。それぞれ議論しよう。
2. 自国の文化と異なる国の企業を買収する場合，買収する企業にはどのようなメリットとデメリットがあるだろうか。それぞれ議論しよう。
3. 異なる文化を持つ企業を買収することは，少なからずリスクとチャンスがある。例えば，従業員が辞めるリスクや新しい市場に参入するチャンスが挙げられる。その他のリスクとチャンスにはどのようなものがあるか。議論してみよう。

▶▶▶さらに学びたい人のために
- 上林憲雄・平野光俊・森田雅也編著［2014］『現代人的資源管理――グローバル市場主義と日本型システム』中央経済社。

参考文献
- Bebenroth, R. & Kanai, T. (Ed.) [2010] *Challenges of human resource management in Japan* (Contemporary Japan Series, No. 32), Routledge Publishing House.
- Bebenroth, R., Sekiguchi, T. & Kshetri, N. [2014] *Employee's perceptions at post M&A integration: Influence of interpersonal and procedural justice on organizational identification*, Working paper, presented at European Asian Management Studies Conference held in Bangkok, Thailand.
- Beer, M. & Spector, B. [1990] *The critical path to corporate renewal*, Harvard Business School Press.
- Hofstede, G. (Internet homepage)

http://geert-hofstede.com/japan.html（2014年8月5日確認）
- Mendenhall, M.E., Osland, J., Bird, A., Oddou, G., Maznevski, M., Stevens, M.J. & Stahl, G.K. [2013] *Global leadership: Research, practice, and development*, (2nd Ed.), London: Routledge.
- Marks, M. L. & Miivis, P. H. [2001] Making mergers and acquisitions work: Strategic and psychological preparation, *Academy of Management Executive*, Vol. 15, No. 2, pp. 80-92.
- Pucik, V., Bjoerkman, I. & Stahl, G.K. [2011] Human resource management in cross-border mergers and acquisitions, In A.W. Harzing & A.H. Pinnington（Eds.）*International human resource management*（pp. 119-152）. Sage Publication.
- Recof [2014] *Mergers & Acquisitions Research Report*, Print Issue, February Issue.

第15章 新興国発多国籍企業の人的資源管理

Learning Points

▶近年になって新興国発の多国籍企業の存在感が高まっている理由を把握する。
▶新興国発の多国籍企業の特徴や国際化の方法について，先進国発の多国籍企業とどの点で異なるのかを中心に理解する。
▶新興国発の多国籍企業がいかなるかたちで進出先の人的資源管理を行おうとしているのかについて理解する。
▶新興国発の多国籍企業の国際人的資源管理に特有の課題について知る。

Key Words

新興国発多国籍企業　BRICS　ネクスト11　国際企業買収
出身国に起因する競争不利性　外国籍の不利性　内向きの国際化
外向きの国際化　ジョイント・ベンチャー（合弁企業）

1　新興国発多国籍企業の特徴

1.1　新興国の特徴

　近年のグローバル化の進展のなか，急速に経済力を獲得している「**新興国**」と呼ばれる国々の存在感が高まっています。新興国の多くは，多国籍企業にとって市場としての魅力が高まっているため，**新興市場**（エマージング・マーケット）とも呼ばれます。世界経済の成長パターンは，先進国主導から新興国主導へと移行しているという見方もあります。本章では，新興国から生まれた多国籍企業である**新興国発多国籍企業**による国際人的資源管理の特徴について解説します。

　新興国と呼ばれる国々で代表的なのが，**BRICS**（B：ブラジル，R：ロシア，I：インド，C：中国，S：南アフリカ）と呼ばれる国々です。また，

BRICSほど大きくはないが、今後経済的な影響力が期待される国として、**ネクスト11**（韓国、バングラデシュ、エジプト、インドネシア、イラン、ナイジェリア、パキスタン、フィリピン、トルコ、ベトナム、メキシコ）というカテゴリーもあります。

BRICS諸国の共通点は、広大な国土と人口を持ち、資源にも恵まれていることです。国土面積でいえば、BRICSの5カ国で世界の約32%を占めています。人口でいえば、2000年初頭の段階で、5カ国で27億人以上おり、世界の人口の約45%を占めています。さらに、ゴールドマン・サックスの調査によれば、BRICSのうち、ブラジル、ロシア、インド、中国の4国の経済規模は、2040年までにG6と呼ばれる先進国（アメリカ、日本、英国、ドイツ、フランス、イタリア）をGDP（ドル）ベースで回るだろうと報告しています。

1.2 新興国発多国籍企業の出現

新興国の成長に伴い、従来からの先進国発多国籍企業のみならず、新興国から生まれた多国籍企業、すなわち新興国発多国籍企業が存在感を増しつつあります。これらの企業の特徴の1つとして、海外進出の際に、現地の企業を買収するという方法を多用するという面があります。そのため、新興国発多国籍企業による国際的な企業買収の件数も年々増加しています。UNCTADの調査では、新興国発多国籍企業による国際的企業買収は、1990年には37億ドルであったのが、2010年には951億ドルにまで拡大したと報告されています。

マッキンゼー・アンド・カンパニーは、フォーチュン誌が年1回発表している世界の企業ランキングであるフォーチュン・グローバル500企業の中で新興国に本社を置く多国籍企業が占める割合が、2000年の時点で5%しかなかったのに対し、2025年には45%以上に達するだろうという予測を立てています。**図表15-1**は、新興国に本社を置く多国籍企業がフォーチュン・グローバル500企業に占める割合の歴史的推移と予測を示したものであり、新

図表 15-1 ▶▶▶ フォーチュン・グローバル 500 企業の本社所在地

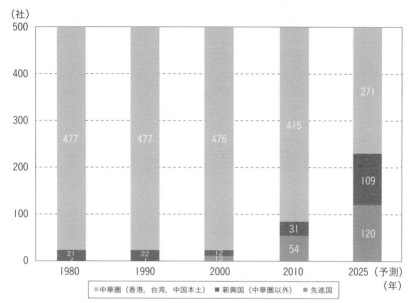

出所：McKinsey Global Institute [2013], p. 61.

興国発多国籍企業が近年存在感を増しつつある様子がわかります。

　ボストン・コンサルティング・グループは，毎年，新興国発多国籍企業の中から，急成長中の企業で先進国発多国籍企業に挑戦するという意味を込めた「グローバル・チャレンジャー企業 100 社」を選定してきました。チャレンジャー企業が行っているビジネスは，航空機製造，医療用機器，e コマース，携帯電話など，多岐にわたります。チャレンジャー企業の顔ぶれをみると，同社による 2006 年の報告ではリストのうちの 3 分の 2 を占めていた中国およびインドの多国籍企業が，2014 年の報告では半分以下となり，その代わりに，タイ，トルコ，チリなど多くの新興国発の企業が増えています。これらの企業の合計売上高は 2000 年〜2013 年の期間，年平均 18％で成長していると報告されています。**図表 15-2** は，過去にボストン・コンサルティング・グループがチャレンジャー企業だと特定した企業のうち，既存の多国籍企業と同様のグローバルな存在感を示し始めた企業として特定した「名誉チャレンジャー企業」を示しています。

図表 15 - 2 ▶▶▶ **存在感を示し始めた新興国発多国籍企業**

国	企業名
中国	華為技術（ファーウェイ・テクノロジーズ），利豊（リー＆ファン），レノボ
インド	タタ製鉄
ブラジル	ヴァーレ
メキシコ	セメックス，グルーポ・ビンボ
サウジアラビア	サウジアラムコ
南アフリカ	アングロアメリカン，SAB ミラー
アラブ首長国連邦	エミレーツ航空
インドネシア	ウィルマーインターナショナル

出所：Boston Consulting Group [2014]，p. 8 をもとに筆者作成。

1.3 新興国発多国籍企業台頭の背景

　新興国発多国籍企業の存在感が高まってきた背景の1つには，新興国の国々の経済成長が顕著となり，そこで暮らす人々の購買力も上昇したことで市場としての魅力度が増してきたことが挙げられます。新興市場を狙って先進国から多くの多国籍企業が進出してきますが，同時に，新興国自身の地場企業も力をつけ，自国における安価な労働力などを武器にビジネスを国際的にも展開し出したのです。新興国発の多国籍企業は，先進国の多国籍企業と比べて，一般的にはまだ企業規模が小さく，経営資源にも限りがあり，国際経営の経験が浅いので，多くはいまだ国際化の初期段階にあるといえます。しかし，新興国発多国籍企業の多くは，先進国発多国籍企業にキャッチアップしていこうとする意欲が旺盛であり，経営の国際化を通じた学習や成長のスピードは速いといえます。

　また，新興国における国策も，新興国発多国籍企業の発展に重要な役割を果たしています。中国の例を挙げましょう。中国は，1978 年の市場指向型の経済に向けた改革開放路線の採用以降，先進国の多国籍企業との**ジョイント・ベンチャー**（**合弁企業**）の設立などによって積極的に外資を国内に招き入れる**内向きの国際化**（inward internationalization）を図ることで，多国籍

企業から，知識，技術，企業経営のノウハウなどを獲得してきました。その結果，1990年以降は，実力をつけてきた中国企業が海外に進出するという，**外向きの国際化**（outward internationalization）が進展しました。

外向きの国際化においては，中国政府が戦略的な国家運営のために，エネルギー産業などの特定の産業における中国企業の国際化をサポートしています。例えば，とりわけ後進国などへの進出に関して，中国政府が国家的な外交戦術を駆使して，中国企業が海外でのインフラストラクチャー（社会基盤）に関するものなどの特定のプロジェクトに落札するのを援助したり，エネルギー産業（石油や鉱工業）や建設産業などについては，国営企業というかたちで経営資源のバックアップを行ったりしています。

2 新興国発多国籍企業の国際化プロセス

2.1 新興国発多国籍企業の弱み

新興国発の多国籍企業は，先進国の多国籍企業と比べた場合，海外進出よる経営の国際化において多くの障壁があります。主な2つの障壁は**出身国に起因する競争不利性**（competitive disadvantage）と**外国籍の不利性**（liability of foreignness）です。

出身国に起因する競争不利性は，とりわけ新興国の場合に，本国において，一般的に企業の経営手法が未成熟であったり，国際経験が豊富な企業が少なかったりするために，先進国発の多国籍企業と比べて，経営国際化についての経営ノウハウが劣っている点を意味します。そのため，新興国発多国籍企業が海外に進出する際には，現地の国内企業や先進国発の多国籍企業に比べて競争していくうえで不利な状況にあるといえます。

外国籍の不利性は，一般的に，国内企業よりも外資系企業のほうが，現地で活動するにあたって不利であることが多いことを意味します。外国籍の不利性の存在は先進国発の多国籍企業についてもいえることですが，出身国に

起因する競争不利性を考慮するならば，新興国発多国籍企業の場合は，外国籍の不利性が先進国発多国籍企業と比較しても，より深刻であると考えられます。さらにいえば，新興国発多国籍企業は，歴史が浅く，規模がまだ小さい場合が多いため，**新しさの不利性**（liability of newness），**小規模の不利性**（liability of smallness）といった弱みもあります。つまり，企業が新しくかつ小規模なゆえに知名度，ブランド力，技術力などに欠けたり，業務システムや組織構造の安定性や信頼性が低かったりするという弱みも持ち合わせているといえましょう。

2.2 先進国発多国籍企業との違い

　新興国多国籍企業は，国際化にあたっては，出身国に起因する競争不利性，外国籍の不利性，新しさの不利性，小規模の不利性などの弱みを克服するようなかたちで海外進出することが求められます。そのため，新興国発の多国籍企業は，先進国発の多国籍企業と比較して，国際化の目的やプロセスが異なることが指摘されています。

　まず，前述のとおり，新興国発の多国籍企業は，先進国の多国籍企業と比べて，経営の国際化のスピードが非常に早いことが知られています。新興国発多国籍企業の多くが，国際化の初期段階なのですが，これまでじっくりと国際化を進めてきた先進国発の多国籍企業よりもはるかに後れた状態からスタートしているため，それらの企業と互角に戦っていくためには，急速に国際化と規模の拡大を進めていく必要があるためです。第2章では，企業の国際化のプロセスを学びましたが，新興国発多国籍企業の多くは，国際企業買収を積極的に推進することによって，初期の局面をスキップして，一気に第3局面の国際化を進めていこうとするケースが目立ちます。これは，企業買収などによって，ステージを踏んで国際化するのにかかる時間を節約しているとも解釈できます。

　国際企業買収を多用することによって国際化する傾向は，新興国発多国籍企業が先進国に進出する場合に顕著にみられます。先進国に対しては，新興

国発多国籍企業が有していない顧客基盤，ブランド，保有技術，人材などの重要な経営資源を獲得するなどの探索的な目的で進出する場合が多いためです。また，先進国の現地企業を買収することによって，出身国に起因する不利性や外国籍の不利性などの弱みを克服するきっかけにもなりえます。例えば，買収後もその企業の独立性をある程度保ち，買収前とあまり変わらない経営をさせることによって，海外子会社であっても，あたかも現地企業のような経営をすることができます。

一方，他の新興国や発展途上国に対しては，新たな市場や顧客の獲得など，主にビジネス機会を開拓する目的で進出すると思われます。その際に，先進国発多国籍企業との競争においては，本国における安価な労働力の存在などを背景にした低コスト戦略によってマーケットの拡大を目指すと思われます。また，自国よりもさらに安価な労働力を求めて他の新興国や発展途上国に進出する場合も考えられます。

3 新興国発多国籍企業の人的資源管理

3.1 本国における人的資源管理の成熟度

第4章において，多国籍企業の国際人的資源管理のあり方として，**グローバル統合**と**現地適応**のせめぎ合いや，世界標準の人的資源管理を企業全体に適用していこうとする**優性効果**，そして，本国で一般的に用いられている人的資源管理の方法を海外子会社（海外拠点）の人的資源管理にも反映しようとする傾向である**出身国効果**などを扱いました。これらは，暗黙的には先進国発の伝統的な多国籍企業を念頭に置いていましたが，新興国発多国籍企業においては，少し異なるパターンがみられます。

例えば，国際人的資源管理においても，出身国に起因する競争不利性や外国籍による不利性などが働く可能性が高いといえます。その理由の1つとして，新興国発多国籍企業の場合，本国における本社の役割や，人的資源管理

の仕組みに関して，先進国に比べるとまだ成熟度が低いことが挙げられます。

新興国発多国籍企業の多くは，自国において低賃金で雇用できる大量の人材を抱えている場合が多く，それが国際的にみても，先進国発多国籍企業と比較して，低コストで製品やサービスを提供できるというコスト競争力につながっているという面がありました。しかし，その一方で，高度な知識やスキルを兼ね備えた人材，マネジメント能力に秀でる人材，国際経験が豊かな人材といった，ハイレベルの人材については不足しがちです。そのため，新興国発多国籍企業の本社における人材のレベルも先進国発の多国籍企業と比べても成熟しているとはいえません。国際人的資源管理に関しての知識や経験も浅く，海外進出において，本社の人事部門が積極的なかたちで国際人的資源管理を牽引したりサポートしたりすることが困難であると思われます。

これに関して，クック（Cooke, F. L.）は，中国の先進的なIT企業の2社からの聞き取り調査を通して，それらの企業の本社人事部門は，グローバル統合を目指した国際人的資源管理という視点においては遅れをとっており，本社人事部門の国際的なスキルが低いために，本社から十分なサポートを受けていないと感じている従業員がいることを報告しています。

また，新興国発多国籍企業の本国での一般的な人的資源管理の仕組みも成熟度は高くないと考えられます。例えば，本国での労働関連の法規制や労使関係が成熟していないために，本国人材に対する報酬水準や労働条件が先進国での状況と比べて劣っている場合があります。また，アメリカや日本のように，本国の人的資源管理システムというのがある特徴を持ったかたちで確立されていなかったり，企業によって仕組みや運用の方法が異なっていたりするなど，明確な人的資源管理の特徴がない場合もしばしばです。

さらに，国際経験が少なかったりするため，海外進出の際，現地の労働事情や労使関係などの情報があまり集まらなかったり，十分な調査をしないまま海外に進出してしまったりします。朱（Zhu, J. S.）らが行った調査では，中国の多国籍企業は，進出先の労働事情や労使関係などについてあまり調査をしないまま進出しがちであるなど，海外進出の際に国際人的資源管理にあまり重きを置いていないことを指摘しています。

3.2　海外進出に伴う現地での人的資源管理

　新興国発多国籍企業が国際人的資源管理を行う際，海外子会社における人材マネジメントのあり方や，それに関連するグローバル統合の方針や出身地国効果の影響については，海外進出先が，先進国か，それとも同じような新興国もしくは発展途上国かどうかで変わってくることが指摘されています。その理由としては，先進国の場合，本国よりも成熟した人的資源管理が行われていたり，本国籍人材よりも質の高い現地国籍人材がいたりする可能性が高いこと，逆に，同じような新興国もしくは発展途上国の場合は，本国よりも人的資源管理の方法や人材の質においては劣っている可能性があることです。

　一般的に，多国籍企業が海外子会社の人的資源管理の仕組みを構築する際のグローバル統合や出身国効果という場合，多国籍企業の本社のある国の人的資源管理の仕組みが海外子会社に移植されるという，本社から海外子会社に知識が移転するという一方向的なイメージがあります。しかし，新興国発多国籍企業のケースについては，必ずしもこのような方向性がみられるわけではありません。例えば，先述のとおり，新興国発多国籍企業では，本国における人的資源管理の仕組みが企業競争力の源泉になっていない場合があり，その場合は，海外進出の際，海外の優れた人的資源管理の仕組みを「逆輸入」しようとする動きもみられると予想されます。

3.3　先進国に進出する場合

　図表15-3は，新興国発多国籍企業が先進国と他の新興国や発展途上国に進出した場合の人的資源管理の特徴について示したものです。新興国発多国籍企業が先進国に進出する場合，そこに進出して技術，知識，ノウハウなどを獲得・吸収し，本社を含めた企業内にそれを浸透させたいと考えています。また，優秀な人材が不足しがちな本国と比べても，進出先の先進国には，海外子会社での経営やオペレーションを任せることができる優秀な現地国籍人

図表 15-3 ▶▶▶ 新興国発多国籍企業の海外進出と人的資源管理

```
          新興国発多国籍企業
             の国際化
           /          \
     先進国への進出     他の新興国や
                     発展途上国への進出
```

先進国への進出	他の新興国や発展途上国への進出
進出の目的： 顧客基盤，ブランド，保有技術，優秀な人材の獲得 人的資源管理： 海外子会社の独立性の維持，現地適応，多極志向	進出の目的： 新たな市場や顧客，安価な労働力の獲得 人的資源管理： 本国のシステムの移植，本国籍人材の派遣，本国志向

材がいます。よって，先進国に進出する場合，海外子会社の人的資源管理については，本国での人的資源管理の方法を移植したり強制したりするようなことはせず，現地国で行われているやり方に従おうとするでしょう。とりわけ，国際買収によって現地の企業を買収する場合には，当該企業の人的資源管理に介入することを避け，それまでどおりの人的資源管理の方法を継承させようとすることが考えられます。現地の人的資源管理の方法に従っていれば，現地国籍人材も働きやすいので，外国籍による不利性や，出身国に起因する不利性などをある程度防ぐことができます。

　つまり，新興国発多国籍企業が先進国に進出する場合は，現地での海外子会社に対しては，経営や人的資源管理などにおいて独立性を持たせて運営させ，そうすることで進出先の国における経営や人的資源管理などの知識やノウハウを学び，よいものは本国でも取り入れようとするのが自然です。つまり，人的資源管理の方法の移植という面については，本国から海外子会社への流れではなく，海外子会社から本国へという流れも想定されていると思われます。

また，新興国では労働市場や雇用に関する法規制や慣行がまだ洗練されていないのに対し，先進国のほうが労働市場や雇用においても法規制や慣習が確立していたりするので，先進国の法規制や慣習に沿うような人的資源管理を行うことが適策である場合が多いでしょう。

　新興国発多国籍企業が先進国に進出する場合，第4章で学んだ国際人的資源管理のグローバル統合と現地適応の違いに関連させるならば，グローバル統合よりも，現地国効果や現地適応を志向するといえましょう。また，第6章で学んだ多国籍企業の国際人材配置方針を当てはめるならば，海外子会社の運営を，基本的に現地国籍人材に任せる多極志向の国際人材配置方針が採用されることが多いことが予想されます。

3.4　他の新興国や発展途上国に進出する場合

　新興国発多国籍企業が，他の新興国や発展途上国に進出する場合，現地での人的資源管理は必ずしも本国の人的資源管理よりも優れているとはいえず，かつ，現地で優れた技術を持った人材，あるいは海外子会社の経営を任せられるだけの優れた人材が不足していることが予想されます。そのため，先進国に進出する場合とは異なり，本国から技術を持った本国籍人材や子会社の経営を担う本国籍人材を派遣して，海外子会社の経営を行おうとする動機が強くなるでしょう。すなわち，本国志向の人材配置方針になりやすいと考えられます。また，本国で行われている人的資源管理の方法を，現地に移植しようとしたり，世界標準としての人的資源管理の方法を海外子会社に導入したりしようとする動機も高まることが予想されます。

　新興国発多国籍企業が他の新興国や発展途上国に進出する場合，第4章で学んだ国際人的資源管理のグローバル統合と現地適応の違いに関連させるならば，本国の人的資源管理の移植を通じてグローバル統合のようなかたちを志向し，第6章で学んだ多国籍企業の国際人材配置方針を当てはめるならば，本国籍人材を現地の重要職位に派遣するなど本国志向の国際人材配置方針が採用されることが多いと思われます。

ただし，労働市場などの現地の状況が不確実な場合には，人的資源管理の方法を現地に任せてしまうケースも考えられます。ティテ（Thite, M.）らがインドの多国籍企業の国際人的資源管理の事例を調査した研究では，調査対象となったインド企業が中国に進出した際，必ずしも本国の人的資源管理の仕組みを中国に移植するような動きはみられなかったと報告されています。その理由として，中国の文化や中国でのビジネスの状況についてなじみがないために，現地に経営を任せようとしたのだと考察しています。

Column　新興国発のリバース・イノベーションを支える人的資源管理とは

　近年の新興国や発展途上国は，新たな多国籍企業を輩出するのみならず，新たな製品やサービスを生み出すイノベーションの発信地にもなりつつあります。これまでは，製品やサービスのイノベーションは主に先進国で起こり，それが新興国や発展途上国向けの仕様にすることによって普及していくというパターンが支配的だったのに対し，新興国や発展途上国で最初に採用されたイノベーションが，先進国に「逆流」していくという意味での「リバース・イノベーション」もみられるようになりました。例えば，インドのナーラーヤナ病院は，心臓手術に標準化やライン生産方式などの工業的なコンセプトを応用し，アメリカの病院並みの死亡率と感染率を維持しながら，アメリカの病院の数分の1の費用で実施する体制を構築しました。同病院は，他国にも進出し，この革新的な方法を導入しつつあります。

　今後，リバース・イノベーションの重要性がますます高まるのであれば，新興国や発展途上国に開発拠点を設け，その地で製品開発などのイノベーションの発生を可能にする高度な人材を獲得するために，新興国発多国籍企業と先進国発多国籍企業が入り混じったかたちで人材獲得競争が過激化することも考えられます。

Working　　　　　　　　　　　　　　　　　　　　　調べてみよう

1. 中国の多国籍企業とインドの多国籍企業のように複数の異なる新興国発多国籍企業を選び、それらの企業の国際人的資源管理のあり方に違いがあるかどうか調べてみよう。
2. 日本に進出している新興国発多国籍企業が、いかなるかたちで優秀な人材の獲得をしようとしているか調べてみよう。

Discussion　　　　　　　　　　　　　　　　　　　　　議論しよう

1. 新興国発多国籍企業が、進出先の海外において優秀な現地国籍人材を獲得したい場合、現地の企業や先進国発多国籍企業との競争を念頭に置いたうえで、どのような採用戦略をとるのがよいか議論しよう。
2. 国内企業が新興国発多国籍企業に買収された場合、それまで働いていた従業員にどのような心理的変化が生じるだろうか、新興国発多国籍企業は、これらの心理的変化がネガティブである場合、どのような施策を打つことで今後起こりうる問題を回避できるだろうか、議論しよう。

▶▶▶さらに学びたい人のために

- Sirkin, H., Hemerling, J. & Bhattacharya, A. [2008] *Globality: Competing with everyone from everywhere for everything*, Business Plus.（水越豊監修・中山宥訳『新興国発超優良企業』講談社，2008年）

参考文献

- ゴールドマン・サックス［2003］「BRICs レポート」徹底ガイド1 ゴールドマン・サックス・ホームページ。
  http://www.goldmansachs.com/japan/gsitm/column/emerging/brics/index1.html（2014年9月確認）
- ボストン・コンサルティング・グループ［2014］グローバル・チャレンジャー企業100社 http://www.bcg.co.jp/documents/file170454.pdf（2015年6月16日確認）
- Boston Consulting Group [2014] *Redefining global competitive dynamics: 2014 BCG global challengers*.
- Cooke, F. L. [2014] Chinese multinational firms in Asia and Africa: Relationships with institutional actors and patterns of HRM practices, *Human Resource Management*, Vol. 53, No. 6, pp. 877-896.

- Govindarajan, V. & Trimble, C. [2012] *Reverse innovation: Create far from home, win everywhere*, Harvard Business Press.（渡部典子訳『リバース・イノベーション—新興国の名もない企業が世界市場を支配するとき』ダイヤモンド社，2012 年）
- Hill, C. W. L. [2011] *International business: Competing in the global marketplace*, New York, NY: McGraw Hill.（鈴木泰雄・藤野るり子・山崎恵理訳『国際ビジネス 1, 2, 3』楽工社，2013 年）
- McKinsey Global Institute [2013] *Urban world: The shifting global business landscape.*
- Sirkin, H., Hemerling, J. & Bhattacharya, A. [2008] *Globality: Competing with everyone from everywhere for everything*, Business Plus.（水越豊監修・中山宥訳『新興国発超優良企業』講談社，2008 年）
- Thite, M., Wilkinson, A. & Shah, D. [2012] Internationalization and HRM strategies across subsidiaries in multinational corporations from emerging economies—A conceptual framework, *Journal of World Business*, Vol. 47, No, 2, pp. 251-258.
- United Nations Conference on Trade and Development（UNCTAD）[2011] *World investment report* 2011, Geneva, Switzerland: Author.
- Zhu, J. S., Zhu, C. J. & De Cieri, H. [2014] Chinese MNCs' preparation for host-country labor relations: An exploration of country-of-origin effect, *Human Resource Management*, Vol. 53, No. 6, pp. 947-965.

第16章 日本企業の国際人的資源管理

Learning Points

▶近年のグローバル化が日本企業の国際人的資源管理にどのような影響を及ぼしているのか，日本企業の直面する課題について理解する。

▶それらの課題を解決するために，日本企業の本社人事部は実際に，どのような人的資源管理施策を行っているのかについて学習する。

Key Words

日本企業　人材の現地化　本社人事部　人材育成

1 日本企業の国際人的資源管理の課題

　1970年代，1980年代，そして1990年代，日本の多国籍企業は他の欧米系企業に比べ，多くの日本人を海外子会社へ派遣し，日本人派遣者を中心に海外子会社の経営を行っていたことから，海外子会社の経営をもっと現地の人材に任せるべきだという意見が国内外でありました。これを**人材の現地化**の課題と呼んでいます。

　本書で見てきたとおり，近年は日本企業の海外進出に拍車がかかっています。日本の多国籍企業は海外子会社のマネジャーの職位に多くの日本人の派遣を見込んでいますが，日本人派遣者の育成が十分に間に合っていません。海外派遣にかかるコストも毎年増大しています。したがって，現地市場や社会に精通する現地国籍人材のマネジャー登用を積極的に進めたいとする企業が増えています。しかし，実際には，日本から数年交代で派遣される海外派遣者が海外子会社のマネジャーの職位を占めることで現地国籍人材の昇進経路が断たれるため，現地国籍人材のモチベーションは低下しています。これを**ガラスの天井**もしくは**グラスシーリング**と呼びます。例えば，成長の著し

い中国では，日本の年功的な賃金制度やキャリアのガラスの天井が原因となり，日本企業に優秀な人材が集まりにくい傾向にあることが問題となっています。

現在でも，現地国籍人材の離職率が高い状態が続いているため，日本人海外派遣者を継続的にマネジャーとして派遣することを余儀なくされるという悪循環が続いています。しかし，国内市場の飽和や新興国市場への進出などによる組織規模の拡大により，現地国籍人材をマネジャーとして登用することを積極的に推進する企業は確実に増えています。労働政策研究・研修機構が1999年と2005年に行った調査によると，海外子会社で日本人がミドルマネジャーに就いている割合は39.4％から15.2％へ低下し，現地国籍者がミドルマネジャーに就いている割合は59.2％から83.0％へと高まっています。また，日本在外企業協会の調査によれば，2008年の現地人社長比率は16％，2012年には29％となり，13％増加しています。これらの調査から，日本の多国籍企業は，1990年代後半からミドルマネジャーを中心に現地化を進めており，現在では社長などシニアマネジャーの現地化も進んでいることがわかります。

このように，2000年前後より，日本の多国籍企業は，本国籍人材のみならず，現地国籍人材の活用を重視しています。本国籍人材や現地国籍人材を国際的に活躍できる人材（以下，**国際人材**）に育てる努力を行いつつ，現地国籍人材の採用，昇進のあり方やキャリア形成，評価・報酬制度の見直しを通じて，現地国籍人材のモチベーションの向上や離職防止に努力しています。また，日本人，現地国籍人材が国内外で自由に配置・異動が可能となる仕組みや，世界共通の評価・報酬制度の導入の検討を行っています。

2 日本企業による近年の取り組み

以下において，筆者が2003年より継続して行っている大手電機・電子メーカーを中心とした本社人事部へのインタビュー調査に基づき，日本企業の

国際人的資源管理の近年の取り組みについて説明します。

2.1 日本人を対象とした人材育成プログラム

日本企業では，近年，国際人材が不足しており，急速なグローバル化に十分に対応できていません。このような課題を克服するために，日本企業は以下のような人材育成プログラムを実践しています。

2.1.1 TOEIC を中心とした語学教育

多くの企業では海外派遣者，一般社員にかかわらず，**TOEIC** を中心とした英語研修，そして中国語やロシア語などの外国語研修を充実させています。このような企業では，TOEIC のスコアをマネジャーの昇進条件にするなど社員の英語力の強化に努めています。

例えば，海外派遣者には 650 点，新入社員には 2 年間で 500 点，係長昇進には 650 点を目指すよう指導しています。日経ビジョナリー研究所の調査では，「英語など語学力（例えば TOEIC の点数）を昇進の条件にしていますか」という質問に対し，条件としている，あるいは条件とする予定があると回答した企業は 26.7％となっており，全体の約 4 分の 1 を占めています。

2.1.2 国際人材の登録制度

1985 年のプラザ合意以降，円高の影響により日本の海外進出は増大し，日本企業は多くの海外派遣者を海外子会社へ派遣しました。ちょうどこの頃，多くの企業が，海外派遣者の登録制度を導入していました。

1990 年代に入り，海外派遣が日常化して一般的なことになると，人材を登録する間もなく海外派遣が生じることから，企業はこの制度の運用を中止せざるをえなくなりました。

しかし，2000 年代以降，再びこの登録制度の導入を復活させる企業が増えています。

2.1.3 海外赴任前教育

　一般的に日本の多国籍企業における海外派遣は計画的に行われる場合と，プロジェクトや取引先との関係で急きょ決定する場合とがあります。

　赴任が決定した時期によって期間は異なりますが，派遣が決定した人は，語学研修，異文化研修などの海外赴任前教育を受けることが一般的です。事前登録制度などの導入により，海外赴任が計画的に行われる場合には，より実践的な研修が行われます。

　例えば，赴任の1年ほど前から現地に赴き，数カ月間の語学研修と赴任先子会社での研修を行うことがあります。

2.1.4 海外留学

　英語などの語学力に加え，**コミュニケーション能力**，そして**異文化適応能力**というのは国際人材に求められる重要な課題です。このような能力を身につけるため，企業は**海外留学制度**を導入しています。派遣者人数はそれほど多くありませんが，シニアマネジャー，技術者，そして法務に関する業務に携わる者を中心として海外の大学で学位を取得することを奨励している企業があります。

　例えば，派遣先としては，スイスのIMDやフランスのINSEADなど世界でも有名なビジネススクールが挙げられます。日経ビジョナリー研究所の調査では，「海外ビジネススクールのMBAを取得する制度がある」と回答した企業は37.8％と報告されており，約3分の1以上の企業が海外留学を重視していることがわかります。

2.2 現地国籍人材を対象とした人材育成プログラム

　上記のような取り組みを通じて日本の多国籍企業が国際人材としての日本人従業員を育てることにより，海外子会社のマネジメントを円滑に行うことができるようになります。国際人材としての日本人従業員は海外子会社の優

秀な現地国籍人材を育成することができるため，現地国籍人材がマネジャーに登用されやすくなるという結果を生み出すことが期待されます。

日本以外の多国籍企業では，外部労働市場が発達していることを前提に，個人がそれぞれのキャリアを自ら高めていくことを重視する傾向にあるので，企業内部で人材を育成するやり方は日本企業の特性だといえます。日本の多国籍企業はこの内部育成を現地国籍人材にも適用する傾向にあります。

2.2.1 逆出向制度

逆出向制度もしくは**受け入れ出向制度**は，国際人材として将来活躍を期待する有望な現地国籍人材に対し，本社で経験を積ませること，本社の人間との信頼関係を築いてもらうことを目的として導入されています。受け入れ出向者の滞在期間は，平均約1～3年ほどです。若手の現地国籍人材にとって，逆出向制度はキャリア形成の1つとなっています。欧米系企業では企業としての人材育成の研修はほとんどありません。個人がそれぞれに自ら学び，専門性を身につけます。現地国籍人材にとって，逆出向というかたちで育成の機会を与えられることは，日本企業への信頼，忠誠心へとつながり，企業にとどまる1つの理由となります。しかしながら，逆出向した後にそのキャリアを利用して転職する現地国籍人材も少なくはないのが現状です。

2.2.2 国際研修制度

逆出向制度と**国際研修制度**の大きな違いは滞在期間です。国際研修制度は逆出向制度に比べて，滞在期間が短く，平均的には約3日～1週間です。そのため，国際研修制度の参加者数が受け入れ出向者数に比べて非常に多いという特徴があります。例えば，課長研修，部長研修など各役職者別に年間数回程度，期間としては1週間ほどの研修を実施する企業が多いです。研修内容として一般的なのは，社長や副社長など本社の上役との顔合わせや挨拶，本社の各専門部署についての説明，本社内部の建物や各事業所の見学などが行われます。

国際研修制度の目的の1つは，日本本社が大企業であることを示すことで

す。海外子会社の規模は中小企業ほどのもので，それほど大きくはありません。つまり，現地国籍人材のほとんどは自らが働いている会社は中小企業だと考えているのです。もう1つの目的は，本社の従業員との人脈を形成させることです。本社のどの部署にどのような人が配属されているのかを知ることや，現地で問題に遭遇した場合に相談できる本社の人との関係性を形成させることを目的としています。

　現地国籍人材を対象とした育成プログラムとは直接的な関連はありませんが，2010年頃より日本に留学している外国人の本社採用が本格化しています。日本企業は外国人の優秀な人材を引き留めたい，あるいは内部で育成したいという意識が強くなっています。そのために，日本の特有の文化や企業の経営について精通している留学生を採用することは1つの有効な手段となっています。

2.3　本国籍人材と現地国籍人材合同の人材育成プログラム

　2000年代前半頃までは，本国籍人材，現地国籍人材というように所属機関別の育成プログラムを別々に導入している企業が多くありました。ところが，近年の急速な国際化により，国籍や所属機関を問わず，優秀な人材を獲得したいという企業が増えています。したがって，本国籍人材と現地国籍人材とが合同で行う研修プログラムを導入している企業もあります。このようなプログラムは，全世界から人材を1カ所に集めて行われることが多く，莫大な費用がかかります。そのため，マネジャー層の中でも，シニアマネジャーや将来の幹部候補者に対してのみ行われることがほとんどです。例えば，パナソニックでは他の企業に比べて早い段階より，こういったプログラムが導入されており，現在では，P-EDP（Panasonic Global Executive Development Program）1と2など，階層別の研修が実施されています。

2.4 配置・異動

　白木は，現地国籍人材の採用と定着促進，動機付けを行うためには，現地国籍人材のキャリアパスの整備が必要だと述べています。すなわち，現地国籍人材が現地国のみならず，本社や第三国で活躍できるチャンスを与えることが重要であるということです。このような取り組みは2000年前後，日本企業でも実践されるようになりました。

　例えば，パナソニックは，国籍・性別・年齢にかかわらず人材をグローバルに適正配置することを目的とした制度を導入し，国際人材のデータベース化などの取り組みを行っています。キヤノンでは，1998年から世界中のグループ会社を対象とした国際出向制度「Canon Global Assignment Policy (C-GAP)」を導入しています。

2.5 評価・報酬制度

　日本の多国籍企業は現地国籍人材の長期雇用を志向しています。長期雇用を通じて，彼らを内部育成したいからです。その過程で彼らに経営理念を理解してもらい，本社の人材との人脈形成を行ってもらい，将来，海外子会社の取締役や社長などトップ・マネジメントとして活躍してもらうことを期待しているのです。

　しかし，現地国籍人材は，このような日本企業のやり方に理解を示さない人が多いようです。長期雇用は受け入れられても，昇進が遅いこと，給与が完全な成果に基づいて支払われないことに不満を抱きがちです。とくに，日本の多国籍企業の海外子会社では，優秀な現地国籍人材の待遇が相対的に低くなる傾向があります。そこで，優秀な現地国籍人材の定着を行うために，基本給に加えて，その月の成果分を特別手当として上乗せして評価し，処遇する企業もあります。

　一方，日本人海外派遣者については，**バランスシート・アプローチ**（第11章を参照）を採用し，日本国内での勤務の際と，海外勤務の際とでの給

与や生活水準のすり合わせを行い，海外派遣者の労働条件の見直しやその保護に努めてきました。

　日本企業では，評価・報酬制度について，これまで本国籍人材と現地国籍人材，また，日本国内と海外というように制度を二分して捉えてきましたが，2000 年前半頃より，世界共通の評価・報酬制度の導入を検討し始めました。具体的には，本社や海外子会社のシニアマネジャーのポジションを明確にし，評価制度を統一化し，さらには報酬制度についても世界共通とする傾向にあります。

　例えば，日立製作所は 2014 年 10 月より，富士通は 2014 年度中より，世界共通の賃金制度を導入しています。もちろん，国内マネジャーもその対象です。賃金は職務や職責に基づき，賞与は個人業績の目標達成度に基づき決定されます。この制度では従来の日本的経営のように，年功的な要素は加味されません。

　このような制度を導入する背景には，世界の大手企業であるアメリカの IBM やゼネラル・エレクトリック（GE），ドイツのシーメンスが世界共通の評価制度を導入し，優秀な人材確保を進めていることに対抗するためだといわれています。筆者のインタビュー調査からも，大手の電子・電機メーカー A 社は 2003 年頃から，B 社は 2006 年頃から，C 社は 2009 年頃から，D 社は 2012 年頃から，このような世界共通の評価制度や報酬制度の導入の検討を進めていることがわかっています。

　このような評価・報酬制度は配置・異動と密接に関係しています。評価・報酬制度が世界共通でなければ，世界中で適材適所に人材を配置・異動させることはできませんし，逆に，この配置・異動を実現させるためには，世界共通の評価・報酬制度は欠かせない存在となります。

　従来までは，日本人海外派遣者と現地国籍人材の評価・報酬制度が別々に捉えられてきたために，世界中で適材適所に人材を配置・異動することにはやや制限がありました。近年，世界共通の評価・報酬制度の導入に積極的となった日本企業は，他のアジアや欧米系多国籍企業との優秀な人材の獲得競争に肩を並べながら，この自由な配置・異動を実現させています。

3　日本企業の今後の課題

　2000年代より，日本企業は現地市場や現地社会の事情に精通する現地国籍人材の登用を積極的に進めています。そこで重要なカギを握っているのは国際的に活躍できる国際人材の育成です。ただし，諸外国の企業のように，個人のキャリアを自律的に形成するという方法ではなく，これまで日本企業が行ってきたような新卒採用から定年までを見据えた計画的な人材育成の方法を採用しています。もちろん，これらの人材育成は現地国籍人材にとどまらず，日本人の幹部候補についても行われています。

　実は，国際人材の育成については1980年代，1990年代より継続して行われていますが，国際人材という枠組みを本国籍人材のみならず現地国籍人材までも拡大し，その育成プログラムをさらに充実し始めたのは2000年前後からです。国際化が国際人的資源管理へ与えた影響は，この国際人材の育成だけにはとどまっていません。日本の多国籍企業は，2000年前後より，日本人や現地国籍人材が本社，海外子会社，また海外子会社間を柔軟に配置転換させることで適材適所が可能となるような仕組みづくりも進めています。これらを実現するために，ある一定レベル以上のマネジャーの評価・報酬制度の世界共通化を進めている企業が増えているのです。

Working　　　　　　　　　　　　　　　　　　　　　　　調べてみよう

1. 日本企業の国際人的資源管理について例えば，旭硝子，コマツ，トヨタ自動車など具体的な事例を調べてみましょう。
2. そのうえで，例えば，ネスレ，サムスン電子など海外進出の歴史の長い外国企業の具体的な事例を調べ，1.の日本企業の事例と比較してみて下さい。

Discussion　　　　　　　　　　　　　　　　　　　　　　議論しよう

1. 多くの問題を抱えていることを認識していたなかで，なぜ日本企業はこれまで海外派遣者を中心とした子会社経営を行ってきたのでしょうか。人材の現地化

によるメリットとデメリットについて考えてみましょう。現地化の善悪を議論するのではなく，どのような状況において現地化が機能し，あるいはしないのかについて考えてみましょう。
2. 今後，日本企業においてどのような人材育成を行う必要があるでしょうか。大学教育のあり方も含め，国際人材の育成について議論してみましょう。

▶▶▶▶さらに学びたい人のために
- 奥林康司・上林憲雄・平野光俊編著［2010］『入門人的資源管理（改訂版）』中央経済社。
- 上林憲雄・平野光俊・森田雅也編著［2014］『現代人的資源管理——グローバル市場主義と日本型システム』中央経済社。
- 原田順子・奥林康司編著［2014］『放送大学大学院　人的資源管理』放送大学教育振興会。

参考文献
- 今野浩一郎［1982］「日系進出企業の経営現地化とその特徴——シンガポール」近畿大学労働問題研究所『労働問題研究』第16巻，23-38頁。
- 小林規威［1980］『日本の多国籍企業』中央経済社。
- 佐藤博樹［1984］「日系進出企業における経営現地化の現状と特徴（上）——インドネシアにおける事例研究」法政大学大原社会問題研究所社会労働問題センター『研究資料月報』第307号，1-17頁。
- 白木三秀［1995］『日本企業の国際人的資源管理』日本労働研究機構。
- 高倉信昭［1979］『日本の海外企業経営』東洋経済新報社。
- 日経BPビジョナリー経営研究所［2011］『勝ち抜く決め手グローバル人材マネジメント』日経BP社。
- 日本在外企業協会［2012］「海外現地法人の経営のグローバル化に関するアンケート調査」。http://www.joea.or.jp/wp-content/uploads/pdf/Survey_Globalization_2012.pdf（2013年6月1日確認）
- 安室憲一［1992］『グローバル経営論』千倉書房。
- 吉原英樹［1996］『未熟な国際経営』白桃書房。
- 労働政策研究・研修機構［2006］『第4回日系グローバル企業の人材マネジメント調査結果』。
- Rosenzweig, P. M. [1994] Management practices in U.S. affiliates of foreign-owned firms: Are "they" just like "us"?, *The International Executives*, Vol. 36, No. 4, pp. 393-410.

索　引

英数

- 360度評価 … 146
- 5Pモデル … 45
- Aクラス人材 … 104
- BRICS … 230
- CHO … 44
- EPRGモデル … 96
- IN-OUT買収 … 218
- I-Rフレームワーク … 33
- M&A（企業合併および企業買収） … 32, 216
- OLIパラダイム … 27
- SWOT分析 … 198
- TOEIC … 246

あ

- アウトソーシング … 15
- 新しさの不利性 … 235
- アライアンス（提携） … 36
- アングロ・サクソンモデル … 157
- 育児休業 … 85
- 移行型 … 72
- 一元的労使関係 … 164
- 異文化間マネジメント力 … 210
- 異文化教育 … 111
- 異文化訓練 … 114
- 異文化コンピテンシー … 106
- 異文化適応研修 … 174
- 異文化適応能力 … 247
- インターナショナル戦略・組織 … 35
- 受け入れ出向 … 170
- 受け入れ出向者 … 19, 170
- 内向きの国際化 … 233
- 越境通勤型出向 … 171
- 欧州従業員代表委員会（EWC） … 166
- 欧州評議会（CoE） … 84
- 欧州連合（EU） … 84
- オフショアリング … 15
- オペレーションの国際化 … 15

か

- 海外子会社 … 13
- 海外生活実践研修 … 174
- 海外派遣 … 170
- 海外派遣者 … 18, 126, 170
- 海外留学制度 … 247
- 外国籍の不利性 … 102, 234
- 外国籍の優位性 … 102
- 外生的要因 … 195
- 外部労働市場 … 82
- 学習の移転 … 108
- 合併 … 13, 217
- カルチャーショック … 114
- 関係性ソーシャル・キャピタル … 194
- 企業統合 … 219
- 企業内教育 … 79
- 企業風土 … 216
- 企業別労働組合 … 79, 163
- 帰任プロセス … 178
- 逆カルチャーショック … 179
- 逆出向者 … 19
- 吸収合併 … 220
- 教育訓練 … 52
- 教育スタイル … 109
- 業績評価 … 138
- クラフト・ユニオン … 157

グリーンフィールド（新規設立）投資	32	国際戦略	33, 66
クローズド・ショップ	157	国際組織構造	66
グローバル・イノベーター	191, 192	国際的M&A	22, 216
グローバル化	12, 152	国際ビジネスコミュニケーション	210
グローバル産業	33, 196	国際報酬	20, 121
グローバル製品別事業部制	37	国際労使関係	20
グローバル戦略	67	国民文化	63, 224
グローバル戦略・組織	35	個人－環境適合	79
グローバル・タレント・マネジメント	20, 104, 131	国家横断的労使関係規制	166
グローバル統合	33, 67, 128, 236	コミュニケーション能力	247
グローバルな人材獲得競争	15	コモン・ロー（不文法）	157
グローバルマインドセット	129	雇用機会均等	102
グローバル・マトリクス組織構造	37	コンピテンシー	112
グローバルリーダーシップ開発プログラム	113	コンピテンシー評価	138
グローバルリーダーシップスキル	106		
経済のグローバル化	153	**さ**	
研究開発（R&D）	30	差異化	188
言語研修	174	最高人事責任者	44
言語的・非言語的コミュニケーション	21	採用	49
言語の問題	108	サルツフェバーデン協定	161
現地化	97, 106, 127	産業別団体交渉	163
現地国効果	68	資源依存理論	190
現地国籍人材（HCN）	17, 93	資源ベース理論（RBV）	185
現地生産	30	仕事給	57
現地適応	33, 67, 128, 236	持続的競争優位	193
権力格差	109	実行役	192
高業績作業システム（HPWS）	186	資本参加	32
構造的ソーシャル・キャピタル	194	社内共通語	203
公平性	122	自由市場経済	65
語学研修	108	終身雇用	79, 139
国際化	13	集団的自由放任	157
国際企業買収	235	収斂理論	62
国際研修制度	248	出身国効果	68, 236
国際出張族	171	出身国に起因する競争不利性	234
国際人材	104, 245	春闘	164
国際人材育成	20	ジョイント・ベンチャー	32, 233
国際人材配置	20	情意評価	138
国際人事評価	21	小規模の不利性	235

状況適合アプローチ	62	相違理論	63
職能給	57, 81	相場アプローチ	176
職能資格制度	81	ソーシャル・キャピタル	194
職務給	57, 84	属人給	57
ジョブ型の雇用	139	組織再編	217
ジョブ・ホッピング	101	外向きの国際化	234
所有の優位性	26		
人件費	56		
新興国発多国籍企業	22, 230		
新興市場	230		

人材育成	49, 52	第三国籍人材(TCN)	18, 93
人材開発	52	退職金	56
人材価値	225	大陸ヨーロッパモデル	160
人材配置	49	多極志向	96
人事異動	51	多言語人材	211
人事管理	43	多国籍企業	13
人事考課	54	多国籍チーム	111
人事評価	54	多国籍チームワーク	116
新卒一括採用	79	多文化人材	211
人的資本の監査	225	短期派遣	170
人的資本理論	47	短時間正社員	88
随意雇用原則	159	団体交渉	57
スウェーデン経営者連盟	161	地域アプローチ	127
ストライキ	59	地域志向	96
成果主義	84, 142, 190, 197	地域統括会社	98
制度環境	64	地域別事業部制	37
制度間距離	65	地域本社	98
制度的アプローチ	63	チームワーク	88
世界志向	96	知識社会	131
世界標準	62	中央集権型	71
先任権ルール	159	中央賃金交渉	162
選抜のプロセス	81	長期派遣	170
全米労使関係局	159	調整的市場経済	65
全米労使関係法	158	デューディリジェンス	219
専門英語	209	テレワーク	85
専門日本語	209	統合アプローチ	107
戦略	184	統合化	188
戦略的国際人的資源管理(SIHRM)	187	統合的プレイヤー	192
戦略的柔軟性アプローチ	128	トランスナショナル戦略	117
戦略的人的資源管理(SHRM)	44, 85, 184	トランスナショナル戦略・組織	35

トレード・ユニオニズム 157

な

内生的要因 196
内部化の優位性 26
内部化理論 27
内部資源 185
内部労働市場 76
日本的経営の三種の神器 79
日本の労使関係 163
認知的ソーシャル・キャピタル 194
ネクスト11 231
年功序列 139
年功序列型賃金 79
能力評価 138

は

バーチャル型海外派遣 171
買収 13, 213
ハイパフォーマー 104
ハイポテンシャル人材 104
バウンダリー・スパナー（境界連結者） 171
バランスシート・アプローチ
.... 127, 176, 250
バランススコアカード 145
反トラスト法 158
非金銭的報酬 121
ビジネス英語 204
ビジネス・ユニオニズム 158
フィードバック 148
封鎖的労働市場 164
不確実性回避 109
不当労働行為 158
普遍的アプローチ 128
ブリッジ人材 171, 211

フレキシキュリティ 84
フレックスタイム制度 85
文化間距離 65, 224
文化的アプローチ 63
文化的知性 174
分権型 71
ベスト・プラクティス・アプローチ 62
ボーナス 56
ボーングローバル（born-global）企業
.... 13, 29, 31
本国帰任 170
本国志向 96
本国籍人材（PCN） 17, 93
本社人事部門 71
本社の国際事業部制組織 37

ま

マネジメントの国際化 16
マルチドメスティック産業 33, 196
マルチナショナル戦略 67
マルチナショナル戦略・組織 35
メタナショナルアプローチ 33
メンバーシップ型の雇用 139

や

優性効果 68, 236
要員調査 50
ヨーロッパ硬化症 84

ら

ライン・マネジャー 45
離職率 86
リストラ（雇用調整） 217
リーダーシップコンピテンシー 111

257

立地の優位性	26
リンガ・フランカ	204
連帯賃金政策	162
労使関係	152
労使協議制	59
労使紛争	59
労働協約法	160
労働組合	57, 154
労働組合の組織率	157
労働争議	166
労働費用	56
労務管理	43
ローカル・イノベーター	192
ローカル（現地）人材	17
ローテーション的派遣	171
ロックアウト	59

わ

ワーク・ライフ・バランス	85
ワグナー法	158

▶**執筆者紹介**（執筆順）

関口 倫紀（せきぐち ともき）　　　　　　　　第1，4，6，11，15章

　編著者紹介参照

井口 知栄（いぐち ちえ）　　　　　　　　　　第2章

　編著者紹介参照

松山 一紀（まつやま かずき）　　　　　　　　第3章

同志社大学社会学部教授。経済学博士（京都大学）。
1990年　京都大学教育学部卒業。松下電器産業㈱勤務を経て，
2003年　京都大学大学院経済学研究科博士後期課程単位取得退学
主著：『フォロワーシップ行動論 ―「こと・ば」と言葉』2023年，中央経済社。

竹内 規彦（たけうち のりひこ）　　　　　　　第5，12章

　編著者紹介参照

笠原 民子（かさはら たみこ）　　　　　　　　第7，8，10章

ベントレー大学（米）マネジメント学部客員研究員（Management Department, Bentley University, Visiting Scholar）。早稲田大学総合研究機構招聘研究員。博士（経営学）。
1999年　創価大学経営学部卒業（首席卒業）。
2008年　神戸商科大学大学院（現兵庫県立大学大学院）経営学研究科博士後期課程修了。
主著：『日本企業のグローバル人的資源管理』白桃書房，2014年（多国籍企業学会 2015年度『学術研究奨励賞』受賞）。

戎谷 梓（えびすや あずさ）　　　　　　　　　　　　　　第9，13章

法政大学経営学部准教授。博士（言語文化学）。
2007年　大阪外国語大学（現：大阪大学）外国語学部卒業。
2013年　大阪大学大学院言語文化研究科博士後期課程修了。
主　著：Ebisuya, A., Sekiguchi, T. & Hettiarachchi, G.P. Narrowing the communication gap in internationally distributed teams : the case of software-development teams in Sri Lanka and Japan.（*Asian Business Management* : https://doi.org/10.1057/s41291-021-00169-9, 2021年）

Ralf Bebenroth（ラルフ・ベーベンロート）　　　　　　　　第14章

神戸大学経済経営研究所教授。Ph.D.
1997年　カッセル大学（独）経済学部卒業。
2001年　カッセル大学（独），Dr. der Wirtschaftswissenschaften 修了。
主著：*International Business Mergers and Acquisitions in Japan*, Springer, 2015.

中村 志保（なかむら　しほ）　　　　　　　　　　　　　　第16章

立命館大学経営学部准教授。博士（経営学）。
1998年　西南学院大学商学部卒業。
2004年　神戸大学大学院経営学研究科博士課程後期課程修了。
主著：中村志保・原田順子「グローバル人材の育成」（原田順子・平野光俊編『新訂　人的資源管理』放送大学教育振興会，246-262頁，所収，2018年）。

▶編著者紹介

関口 倫紀（せきぐち ともき）

京都大学経営管理大学院教授。Ph.D.（Business Administration）
1992年　東京大学文学部卒業。
1998年　青山学院大学大学院国際政治経済学研究科修士課程修了。
2003年　University of Washington Business School, Ph.D. Program 修了。
主著：The use of person-organization fit and person-job fit information in making selection decisions, *Organizational Behavior and Human Decision Processes,* Vol. 116, pp. 203-216, 2011（共著）など。

竹内 規彦（たけうち のりひこ）

早稲田大学大学院経営管理研究科教授。博士（学術）。
1996年　関西学院大学社会学部卒業
2000年　名古屋大学大学院国際開発研究科博士前期課程修了。
2003年　名古屋大学大学院国際開発研究科博士後期課程修了。
主著：Making a Successful Transition to Work: A Fresh Look at Organizational Support for Young Newcomers from an Individual-driven Career Adjustment Perspective. *Journal of Vocational Behavior*, Vol. 128, Article 103587, 2021（共著）など。

井口 知栄（いぐち ちえ）

慶應義塾大学商学部・商学研究科教授。Ph.D.（International Business）
1995年　Richmond College（UK）経済学部卒業。
1997年　SOAS（School of Oriental and African Studies）University of London（UK），経済学研究科修士課程修了
1999年　University of Reading（UK），経済学研究科修士課程修了
2005年　University of Reading Business School（UK），Ph.D. Program 修了。
主著：MNE R&D Internationalization in Developing Asia, *Asia Pacific Journal of Management*, Vol. 38, No. 3, pp.789-813, 2021（共著）など。

国際人的資源管理

2016年7月1日	第1版第1刷発行
2024年12月30日	第1版第4刷発行

編著者	関口　倫　紀
	竹内　規　彦
	井口　知　栄
発行者	山　本　　　継
発行所	㈱中央経済社
発売元	㈱中央経済グループ パブリッシング

〒101-0051　東京都千代田区神田神保町1-35
　　　　　　電話 03（3293）3371（編集代表）
　　　　　　　　 03（3293）3381（営業代表）
　　　　　　https://www.chuokeizai.co.jp
　　　　　　印刷・製本／文唱堂印刷㈱

Ⓒ2016
Printed in Japan

＊頁の「欠落」や「順序違い」などがありましたらお取り替えいたしますので発売元までご送付ください。(送料小社負担)
ISBN 978-4-502-18001-9 C3034

JCOPY〈出版者著作権管理機構委託出版物〉本書を無断で複写複製（コピー）することは，著作権法上の例外を除き，禁じられています。本書をコピーされる場合は事前に出版者著作権管理機構（JCOPY）の許諾を受けてください。
JCOPY〈https://www.jcopy.or.jp　eメール：info@jcopy.or.jp〉